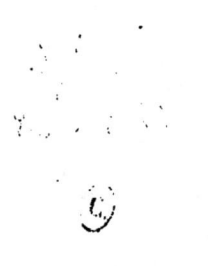

TRAITÉ

DES ARTS CÉRAMIQUES

ou

DES POTERIES.

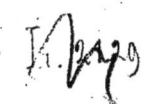

PARIS. — IMPRIMERIE DE FAIN ET THUNOT,
Rue Racine, 28, près de l'Odéon.

TRAITÉ
DES ARTS CÉRAMIQUES

ou

DES POTERIES,

CONSIDÉRÉES DANS LEUR HISTOIRE, LEUR PRATIQUE ET LEUR THÉORIE,

Par Alexandre BRONGNIART,

MEMBRE DE L'ACADÉMIE ROYALE DES SCIENCES, ETC.

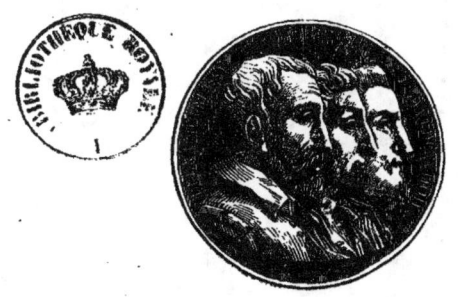

ATLAS

composé de 9 tableaux, plusieurs tables, 60 planches et leur explication.

PARIS.

BÉCHET JEUNE, LIBRAIRIE MÉDICALE ET SCIENTIFIQUE, PLACE DE L'ÉCO. E DE MÉDECINE, 1.	MATHIAS (AUGUSTIN), LIBRAIRIE SCIENTIFIQUE-INDUSTRIELLE, QUAI MALAQUAIS, 15.

NOVEMBRE 1844.

Tableau chronologique des découvertes et progrès des arts céramiques.

SIÈCLES avant J.-C.	ANNÉES	DÉCOUVERTES, INVENTIONS, PERFECTIONNEMENTS ET FAITS CÉRAMIQUES.	ÈRES CÉRAMIQUES	AUTORITÉS, ASSERTIONS, ET RENVOIS AU TRAITÉ.	PAYS.
XX?	2000	Poterie en Chine.	Ère orientale.	Il y avait à cette époque un fabricant de la Poterie (Braz. Jexan.).	Chine.
XII?	2127	Babylone embellie par Sésriamet.		Détruite par Darius, en 321. Brique avec glaçure authentique (Tr. vol. II, p. 86).	
XII?	1900 à 1902	Poterie égyptienne.		Figures des catacombes de Thèbes rapportées à cette époque.	Égypte.
XV?	1546	Concours, inventeur de la Poterie.	Ère gréco-étrusque.	Très-apocryphe (Tr. vol. I, pag. 573).	Grèce.
V?	1209	Invention du tour à Potier, par Talos.		Vie d'Hercules attribuée à Hérodote (Tr. vol. I, p. 579).	Grèce.
V?	900 à 907	Les Potiers de Samos.			Rome.
VII?	715	Collège des Potiers institué par Numa.		D'Eméramvoz; Duc de Luynes (Tr. vol. I, pag. 579).	
VI?	592 à 590	Tessara, ... en plastique, ... dit de la classe.			Grèce.
	507	Asasmatus le Scythe. Perfectionnement du tour à Potier.		Probablement antérieur à 580 (Lacarazure). (Tr. vol. I, p. 579).	Grèce.
V?	500	Vases étrusques. Service de Porsenna.		Aristotle. Porsena. (Tr. vol. I, p. 573).	Grèce et Italie.
	531 à 391	La coupe grecque dite d'Arcésilas.			Grande Grèce, Italie méridionale, Colonies grecques.
	415	Poteries gauloises, celtiques, bretonnes, germaines, scandinaves.		On ne connaît pas l'époque de leur premières fabrication... (Tr. vol. I, p. 405 et suiv.).	Toscane en France, Allemagne du Nord, Angleterre, à l'Allemagne, Danemark.
Après J.-C.		Poterie matriculaire dorée, avec lustre nitro-métallic dur.	Ère matérielle.	Époque inconnue, mais présumée très-antérieure, et paraissant se rattacher à l'ère chrétienne (Tr. vol. I, p. 398).	Environs de Mexico, Gschisotis, Milo, Cuyes, dans le Yucatan.
I? au II?	150	Poterie rouge antique lustrée, lustre rouge-bistre.		Se répand en ...	Italie, Gaules, Grande-Bretagne.
VIII? au X?	711 à 795	Poterie arabe vernissée.	Ère arabe.	Pannu; Alberto Olearius (Tr. vol. II, pag. 97).	À Penzre, Italie, à Schebindall, en Alsace. En Perse, Espagne, à l'Allemagne.
XI?	1100	Glaçure plombifère.			Florence.
XIV?	1386	Faïence émaillée.			Perse, Italie.
XV?	1300	Glaçure plombifère et stannifère.			Allemagne, Nuremberg.
XV?	1415	Lica bella, smen.., faïence émaillée.	Ère italienne.	Soriqué avec ornements en relief, émaillés de diverses couleurs.	France.
	1531 à 1540	Majolica des Guat et Faenz. Pesaru.		Autour et fines hommes (Tr. vol. II, pag. 570).	Italie.
	1540	Gota émaillé.		(Tr. vol. II, p. 64 et tabl. p. 70).	
XIV?	1597	Faïence fine d'Henri II.	Ère française.		France.
XVII?	1595 à 1600	Bernard Palissy, faïence émaillée.		Première fabrication assez fine.	France.
	1601	Faïence de Delft.			Hollande.
	1695	Porcelaine tendre française.		Deuxième fabrication très-fine.	Saint-Cloud, près Paris.
XVIII?	1706	Mérveux. Porcelaine de Saxe.	Ère seconde.	Répandue dans toute l'Allemagne de 1710 à 1760.	Misnes, Vienne, Berlin, Prysshemborg, Frankenthal.
XVIII?	1735	Faïence fine avec vitr.			Angleterre.
	1741	Porcelaine tendre française.			France. Sèvres.
	1765	Porcelaine tendre anglaise.			Angleterre.
	1763	Wanervice. Faïence fine.			Chelsea.
	1770	Sèvres. Porcelaine dure.	Ère actuelle.	Introduction du phosphate de chaux et de l'argile kaolinique, pâte et couverte perfectionnées.	France. Sèvres.
XIV?	1800	Scour. Porcelaine tendre anglaise, pâte et couverte perfectionnées.		Introduction du kaolin dans la pâte et durcissement du vernis.	Angleterre.
	1830	Faïence fine dure perfectionnée.			Angleterre. France.

PEUPLES.	ÉPOQUE.	CLASSES ET GENRES.	NATURE, couleur de la pâte et ses rapports.	FORMES, GENRES D'ORNEMENTS ET LE NOMBRE.
EUROPE.				
GRÈCE.				
Grèce ancienne.				
Grèce actuelle (Turquie).				
ITALIE.				
Étrusques.				
Romains.				
Romains.				
Italiens actuels.				
ALLEMAGNE.				
Germains.				
Allemands actuels.				
FRANCE.				
Gaulois et celtes.				
Français.				
Français.				
Français.				
ANGLETERRE.				
Bretons.				
Anglais.				
Anglais.				
Anglais.				
ESPAGNE.				
Espagnols actuels.				
ASIE OCCIDENTALE.				
Arabes.				
Assyriens.				
ASIE ORIENTALE ET CENTRALE.				
Chinois.				
Persans.				
AFRIQUE.				
ÉGYPTE.				
Égyptiens anciens.				
Égyptiens actuels.				
AMÉRIQUE SEPTENT.				
Hommes rouges, Canadiens.				
Mexiques.				
AMÉRIQUE MÉRIDIONALE.				
PÉROU.				
CHILI.				

ÉPOQUE de leur première fabrication connue.	POTERIES rangées dans l'ordre chronologique de leur fabrication en Europe.	CARACTÈRES DE CES POTERIES tirés de leur pâte et de leur glaçure.	MATÉRIAUX DE LA PÂTE et composition de la glaçure de ces Poteries.	ÉPOQUES GÉOLOGIQUES des matériaux constitutifs de la pâte.
12e siècle avant J.-C., ou inconnue.	1re Classe. TERRES CUITES ANTIQUES. (Plastique, — Briques, — Poteries décorées, — grecque, — romaine, germaine, gauloise, scandinave, matériaux anciens.)	Pâte terreuse, — peu dure, permeable, — peu cuite. Opaque, Glaçure nulle.	Limon d'atterrissement et marnes argileuses.	Terrains alluviens ou de sédiment tertiaire, supérieur ou paludéen, et au protéique.
du 10e siècle avant J.-C., aux 1er et 2e siècle après.	2e Classe. POTERIES LUSTRÉES. (Grecques, — campaniennes et romaines, lustrées.)	Pâte terreuse, — moyennement dure, — peu cuite, — permeable. Glaçure, jaunâtre ou noire.	Marne argileuse. Glaçure, lustre silico-alcalin.	Terrains alluviens ou de sédiment supérieur paludéen? marne de terrain volcanique.
12e siècle après J.-C.	3e Classe. POTERIES VERNISSÉES. (Poteries communes.)	Pâte terreuse, — tendre, — permeable, — moyennement cuite. Glaçure. Translucide, tendre.	Marne argileuse et marne calcaire. Glaçure de sulfure de plomb.	Terrain tertiaire moyen, ou de sédiment supérieur, ou protéique.
13e siècle après J.-C.	4e Classe. POTERIES EN FAIENCE. (Faïence émaillée, — d'Italie, de France, de Hollande, etc.)	Pâte terreuse, — assez dure, — permeable, — assez cuite. Glaçure. Opaque.	Marne argileuse et marne calcaire. Glaçure plombo-stannifère.	Terrain tertiaire supérieur protéique et marne de terrain de sédiment moyen, jurassique.
16e siècle.	5e Classe. GRÈS-CÉRAMES. (Flamande, — allemande, — française, etc.)	Pâte compacte, — très-dure, — très-cuite, — imperméable. Opaque. Glaçure ou nulle, ou très-mince.	Argile plastique pure. Glaçure salino-terreuse par le sédiment.	Perdu tout à fait inférieure du terrain de sédiment supérieur, et terrain de sédiment moyen.
17e siècle (fin de).	6e Classe. PORCELAINE TENDRE. (Artificielle ou française.) (Cette poterie, tout artificielle, ne doit figurer qu'en tête dans ce tableau.)	Pâte compacte, — dure, — imperméable. Translucide. Glaçure vitreuse, dure.	Marne calcaire (un des éléments, mais non base), fritte de verre. Glaçure vitro-plombique.	Terrain tertiaire supérieur ou de sédiment supérieur.
17e siècle (fin de).	7e Classe. PORCELAINE TENDRE. (Naturelle ou anglaise.)	Pâte très-dure, — d'aspect vitreux, — imperméable, — cuisant à moyenne température. Translucide. Glaçure vitreuse, dure.	Kaolin et fondant salino-terreux (phosphate de chaux).	Terrain de cristallisation (pour la partie plastique).
1res années du 18e siècle.	8e Classe. PORCELAINE DURE. (Allemande.)	Pâte très-dure, — d'aspect vitreux, — imperméable. Translucide, — cuisant à très-haute température. Glaçure très-dure, transparente.	Kaolin et feldspath. Glaçure vitro-plombique, — honotique.	Terrain de cristallisation ou agglomérat dit primitif.
Milieu du 18e siècle.	9e Classe. FAIENCE FINE. (Terre de pipe, — faïence fine de Wedgwood.)	Pâte dure, — d'aspect terreux, — imperméable, — bien cuite. Opaque. Glaçure vitreuse, transparente, — résiste.	Argile plastique et silex de la craie. Glaçure vitro-plombique.	Partie inférieure du terrain de sédiment supérieur et partie crétacée et houiller des terrains de sédiment moyen et inférieur.

(Mentionné t. 1. p. 42.)

TABLEAU N° IV. — Les KAOLINS de divers lieux et leur Composition.

PAYS.	LOCALITÉS.	CARACTÈRES EXTÉRIEURS.	ANALYSES.						AUTEURS ET ANNOTATIONS.
			Silice.	Alumine.	Eau.	Chaux magnésie.	Potasse soude.	Résidu et fer.	
France.	Clos de Madame, près d'Echassières, cant. d'Ebreuil (Allier).	Assez blanc, grains grossiers. La porcelaine dans laquelle il entre paraît avoir sur les couleurs tirées de l'or une influence altérante dont on n'a pas encore pu découvrir la cause	39,91	36,37	12,94	P. 1,80	. . . .	9,96	AR. Malaguti.
	Marcus (Ariège).	Kaolin argileux très-blanc. Il est infusible et reste très-blanc, mais il se travaille difficilement. . . .	27,22	20,00	9,03	P. 1,24	. . . .	42,08	Id.
	Les Pieux, près Cherbourg.	Aspect jaunâtre, sableux, souvent caillouteux. . . .	42,31	34,54	12,09	P. 1,39	. . . .	9,67	Id.
	Alençon (Orne).	Grisâtre, jaunâtre, caillouteux. C'est le premier kaolin connu.							
	Port-Louis (Morbihan).	Blanc grisâtre, veiné de jaune ocreux, doux au toucher, paillettes talqueuses.							
	Chabrol (Puy-de-Dôme).	Jaunâtre, maigre	32,93	29,68	10,73	P. 1,56	. . . .	24,87	Id.
	Louhossa (Basses-Pyrénées).	Blanc de lait, quelques taches brunes, doux au toucher.	43,60	32,40	23,00	P. . . .	. . . .	. . . .	AR. Berthier.
			43,12	33,00	23,00	P. 0,50	. . . .	. . . .	AR. Malaguti.
			56,20	43,70	E. d.		. . . .	. . . .	AE. Malaguti.
			36,25	33,35	12,00	M. 2,40	. . . .	16,00	AR. Berthier.
	Saint-Yrieix (Haute-Vienne).	Voir la description , page 43.	48,00	37,00	13,10		P. 2,50	. . . .	AE. Berthier.
			54,00	42,60	E. d.	C. 0,70	P. 2,10	. . . .	AE. Malaguti.
			54,90	42,00	E. d.	C. 0,60	P. 2,60	. . . .	Id.
			42,07	34,65	12,17		. . . .	9,76	AR. Malaguti.
Angleterre	Stephens (Cornouailles).	Blanc de lait, doux au toucher, argiloïde	54,52	43,46	E. d.	C. 0,34	P. 1,68	. . . .	AE. Malaguti.
	Plympton (Devonshire).	Blanc rosâtre, argiloïde, fin, doux au toucher. . .	39,55	38,05	12,50	M. 1,45	. . . .	8,70	AR. Bosse.
			44,26	36,81	12,74	P. 1,55	. . . .	4,30	AR. Malaguti.
Italie.	Tretto, dans le Vicentin.	Brut, d'un blanc jaunâtre, solide, argileux, doux au toucher. Lavé, d'un blanc de lait, fin, doux au toucher; au grand feu durcit, ne fond pas, reste blanc.	37,07	25,28	6,64	P. 6,33	. . . .	24,64	Id.
Allemagne	Passau (Bavière).	. . . .	43,34	35,18	17,24	M. 2,72	. . . .	5,48	AR. Forchhammer.
	Rana (ibid.).	Blanc, argiloïde, maigre	42,15	37,08	12,83	P. 2,65	. . . .	5,06	AR. Malaguti.
			52,00	47,00	E. d.		. . . .	. . . .	AE. G. Rose.
	Aue, près Schneeberg.	Rosâtre, argileux, un peu maigre.	43,00	37,70	E. d.	C. 0,05	. . . .	1,05	AE. Berthier.
			35,98	34,12	11,09	P. 0,60	. . . .	18,00	AR. Malaguti.
	Seilitz, près Meissen.	Caillouteux, grisâtre, doux au toucher.	54,00	44,00	E. d.		P. 0,20	0,60	AE. Kühn.
	Schleitz, près Meissen.	Grisâtre, maigre, fusible en une masse pâteuse, grisâtre, originaire d'une pegmatite porphyroïde . .	39,10	20,92	7,26	P. 3,96	. . . .	28,81	AR. Malaguti.
			58,60	34,60	E. d.	M. 1,80	2,40	. . . .	AE. Berthier.
	Mori, près Hall.	D'un blanc grisâtre argiloïde, mais maigre	71,42	26,07	E. d.		0,26	P. 0,45	. . . .	AE. Mitscherlich.
			26,10	22,50	7,55	. . . .	. . . .	43,84	AR. Malaguti.
	Sosa, près de Johanngeorgenstadt (Bohême).	Caillouteux, blanc, dur, un peu maigre.	60,90	39,00	E. d.		. . . .	. . . .	AE. Kühn.
			45,07	38,15	9,99	P. 1,80	. . . .	5,53	AR. Malaguti.
	Zeülitz, près Carlsbad (Bohême).	Caillouteux, blanc grisâtre, maigre au toucher. . .	33,98	26,66	9,55	P. 1,13	. . . .	28,63	Id.
	Prinzdorff (Hongrie).	D'un blanc grisâtre, assez solide, argiloïde et un peu caillouteux, partie argileuse douce au toucher. .	25,76	15,17	5,22	P. 1,83	. . . .	50,96	Id.

PAYS.	LOCALITÉS.	CARACTÈRES EXTÉRIEURS.	ANALYSES.						AUTEURS ET ANNOTATIONS.
			Silice.	Alumine.	Eau.	Chaux, magnésie.	Potasse, soude.	Résidu et fer.	
Scandinavie.	Bornholm.	Blanc grisâtre, sableux, maigre au toucher; au grand feu, fond en partie et développe beaucoup de points noirs.	35,10 — 33,57	29,50 — 34,99	10,74 — 12,52	P. 3,18 — P. 1,47	. . . . —	8,16 — 13,36	AR. Forchhammer. — AR. Malaguti.
Russie	Rizanski.	Blanc de lait, très-argileux, doux au toucher; très-remarquable par sa quantité d'alumine	29,30	47,83	22,23	P. 0,68	. . . .	. . . .	Id.
Portugal.	Oporto, province de Beïra.	Blanc jaunâtre, argiloïde, solide, maigre.	40,62	43,94	14,62	. . . .	. . . .	0,11	Id.
Espagne.	Sargadelos, près Mondonedo.	Blanc de perle, argileux, doux au toucher.	43,25	37,38	12,83	P. 0,88	. . . .	5,64	Id.
Amérique septentr^le	Wilmington.	Blanc, caillouteux, friable, maigre au toucher. . . .	32,69 — 76,00	35,01 — 16,00	12,12 — E. d.	P. 1,86 — C. 0,50	. . . . — P. et S. 06,05	23,81 — 0,10	Id. — AE. Laurent.
Chine.	. . . .	Blanc, jaune rosâtre, sale, toucher maigre, friable. .	76,00 — 13,72	17,00 — 9,80	E. d. — 2,62	M. 0,15 — C. 0,50	P. et S. 06,00 — . . .	. . . . — 71,61	AE. Malaguti. — AR. Malaguti.
Japon	. . . .	Il ressemble à un grès, est inaltérable au feu de porcelaine.	73,90	20,00	E. d.	C. 0,50	3,50	. . . .	AE. Malaguti (¹).

Nota. Le P mis devant les nombres de la colonne *chaux et magnésie*, indique qu'outre ces deux terres il y a aussi de la potasse que l'auteur, dans son point de vue, n'a pas jugé nécessaire de doser séparément.

(¹) Toutes les analyses de M. Malaguti ayant été faites dans le laboratoire de Sèvres, on n'a pas jugé nécessaire de les faire suivre de l'indication LS.

Abréviations expliquées. M. = Magnésie. AR. = Analyse rationnelle.
C. = Chaux. AE. = Analyse empirique.
P. = Potasse. Ed. = Eau déduite.

TABLEAU N° V,

DES PRINCIPALES ARGILES ET MARNES

EMPLOYÉES DANS LES ARTS CÉRAMIQUES,

PRÉSENTANT

LEUR LOCALITÉ, LEURS CARACTÈRES EXTÉRIEURS ET LEUR POSITION GÉOLOGIQUE,

LEUR CARACTÈRE CHIMIQUE PAR L'ACIDE NITRIQUE OU LE FEU,

LEUR PRINCIPAL EMPLOI,

SUIVI

D'UN TABLEAU V, B, D'ANALYSE DE 62 DE CES ARGILES ET MARNES

SE RAPPORTANT AUX NUMÉROS DU TABLEAU GÉNÉRAL.

Toutes les *argiles* et *marnes* portées sur ce tableau ont été ou analysées ou au moins essayées par ce que l'on appelle la *voie sèche* et la *voie humide*, soit à l'état *brut*, soit *lavées* en petit, en n'ayant pour but que de séparer le sable grossier de la partie argileuse. On a indiqué le rapport de ces deux matières.

L'*argile brute* a été essayée au *dégourdi*, et quand elle n'y a pas fondu on l'a essayée au grand feu ; elle a été essayée par l'acide du vinaigre pour faire connaître approximativement la quantité de carbonate de chaux qu'elle pouvait renfermer.

Pour mettre sur la voie de son emploi possible, on a mêlé à l'argile lavée 15 ou 20 p. 0/0 de sable quarzeux, et on en a fait une pâte qu'on a moulée en petite plaque, afin de juger et l'effet de ce sable sur le moulage et la retraite de ce mélange soit au dégourdi, soit au grand feu. C'est ce mélange que je désigne dans les essais sous le nom de *pâte*.

On a essayé cette pâte au dégourdi et au grand feu sous le rapport de sa fusibilité.

On a fait un tableau séparé des argiles analysées et de leur composition. Toutes ces argiles sont marquées de la lettre A sur le tableau général, et sur le tableau des analyses elles sont notées du même numéro que celui qu'elles portent dans le tableau général.

v. A. *Leurs Localités, Caractères et Emploi.*

PAYS.	Numéros des argiles.	LOCALITÉS SPÉCIALES.	CARACTÈRES EXTÉRIEURS, POSITION GÉOLOGIQUE.	CARACTÈRES CHIMIQUES PAR LE FEU ET L'ACIDE DU VINAIGRE.	EMPLOI ET ANNOTATIONS.
Danemarck	1	Ile de Bornholm.	Argile plastique grise, supérieure à la craie.	BRUTE. *G. i* Gris de cendre, dure, infusible. *A. V.* Efferv. 0. LAVÉE. Arg. 95,5. — Rési. 3,5. PATE. *D.* Blanc rosâtre, dure, mais rayable, absorbente. Rol. 0,03. *G. F.* Gris isabelle, infusible, très-dure.	Cazettes à porcelaine de Copenhague.
Suède	2	Helsingborg. N° 1. A.	Argile plastique grisêtr	BRUTE. *D.* Grisâtre. *G. F.* Grise, infusible.	Grès-cérames communs de Scanie.
	3	Helsingborg. N° 2. A.	Argile figuline.		Id.
	4	Hoganäss , près d'Helsingborg. A.	Argile plastique, supérieure à la craie.		Id.
	5	Upsal.	Marne argileuse.	BRUTE. *G. F.* Fond en émail bleu étendu. *A. V.* Efferv., perte 0,30. LAVÉE. Point de résidu. PATE. *D.* En grès dur, luisant, d'un jaune foncé verdâtre, agréable. Rol. 0,05. *G. F.* Fondue en verre brun foncé.	Faïence fine de Rorstand.
Russie	6	Gloukoff, gouv. de Chernikoff. A.	Argile plastique blanche et très-pure.	BRUTE. *D.* Blanche. *G. F.* Infusible, blanche.	Base de la porcelaine de Saint-Pétersbourg.
	7	Kara-sou-Bazar.	Argile plastique grise.		Poterie grossière de Kara-sou-Bazar.
	8	Voicoff, à université de Saint-Pétersbourg.	Argile plastique grise.		Cazettes à porcelaine de Saint-Pétersbourg.
Pologne	9	Cracovie (environs de).	Argile sableuse grisâtre.		Faïence de Cracovie.
Angleterre	10	Devonshire. A.	Argile plastique grise.		Base des faïences fines anglaises.
	11	Longport. A.	Argile plastique violacée, veinée de rouge.	BRUTE. *D.* Reste rouge. *G. F.* Se ramollit, devient brun-rouge.	Briques noires ferrugineuses du Staffordshire.
	12	Stourbridge. A.	Argile noire, du terrain houiller.	BRUTE. *G. F.* Infusible, rougeâtre.	
Belgique et provinces rhénanes.	13	Audenues, près Namur. A.	Argile plastique blanche.		Faïence fine d'Andennes.
	14	Antragues, près Jemmapes. A.	Argile plastique grise.		Pots de verrerie, faïence fine de Douai.
	15	Bingen.	Argile brune.	BRUTE. *G. F.* Fondue en verre presque noir. *A. V.* Efferv., perte 0,32. LAVÉE. Arg. 98. — Rési. 2. PATE. *D.* Grès très-dur, jaune sale verdâtre, et peu absorbant. *G. F.* Fondue en verre translucide verdâtre. Rel. 0,07.	Faïence commune de Poppelsdorf.
		Coblentz. *V.* Vallendar.			
	16	Creutznach.	Argile brune.		Poteries diverses.

PAYS.	Numéros des argiles.	LOCALITÉS SPÉCIALES.	CARACTÈRES EXTÉRIEURS, POSITION GÉOLOGIQUE.	CARACTÈRES CHIMIQUES PAR LE FEU ET L'ACIDE DU VINAIGRE.	EMPLOI ET ANNOTATIONS.
Belgique et provinces rhénanes.	17	Drecknac.	Argile grise.		Grès de Niederfell.
		Fallondar. *V.* Vallendar.			
	18	Kreuzberg, près Bonn.	Argile blanche, mêlée de veines rouges.	BAUX. *G. F.* Fondue en scories boursoufflées avec enduit terne mêlé de vernis métalloïde. A. V. Perte 0,04. LAVÉE. Arg. 92. Rés. 8. PATE. *D.* Dure, mais rayable, d'un violet foncé. *G. F.* D'un beau rouge brun, sans fusion ni lustre, entamable, absorbante. Rét. 0,97.	Poterie commune, tuiles, etc.
	19	Langervêché, arrond. d'Aix-la-Chapelle.	Argile blanche.		
	20	Lautersheim. A.	Argile plastique blanchâtre.	BAUX. *G. F.* Infusible, grisâtre.	Base des faïenc. fines, fab. de Mettlach, Vandrevanges, Sarreguemines.
	21	Montabaur, pays de Nassau.	Argile plastique jaune.		Fabrique de Sarreguemines.
	22	Munster, Mayenfeld, arrondissement de Coblentz.	Argile plastique blanche.		Faïence fine de Cologne.
	23	Valendar. A.	Argile plastique ocreuse.	BAUX. *D.* Infusible, grisâtre. *G. F.* Infusible, blanche.	Grès du Rhin, faïence fine de Mettlach.
Prusse.	24	Bennstaedt, comté de Mansfeld.	Argile plastique.	BAUX. *G. F.* Infusible. A. V. Efferv. 0. LAVÉE. Arg. 98. — Rés. 2. PATE. *G. F.* Blanche, peu dure, un peu absorbante. Rét. 0,65.	Hygrocèdrames et cazettes à porcelaine de Berlin.
	25	Halle.	Argile supérieure au terrain porphyrique.		Faïence fine.
Hesse.	26	Gross-Almerode, près Cassel. A.	Argile plastique, immédiatement inférieure au terrain basaltique et de lignite, d'une grande pureté, grisâtre.	BAUX. *D.* Infusible, grise. *G. F.* Infusible, grise.	Creusets de Hesse.
	27	Cassel (environs de).	Argile plastique grise. Même position que le N° 26.		Cazettes à faïence fine de Cassel.
Duché de Bade. . . .	28	Baden.	Argile plastique blanche.		
Bavière	29	Hausen, près Abensberg.	Argile.		Cazettes à porcel. de Nymphembourg.
	30	Schildorf, près Passau. A.	Argile gris foncé, renferme des parties brillantes, plombeuses ?	BAUX. *D.* Infusible, brune. *G. F.* Infusible, rouge-brun.	Creusets de Passau.
Saxe.	31	Bilgarn, près Torgau.	Argile.		Faïence et Poterie de Dresde.
	32	Loshhayn, près Meïssen. A.	Argile noirâtre, renferme du quarz.	BAUX. *G. F.* Infusible, très-dure. LAVÉE. *D.* Infusible, blanche. *G. F.* Infusible, grise.	Cazettes à porcelaine de Meïssen.
	33	Mehren, près Meïssen.	Argile.		Rondeaux et cazettes à porcelaine de Meïssen.

PAYS.	Numéros des argiles.	LOCALITÉS SPÉCIALES.	CARACTÈRES EXTÉRIEURS, POSITION GÉOLOGIQUE.	CARACTÈRES CHIMIQUES PAR LE FEU ET L'ACIDE DU VINAIGRE.	EMPLOI ET ANNOTATIONS.
Bohême	34	Theuberg, près Carlsbad. A.	Argile plastique grise, très-douce au toucher, blanche, inférieure au terrain basaltique et lavique et au lignite.	BRUTE. *D.* Infusible, blanche. *G. F.* Infusible, blanche.	Cazettes à porcelaine d'Ebogen.
Autriche.	35	Goltveith, près Crems. A.	Argile vert sale pâle, mêlée de taches ferrugineuses.	BRUTE. *D.* Infusible, rouge. *G. F.* Infusible, rouge, taches noires.	Cazettes à porcelaine de Vienne.
Suisse	36	Morlingen.	Argile rouge.	BRUTE. *G. F.* Complétement fondue de verre brun rougeâtre. *A. V.* Non effervescente. LAVÉE. Arg. 94. — Rés. 6. PATE. *D.* Grès très-dur un peu lustré, brun-rouge foncé. Ret. 0,08. *G. F.* Fond en émail brunâtre, lustre métalloïde.	Faïence commune de Helmberg.
	37	Mornay, près Genève.	Argile figuline, terrain jurassique?	BRUTE. Infusible. *A. V.* Efferv. 0. LAVÉE. Rés. 0.	Faïence fine de Carouge.
Espagne.	38	Malaga (environs de).	Marne argileuse.	BRUTE. *G. F.* Fondu en émail vert sale. *A. V.* Efferv., perte 0,31. LAVÉE. PATE. *D.* Dureté du grès, jaune verdâtre sale, bossuée. Ret. 0,07. *G. F.* Fusible en verre homogène brun verdâtre.	Figurines en terre cuite du sculpteur Léon, de Malaga.
	39	Ségovie (Vieille-Castille).	Argile blanc rosâtre.		Base d'une partie des Poteries de l'Espagne.
	40	Triana, faubourg de Séville.	Marne verdâtre.	BRUTE. *G. F.* Fusible en verre verdâtre presque opaque. *A. V.* Efferv., perte 0,33. — Ret. 0,04. LAVÉE. Arg. 84. — Rés. 16. PATE. *D.* Devient dure, mais rayable, jaunâtre, sale. *G. F.* Fusible en verre homogène verdâtre foncé.	Poteries et faïence de Triana.
	41	Valence (environs de).	Marne brunâtre.	BRUTE. *G. F.* Fusible en verre homogène verdâtre, transparent. *A. V.* Efferv., perte 0,35. LAVÉE. Arg. 83. — Rés. 17. *D.* Jaune pâle tendre, absorbante. *G. F.* Fondu en verre homogène d'un vert foncé.	Azulejos de Valence.
	42	Zamora, royaume de Léon.	Argile blanche.		Poteries, creusets.
Portugal.	43	Caïma, près Aveiro, province de Beira.	Argile jaunâtre.	BRUTE. *G. F.* Infusible. *A. V.* Efferv. 0. LAVÉE. Arg. 52. — Rés. 48. PATE. *D.* Blanche et tendre comme le *D.* de la porcelaine. Retr. 0.02. *G. F.* Blanche, mate, dure, mais un peu absorbante.	Cazettes et briques de Vista-Alègre.
Toscane.	44	Lampronetti.	Marne argileuse grisâtre.	BRUTE. *G. F.* Fusible en verre pâteux, bulleux, brun, métalloïde.	Jarres de Lampronetti.
Piémont	45	Barges.	Argile talqueuse.		Dans la porcelaine de Vineuf.
Turquie d'Europe. . .	46	Visis, près Silivria.	Argile verdâtre.		Pipes de Constantinople.
	47	Eyoub, près Constantinople.	Argile blanche.	BRUTE. *G. F.* Fusible en émail blanc verdâtre cristallisable, corrodant la porcelaine.	Pipes de Constantinople.

PAYS.	Numéros des argiles.	LOCALITÉS SPÉCIALES.	CARACTÈRES EXTÉRIEURS, POSITION GÉOLOGIQUE.	CARACTÈRES CHIMIQUES PAR LE FEU ET L'ACIDE DU VINAIGRE.	EMPLOI ET ANNOTATIONS.
Îles de la Méditerranée	48	Sardaigne.	Marne blanche.	Baute. G. F. Ramollie en partie, fondue en partie. La masse restée poreuse par suite de l'écoulement de la partie fondue.	Poterie commune de Sardaigne.
	49	Candie.	Argile rougeâtre.		Poteries grossières.
Indes	50	Trinquemalay (île de Ceylan)	Argile figuline.	Baute. G. F. Ramollie, boursouflée, avec vernis métalloïde. Lavés. Arg. 59. — Rés. 41.	Poterie rougeâtre non vernissée.
	51	Cossépoléon, près Pendichéry	Argile figuline.	Bauts. G. F. Fondue en émail brun-rouge à surface terne. A. V. Efferv. o. Lavés. Arg. 86. — Rés. 14. Pays. D. Rouge-brun luisant, grès dur. Rét. 0,07. G. F. Boursouflée, brun-roux, taches noires.	Poterie non vernissée rougeâtre et noirâtre.
Anatolie	52	Abydos, près les Dardanelles.	Marne jaune sale, fait une vive effervescence avec les acides.		Poterie commune vernissée de Tchanakala.
	53	Mattos, près l'anc^ne Sestos, vis-à-vis les Dardanelles.	Marne argileuse.	Bauts. G. F. Fond en verre brun foncé. A. V. Efferv., perte 0,19. Lavés. Arg. 55. — Rés. 45. Pays. D. Dure, un peu rayable, rougeâtre. Rét. 0,03. G. F. Fond en verre brun verdâtre.	Poterie vernissée de Tchanakala.
	54	Torre-Genovay.	Argile blanche.		Pour engobage des Poteries ci-dessus.
Afrique	55	Bourbon (île de). A.	Argile ? chocolat foncé, bien pure, très-ferrugineuse.	Bauts. G. F. Ramollie et boursouflée en une masse noire bleuâtre guttulaire, avec vernis métalloïde. Lavés. D. Infusible, brun-noir. G. F. Fusible, aspect métallique.	Tuyaux de grès.
	56	Nil.	Marne sableuse, limon d'atterrissement.	Bauts. Fond en émail brun verdâtre, marbré. A. V. Efferv., perte 0,18. Lavés. Arg. 94. — Rés. 6. Pays. D. Grès fin d'un brun jaunâtre sale, dureté du grès le plus dur. G. F. Fusible en verre presque noir, homogène.	
États-Unis	57	Baltimore.	Argile commune ocracée.		Briques rouges pour constructions.
	58	Buling-Port, près Chester, rive de la Delaware.			Poterie à Philadelphie.
	59	Burlington, près Bristol, rive de la Delaware.			Pour reliefs blancs de faïence colorée de New-York.
	60	Delaware, 7 m. S. de New-castle. A.	Argile plastique gris verdâtre, mêlée de taches rouges.	Bauts. G. F. Infusible, durcit fortement en grès rosâtre sale. Lavés. D. Infusible, jaune rougeâtre. G. F. Infusible, jaune.	Creusets de verrerie, cazettes à porcelaine.
	61	Harford (Maryland) A.	Argile plastique gris violacé, renferme des paillettes de mica.	Bauts. D. Infusible, rouge. G. F. Infusible, gris-jaune sale.	Grès-cérames de Baltimore.
	62	Hunington, Long-Island.	Argile blanchâtre, bien pure.	Bauts. D. Infusible, jaune clair. G. F. Infusible, gris clair.	Grès-cérames de New-York.
	63	Gay-Head, au cap Hope (Massachussets). A.	Argile figuline blanche, bien pure.	Bauts. D. Infusible, blanche. G. F. Infusible, blanche.	Cazettes à porcelaine de New-York.

PAYS.	Numéros des argiles.	LOCALITES SPÉCIALES.	CARACTÈRES EXTÉRIEURS, POSITION GÉOLOGIQUE.	CARACTÈRES CHIMIQUES PAR LE FEU ET L'ACIDE DU VINAIGRE.	EMPLOI ET ANNOTATIONS.
États-Unis	64	Philadelphie, rive du Schuyl-kill.			Poterie de Philadelphie.
	65	South-Amboy, comté de Middlessex.			Grès-cérames, cazettes à porcelaine de New-York.
Océanie.	66	Iles Witi, archipel Polynésien. A.	Argile brun foncé, très-impure, mêlée de matières végétales.	BAUTE. G. F. Boursouflée, adhérente au godet; masse d'un brun bleuâtre de fer, avec enduit métalloïde. LAVÉE. D. Infusible, brune. G. F. Ramollissable, aspect métallique.	Poterie grossière.
France	07	Abondant, près Dreux (Eure-et-Loir). A.	Argile plastique blanche.		Hygiocérames, cazettes à porcelaine, grès.
	68	Apt (environs d') (Vaucluse)	Argile sableuse.	BAUTE. G. F. Durcit en grès. LAVÉE. Arg. 82. — Rés. 18. PATE. G. F. Infusible.	Faïence fine d'Apt.
	69	Ibid.	Argile ocreuse.		Faïence brune d'Apt.
	70	Arcueil (Seine). A.	Argile plastique noirâtre, sous le calcaire grossier.		Poteries et terres cuites de pays.
	71	Argenteuil (Seine-et-Oise).	Marne calcaire blanche, formation gypso-marneuse, supérieure au calcaire grossier.	BAUTE. G. F. Fusible en verre verdâtre. A. F. Effery., porte 0,74. PATE. D. Durcit faiblement, sans cohésion, très-absorbante Rei. 0.	Ancienne porcelaine tendre de Sèvres et faïence commune de Paris.
	72	Argenton (Indre). A.	Argile blanche.		Pour briques réfractaires.
	73	Arras (Pas-de-Calais).	Argile brune.		Poterie commune d'Arras.
	74	Aubin-les-Foux (Seine-Inférieure). A.			
	75	Auteuil, près Paris (Seine).	Marne argileuse sableuse.		Briques de construction.
	76	Bagnol (Rhône).	Argile jaune.		Poterie commune du pays.
	77	Barsons (Haut.-Pyrénées). A.	Argile plastique blanche, savonneuse, renferme du quarz et du mica.	BAUTE. G. F. Infusible. LAVÉE. Arg. 90. — Rés. 10. PATE. D. D'un beau blanc, absorbante. Rei. 0,02. G. F. D'un beau blanc, absorbante, entamable.	Faïence de Toulouse.
	78	Belen (Ardennes). A.	Argile grise.	BAUTE. D. Infusible, jaunâtre. G. F. Infusible, se frite à la surface.	Faïence de Douai.
	79	Belleville, N. E. de Paris (Seine).	Marne argileuse verdâtre, de la partie supérieure de la formation gypseuse		Faïence et poterie commune de Paris.
	80	Bertraubois (Meurthe).	Argile blanche.		Faïence dite porcelaine de Niderviller.
	81	Bettilhdorff (Bas-Rhin).	Argile plastique.		Grès-cérames.
	82	Bonnefonds (Haute-Garonne)	Marne argileuse brunâtre, fait effervescence.	BAUTE. G. F. Fusible en verre bien glacé d'un vert bouteille. LAVÉE. Arg. 96. — Rés. 2. D. Infusible, jaune. G. F. Fond en verre noir.	Faïence de Toulouse.

PAYS.	Numéros des argiles.	LOCALITÉS SPÉCIALES.	CARACTÈRES EXTÉRIEURS, POSITION GÉOLOGIQUES.	CARACTÈRES CHIMIQUES PAR LE FEU ET L'ACIDE DU VINAIGRE.	EMPLOI ET ANNOTATIONS.
France	83	Bort, près Thiers (Puy-de-Dôme).	Argile figuline rouge, micacée.		Poterie noirâtre de Bort.
	84	Boulogne (Pas-de-Calais). A.	Argile brun grisâtre.	BRUTE. G. F. Infusible, devient rougeâtre, dure, solide. LAVÉE. D. Infusible, jaunâtre. G. F. Infusible. PATE. D. Blanc jaunâtre, tendre, absorbante. Rés. 0. G. F. Infusible, gris jaunâtre.	Suivant les variétés, poterie commune ou faïence fine.
	85	Bouzry, com. de St-Pourçain-de-Bort (Puy-de-Dôme).	Argile figuline rougeâtre, micacée.	BRUTE. G. F. Se ramollit sans se déformer, brun noirâtre. A. V. Efferv. 0. LAVÉE. Arg. 57. — Rés. 43.	Poterie noirâtre de Bouzry.
	86	Briou (Loir-et-Cher).	Argile.	BRUTE. G. F. Infusible. A. V. Efferv. 0. LAVÉE. Arg. 79. — Rés. 21. PATE. D. Rose pâle, très-absorbante. Rés. 0,01. G. F. Infusible, jaunâtre, entamable, absorbante.	Cazettes à porcelaine de Vierzon.
	87	Canaggia, hameau de Gambile (Corse).	Argile brune.	BRUTE. G. F. Fondue en émail brun rougeâtre avec vernis métalloïde. A. V. Efferv. 0. LAVÉE. Arg. 75. — Rés. 25. PATE. D. Courbé, roug., dur, presque en grès, peu absorbante Rés. 0,03. G. F. Fondue en émail brun, ferrugineux.	Poterie à amiante de Corse.
	88	Castelnaudary (Aude).	Argile figuline.	BRUTE. G. F. Fusible en verre brun avec partie dévitrifiée. A. V. Efferv. LAVÉE. Arg. 96. — Rés. 4. D. Grès brun, jaunâtre, pâle. Rés. 0,08. G. F. Fusible en verre brun.	Poterie commune de Castelnaudary.
	89	Chambray, S. de Tours.	Marne argileuse jaunâtre, renferme des nodules de quarz, fait effervescence.	BRUTE. D. Infusible, jaune clair. G. F. Infusible, jaune rouge.	Faïence de Tours.
	90	Chapelle-aux-Pots, près Beauvais (Oise).	Argile plastique, supérieure à la craie.		Grès-cérames grossiers.
	91	Chapelle-en-Juger, arr. de Saint-Lô (Manche).	Argile rougeâtre.		Poterie commune de grès de Chapelle-en-Juger.
	92	Girey (envir. de) (Meurthe).	Argile grisâtre et jaunâtre.		Faïence commune de Cirey.
	93	Condé, près Houdan (Seine-et-Oise). A.	Argile plastique grise, supérieure à la craie.		Cazettes à porcelaine.
	94	Cornillon, près Pont-Saint-Esprit (Gard).			Faïence fine de Lyon.
	95	Courpière, près Thiers (Puy-de-Dôme).	Argile plastique rose.	BRUTE. G. F. Infusible, un peu fissurée, blanc grisâtre. A. V. Efferv. 0. LAVÉE. Point de résidu. PATE. D. Dure, presque en grès blanc, absorbante. Rés. 0,04. G. F. Infusible, solide, très-dure, blanc grisâtre.	Briques réfractaires.

PAYS.	Numéros des argiles.	LOCALITÉS SPÉCIALES.	CARACTÈRES EXTÉRIEURS, POSITION GÉOLOGIQUE.	CARACTÈRES CHIMIQUES PAR LE FEU ET L'ACIDE DU VINAIGRE.	EMPLOI ET ANNOTATIONS.
France.	96	Dambach , 3 lieues O. de Strasbourg.	Argile.	Haute. *G. F.* Infusible, durcit, un peu friable. Efferv. 0. Laver. Arg. 38. — Rés. 62. Pays. *D.* Presque en grès blanc, mais rayable. Ret. 0,04. *G. F.* Dure, grisâtre, marbrée.	Poterie et briques de pays.
	97	Doudeauville, près Gournay (Seine-Inférieure).	Argile plastique grise, inférieure à la craie ?		Grès-cérames grossiers.
	98	Dourdan (Seine-et-Oise). A.	Argile plastique blanche, dans la formation d'eau douce supérieure du bassin de Paris.	Haute. *G. F.* Infusible.	Non encore employée.
		Dreux. *V.* Abondant.			
	99	Échassières (Allier). A.	Argile plastique blanche.		Creusets pour le traitement des minerais d'antimoine.
	100	Écouen (Seine-et-Oise).	Marne argileuse verdâtre.		Carreaux d'appartements de Sarcelles , etc.
	101	Étrèpigny (Jura). A.	Argile plastique grasse, verdâtre, présente des grains de quarz.	Haute. *D.* Infusible, jaune clair. *G. F.* Infusible, jaune clair.	Faïence du Doubs.
	102	Favières , arrondiss. de Toul (Meurthe).	Marne argileuse jaunâtre.		Poterie commune de Favières.
	103	Fère (la) (Aisne). A.	Argile figuline brune.	Haute. *G. F.* Infusible, devient brun rouge, adhère au godet. Laver. Arg. 97. — Rés. 3. *D.* Infusible, jaune clair. *G. F.* Infusible, devient rouge. Pays. *D.* Grès rose sale, marbré. Ret. 0,06. *G. F.* Brun rouge, ferragineuse, tachée.	Faïence commune de la Fère.
	104	Fondette (Indre-et-Loire).	Marne calcaire blanche.	Haute. *G. F.* En partie fondue en émail blanc verdâtre, cristallisable. *A. V.* Efferv., perte 0,06. Laver. Matière argileuse 33. — Rés. 17.	Faïence commune de Tours.
	105	Forges-les-Eaux (Seine-Inférieure). A.	Argile plastique grise, supérieure à la craie ?		Faïence fine et commune , pots de verrerie.
	106	Fousseyreaux , commune de Milhac (Dordogne).	Argile.		Faïence de Toulouse.
	107	Galey (Ariége).	Argile blanche.	Haute. *D.* Infusible, blanche. *G. F.* Infusible, reste blanche.	Cazettes à porcelaine de Villedieu.
	108	Gaujac (Landes). A.	Argile plastique blanche , supérieure à la craie ?		Poterie commune et de grès de Gar.
	109	Gomme (Sainte-) 4 lieues O. de Villedieu (Indre).	Argile plastique blanche.		
	110	Gar , arrondiss. de Mortain (Manche).	Argile jaunâtre.		

PAYS.	Numéros des argiles.	LOCALITÉS SPÉCIALES.	CARACTÈRES EXTÉRIEURS, POSITION GÉOLOGIQUE.	CARACTÈRES CHIMIQUES PAR LE FEU ET L'ACIDE DU VINAIGRE.	EMPLOI ET ANNOTATIONS.
France	111	Gers-de-Boutz (H^te-Garonne).	Stéatite terreuse.		Faïence fine de Toulouse.
	112	Girons (Saint-) (Ariège).	Argile plastique grisâtre foncé.	BRUTE. *G. F.* Infusible. *A. V.* Efferv. o. LAVÉE. Arg. 95. — Rés. 5. PÂTE. *D.* Dure, à peine rayable, blanc mat à bords rougeâtres. Ret. 0.04. *G. F.* Blanche, dure.	
	113	Havre (rivage du) (Seine-Inférieure).	Argile figuline grise.	BRUTE. *G. F.* Fondu en émail brun rouge foncé. *A. V.* Efferv., perte 0,07. LAVÉE. Matière arg. 98. — Rés. 2. PÂTE. *D.* Durcie, bossuée, à peine rayable. Ret. 0,04. *G. F.* Fondue en verre vert brun foncé.	Briques blanches.
	114	Hayanges (Moselle). A.	Argile jaunâtre sableuse.		Briques réfractaires.
	115	Issel , près Castelnaudary (Aude).	Argile blanchâtre.		Poterie commune d'Issel.
		Issy. *V.* Arcueil.			
	116	Julien (Saint) de Peyrolas (Gard).	Argile.	BRUTE. *G. F.* Infusible, dure, blanc jaunâtre. *A. V.* Efferv. o. LAVÉE. Arg. 90. — Rés. 10. PÂTE. *D.* Blanche, tendre. Ret. o. *G. F.* Blanche, entamable, absorbante.	Poterie commune de pays.
	117	Labouchade, près Montluçon (Allier). A.	Argile blanc jaunâtre sale.		Pots de verrerie.
	118	Lalonde (forêt de), près Rouen (Seine-Inférieure).	Argile plastique noire, supérieure à la craie.		Faïence fine de Rouen.
	119	Loyval (Charente-Infér.). A.	Argile blanche marbrée de rouge.		Pots de verrerie.
	120	Livernon (Lot). A.	Argile rouge.		Poterie imitant la poterie étrusque.
	121	Lodève (Hérault).	Argile plastique brune.		Faïence fine et commune de Toulouse.
	122	Lourdis , N° 1 , près Vichy (Allier). A.	Argile plastique grisâtre, renferme des paillettes de mica.	BRUTE. *G. F.* Infusible, brun rouge. LAVÉE. Arg. 52. — Rés. 48. *D.* Infusible, rouge cinabre. *G. F.* Ram. rouge brun. PÂTE. *D.* en grès rouge, fin, avec partie noirâtre. Ret. 0,05. *G. F.* Bouillonnée, brun café, un peu lustrée.	Poterie de Lourdis.
	123	*Ibid.*, N° 2.	Argile plastique rougeâtre.		Cuviers à lessives et tuiles.
	124	Lunéville (environs de) (Meurthe).	Argile figuline jaunâtre.		Faïence fine et commune de Lunéville.
	125	Malaise, près Limoges (H^te-Vienne). A.	Argile plastique velutée.	BRUTE. *D.* Infusible, blanche et rouge. *G. F.* Infusible, blanche.	Cazettes à porcelaine de Limoges.

PAYS.	Numéros des argiles.	LOCALITÉS SPÉCIALES.	CARACTÈRES EXTÉRIEURS, POSITION GÉOLOGIQUE.	CARACTÈRES CHIMIQUES PAR LE FEU ET L'ACIDE DU VINAIGRE.	EMPLOI ET ANNOTATIONS.
France	126	Marignac (Haute-Garonne).	Marne argileuse.		Faïence de Toulouse.
	127	Meillonaz (Ain).	Argile jaune foncé.	BRUTE. *G. F.* Boursouflée en brun noir et vernis métalloïde. *A. V.* Efferv. o. LAVÉE. Arg. 79. — Rés. 21. PÂTE. *D.* Dure, mais rayable, d'un rouge pâle assez pur. Ret. 0,04. *G. F.* Infusible, mais colorant le godet, noir brunâtre, ferrugineuse.	Poterie de Meillonaz.
	128	Milhac - de - Noutron (Dordogne).	Argile grise.		
	129	Montereau (Yonne). A.	Argile plastique d'un blanc grisâtre.		Faïence fine, dite terre de pipe.
	130	Montreuil , arrondissement de Saint-Lô (Manche).	Argile rougeâtre.		Poterie commune de grès de Montreuil.
	131	Murviel (Hérault). A.	Argile sableuse blanche.		
	132	Nevers (Nièvre). A.	Argile figuline.		Faïence commune de Nevers.
	133	Papoul (Saint-) (Aude).	Argile.		Poterie commune de Saint-Papoul.
	134	Pierre-Battu. A.	Argile plastique.		Pots de verrerie.
	135	Provenzale (Corse).	Argile brune.	BRUTE. *G. F.* Ramollie, brun rougeâtre avec vernis métalloïde. *A. V.* Efferv. o. LAVÉE. Arg. 75. — Rés. 25. PÂTE. *D.* Rougeâtre, très-dure, lustrée. Ret. 0,11. *G. F.* Ramollie, un peu bouillonnée, couleur brun ferrugineux.	Poteries fines.
	136	Provins (Seine-et-Oise). A.	Argile plastique blanchâtre.		Argile à briques réfractaires et à cazettes employée momentanément à Sèvres.
	137	Plumont (Jura).	Argile plastique grise.		Faïence du Doubs.
	138	Randan (Puy-de-Dôme).	Marne argileuse.	BRUTE. *G. F.* Fondue en verre brun rougeâtre. *A. V.* Efferv., perte 0,37. LAVÉE. PÂTE. *D.* Très-dure, brun rougeâtre, lustrée. Ret. 0,16. *G. F.* Fondue en verre brunâtre.	
	139	Retournecloup (Seine - et - Marne). A.	Argile plastique grise, mêlée de veines rouges.	BRUTE. *D.* Infusible, rougeâtre. *G. F.* Infusible.	Cazettes à porcelaine employées actuellement à Sèvres.
	140	Rimont (Ariége).	Stéatite? terreuse.		Faïence fine et porcelaine de Toulouse
	141	Roquevaire (Bouches - du - Rhône).	Argile plastique rougeâtre, supérieure au calcaire jurassique.		Carreaux d'appartements de Roquevaire.
		Saint - Sanson. *V.* Forges , N° 105. A.			

PAYS.	Numéros des argiles.	LOCALITÉS SPÉCIALES.	CARACTÈRES EXTÉRIEURS, PORTION GÉOLOGIQUE.	CARACTÈRES CHIMIQUES PAR LE FEU ET L'ACIDE DU VINAIGRE.	EMPLOI ET ANNOTATIONS.
France.	142	Saint-Sanson, N° 1 (Oise).	Argile blanchâtre.		Poterie commune de Saint-Sanson.
	143	Ibid., N° 2.	Argile plastique grise, dite terre bleue.		Creusets.
	144	Savanas (Ardèche). A.	Argile plastique rosâtre, avec paillettes de mica.	Bautz. D. Infusible, rosâtre. G. F. Infusible, grise.	Creusets pour l'acier fondu de Saint-Étienne.
	145	Saverne, N° 1 (Bas-Rhin).	Argile jaune clair.		Poterie commune.
	146	Ibid., N° 2.	Argile plastique? blanchâtre.		Grès-cérames.
	147	Ibid., N° 3.	Argile plastique grisâtre.		Cruches à bière.
	148	Sauveur-le-Vicomte (Saint-) (Manche).	Argile kaolinique?		Dessins en reliefs de la poterie vernissée de Vindefontaine.
	149	Saveignies, N° 1. (Oise). A.	Argile plastique noirâtre, supérieure à la craie.		Poterie de pays.
	150	Ibid., N° 2.	Argile brune.		Grès-cérames.
	151	Soufflenheim, 2 lieues d'Haguenau (Bas-Rhin).	Argile plastique grise.		Grès-cérames.
	152	Standens (Haute-Garonne).	Argile marbrée.		Faïence fine de Toulouse.
	153	Strasbourg (Bas-Rhin). A.	Argile plastique grise.		Terre de pipe de Strasbourg.
	154	Teil (Ardèche).	Argile plastique.	Bautz. G. F. Infusible, blanc gris. A. V. Efferv., o. Lavée. Rés, o. Pate. Bossuée, blanc jaunâtre, très-dure. Rét. 0,05. G. F. Grisâtre, très-dure.	Faïence de Toulouse.
	155	Thiers (environs de) (Puy de-Dôme).	Argile figuline micacée.	Bautz. G. F. Boursouflée et presque fondue en scories brun rouge très-foncé. A. V. Efferv., o. Lavée. Arg. 73. — Rés. 22. Pate. D. En grès rouge très-dur. Rét. 0,06. G. F. Ramollie, boursouflée, couleur noire métalliq.	Cuviers à lessives.
	156	Treffort (Ain).	Argile plastique blanche.		Poterie, faïence, creusets de Treffort.
	157	Treigny-en-Puisaye (Yonne)	Argile plastique grise.		Grès-cérames de Treigny.
		Vanvres, S.-O. de Paris (Seine). V. Arcueil.	Argile plastique noirâtre.		Poterie commune de pays.
	158	Vaugirard (Seine). A.	Argile plastique noirâtre, veinée.		
	159	Victor-des-Oules (Saint), N° 1 (Gard).	Argile, dite terre rousse.	Bautz. G. F. Infusible, blanc jaunâtre sale. A. V. Efferv., o. Lavée. Point de résidu. Pate. D. En grès blanchâtre, bossué, voilé. Rét. 0,04. G. F. Grès sale jaunâtre, très-dur.	Poterie commune de Saint-Victor-des-Oules.

PAYS.	Numéros des argiles.	LOCALITÉS SPÉCIALES.	CARACTÈRES EXTÉRIEURS, POSITION GÉOLOGIQUE.	CARACTÈRES CHIMIQUES PAR LE FEU ET L'ACIDE DU VINAIGRE.	EMPLOI ET ANNOTATIONS.
France.	160	Victor-des-Oules (Saint-), N° 2 (Gard).	Argile noire, terre de poix.		
	161	*Ibid.*, N° 3.	Argile, dite blanquette.		
	162	*Ibid.*, N. 4.	Argile plastique, dite terre de pipe.		Saint-Quintin, de Montpellier, de Toulouse.
	163	Victor (Saint-) (Gard).	Argile noire.		Creusets de Marseille, cazettes à porcelaine de Toulouse.
	164	Villedieu (Indre).	Argile blanc grisâtre, supérieure à la craie.	BRUTE. *G. F.* Infusible, devient d'un blanc grisâtre. *A. V.* Efferv. 0. LAVÉE. Arg. 96. — Rés. 4. PATE. *D.* Blanchâtre, bossuée, dure, mais un peu rayable. Ret. 0,04. *G. F.* Infusible, très-dure, blanc grisâtre.	Cazettes à porcelaine de Vierzon.
	165	Viroflay, S.-E. de Versailles (Seine-et-Oise).	Marne argileuse verdâtre, dite terre glaise.		Cazettes à porcelaine tendre ancienne.
	166	Vosges, de Klingenberg. A.	Argile plastique grise.	BRUTE. *G. F.* Infusible, grisâtre. LAVÉE. Arg. 99. — Rés. 1.	Creusets de verrerie.
	167	Weissembourg (Bas-Rhin).	Argile.		Grès-cérames.

TABLEAU Nº V. B. — Analyse des ARGILES et MARNES mentionnées dans le tableau V. A.

(Les numéros sont ceux que portent ces mêmes terres dans le tableau V. A.)

ARGILES.

Numéros des matières	LOCALITÉS SPÉCIALES.	Eau hygrométrique.	COMPOSITION DE L'ARGILE SÉCHÉE A + 100de.						AUTEURS DES ANALYSES.
			Eau combinée.	Silice.	Alumine.	Oxyde de fer.	Chaux.	Magnésie.	Alcalis.
1	Bornholm.	0,27	5,92	72,50	19,50	1,00	0,18	0,50	0,00	LS. Salvétat.
2	Helsingborg	«	E. d.	74,00	20,00	4,00	0,50	0,50	0,00	LS. Laurent.
			9,00	61,00	24,00	7,80	0,50	0,00	0,00	Id.
3	Helsingborg	0,27	9,00	60,70	20,45	7,93	0,55	0,47	traces.	LS. Salvétat.
4	Hoganaes	«	17,40	56,80	21,80	3,60	0,00	0,40	0,00	LS. Laurent.
6	Gloukoff.	2,71	16,50	46,35	37,00	0,00	0,15	0,00	0,00	LS. Salvétat.
10	Devonshire	«	11,20	49,60	37,40	0,00	0,00	0,00	traces.	Berthier.
11	Longport	1,40	10,60	54,80	16,50	13,50	3,37	0,00	0,00	LS. Salvétat.
12	Stourbridge.	«	10,30	63,70	20,70	4,00	0,00	0,00	0,00	Berthier.
			17,34	45,25	28,77	7,72	0,47	traces.	traces.	Id.
13	Andennes	«	19,00	52,00	27,00	2,00	0,00	0,00	«	Berthier.
14	Antragues	«	9,00	71,00	19,00	0,00	0,00	0,00	«	LS. Salvétat.
20	Lautersheim.	«	13,50	49,00	33,09	2,10	2,00	0,20	«	Id.
			6,00	66,70	24,00	1,20	0,00	1,20	0,00	LS. Salvétat.
23	Valendar, près Coblentz.	0,52	6,75	65,27	24,19	1,00	0,00	2,02	«	Berthier.
			15,20	46,60	34,90	3,00	0,00	0,00	«	Id.
26	Hesse, Gross-Almerode.	0,43	14,00	47,50	34,37	1,24	0,50	1,00	traces.	LS. Salvétat.
30	Schildorf.	0,05	16,50	45,79	28,10	6,58	2,00	0,00	0,00	Id.
32	Losshayn	2,70	11,70	61,52	20,92	0,50	0,02	4,97	traces.	Id.
34	Theoberg	0,49	10,00	58,39	27,94	traces.	2,74	1,00	0,00	Id.
35	Gottweith	1,00	10,00	63,00	20,75	2,00	1,65	traces.	traces.	Id.
42	Zamora	E. d.	15,75	69,00	23,00	4,00	2,00	2,00	traces.	LS. Laurent.
55	Ile Bourbon	0,50	13,75	44,87	14,29	27,71	0,93	0,09	traces.	LS. Salvétat.
60	Delaware.	1,14	6,84	73,33	16,75	1,29	2,00	0,07	0,00	Id.
61	Harford	1,03	7,52	65,24	25,23	1,52	1,24	traces.	traces.	Id.
62	Huntington.	1,19	5,33	66,80	25,85	1,00	0,75	0,01	0,00	Id.
63	Gay-Head	0,17	15,00	46,54	39,00	traces.	0,00	0,50	0,00	Id.
66	Iles Witi.	0,76	16,00	38,10	15,51	28,49	0,85	traces.	traces.	Berthier.
			13,10	50,00	35,20	0,40	0,00	0,36	0,00	LS. Malaguti.
67	Abondant, près Dreux.	«	E. d.	59,44	40,00	0,00	0,00	0,20	traces.	LS. Salvétat.
70	Arcueil.	«	11,04	62,14	22,00	3,09	1,68	traces.	traces.	Berthier.
72	Argenton.	«	18,00	48,40	30,00	2,30	0,00	0,00	«	Id.
74	Saint-Aubin-les-Feux	«	16,40	49,20	34,00	traces.	0,00	0,00	traces.	LS. Salvétat.
77	Barsons	0,75	11,35	52,00	27,45	37,50	0,00	0,55	traces.	Id.
78	Belea.	1,27	8,64	63,87	18,00	0,45	0,95	2,00	3,27	Id.
84	Boulogne.	2,24	6,28	69,42	38,90	1,31	2,00	0,00	«	Buisson.
			E. d.	54,80	44,50	1,00	1,00	0,00	«	LS. Salvétat.
93	Condé	12,87	16,48	60,00	53,00	1,91	1,34	0,60	traces.	Id.
98	Dourdan	«	9,20	49,20	26,39	2,50	0,84	0,00	«	Berthier.
99	Échassières.	«	16,40	70,00	34,00	0,00	0,00	0,00	«	LS. Salvétat.
101	Étrépigny	1,45	9,96	50,26	18,50	0,50	0,75	traces.	«	Id.
103	La Fère	1,45	17,30	65,00	20,00	3,00	1,50	0,27	«	Berthier.
105	Forges les-Eaux	«	11,00	40,50	24,00	traces.	0,00	0,00	«	LS. Salvétat.
108	Gaujac	0,42	14,50	66,10	38,10	6,30	traces.	0,00	«	Berthier.
114	Hayanges	«	7,50	55,40	19,80	0,00	0,00	0,00	«	Id.
117	Labouchade	«	12,00	55,40	50,40	4,20	0,00	0,00	«	Id.

Numéros des matières.	LOCALITÉS SPÉCIALES.	Eau hygrométrique.	COMPOSITION DE L'ARGILE SÉCHÉE A + 100d°.							AUTEURS DES ANALYSES.
			Eau combinée.	Silice.	Alumine.	Oxyde de fer.	Chaux.	Magnésie.	Alcalis.	
119	Leyval.	«	12,60	52,00	31,60	4,40	0,00	0,00	«	Berthier.
120	Livernon	«	18,00	49,00	24,00	6,26	2,00	0,00	«	Id.
122	Lourdis	7,50	7,00	56,50	30,45	4,01	0,70	0,21	traces.	LS. Salvétat.
125	Malaise	1,55	15,00	52,55	26,50	0,55	3,00	1,50	«	Id.
129	Montereau	«	10,00	64,40	24,60	traces.	0,00	0,00	«	Berthier.
131	Murviels.	«	E. d.	88,00	9,00	0,00	2,00	0,00	«	LS. Buisson.
132	Nevers.	«	E. d	67,50	25,00	2,00	2,50	0,00	«	Id.
134	Pierre Battu	«	15,60	43,00	40,00	traces.	0,00	0,00	«	Berthier.
136	Provins.	«	E. d.	57,00	37,00	4,00	1,70	0,00	«	LS. Aubert.
139	Retourneloup.	2,27	E. d.	52,10	36,00	1,80	5,00	2,00	«	LS. Buisson.
«	Saint-Sanson (voyez Forges)	«	16,96	42,00	38,96	0,85	1,04	0,17	«	LS. Buisson.
141	Savanas	1,45	E. d.	66,00	26,00	4,50	3,00	0,?	«	LS. Buisson.
149	Saveignies	«	11,05	58,76	25,10	2,50	traces.	2,51	traces.	LS. Salvétat.
153	Strasbourg	«	E. d.	65,00	31,00	1,00	traces.	2,00	«	LS. Buisson.
158	Vanvres, Vaugirard. . . . . . . {	«	12,00	66,70	18,20	1,60	0,00	0,60	«	Berthier.
		«	14,00	54,00	25,00	6,00	0,00	0,00	«	Id.
		«	14,58	51,84	26,10	4,91	2,25	0,23	traces.	LS. Salvétat.
166	Klingenberg . . . . {	«	16,00	48,32	32,48	1,52	1,64	traces.	traces.	Id.
		«	E. d.	57,52	38,66	1,84	1,95	traces.	traces.	Id.

MARNES.

Numéros.	LOCALITÉS DES MARNES.	Eau combinée.	Silice.	Alumine.	Oxyde de fer.	Carbonate de chaux.	Carbonate de magnésie.	Bitume et alcalis.	AUTEURS.
52	Marne d'Abydos.	11,25	52,00	16,17	6,15	13,97	traces.	P. traces.	LS. Salvétat.
83	Marne de Bonnefonds.	9,00	40,00	13,21	2,04	34,12	0,15	P. traces.	LS. Salvétat.
79	Marne de Belleville.	E. d.	46,03	17,28	5,70	27,64	0,00	0,00	LS. Buisson.
89	Marne de Chambray . . . . {	E. d.	49,50	29,00	3,00	18,00	0,50	P. traces.	LS. Laurent.
		2,21	49,72	29,35	3,09	16,21	0,50	P. 0,23	LS. Salvétat.
176	Marne de Savone.	E. d.	53,00	35,00	7,00	3,00	0,00	0,00	LS. Buisson.
165	Marne de Viroflay.	E. d.	37,00	11,00	6,50	55,00	0,00	0,00	LS. Buisson.
170	Marne de Billom { feuilletée brune. . .	2,00	39,00	18,00	1,00	40,00	0,00	B. traces.	Lecoq.
	(P.-de-Dôme). . { grise compacte . . .	2,00	30,00	20,00	2,00	46,00	0,00	B. traces.	

EXPLICATION DES ABRÉVIATIONS DES TABLEAUX N° V.

A — placé devant des noms de localité spéciale d'une argile, indique qu'elle a été analysée, et qu'on trouvera sa composition au tableau B des analyses sous le même numéro.

Arg. = Argile.
Arg. pl. = Argile plastique.
Arg. fig. = Argile figuline.
M. arg. = Marne argileuse.
Inf. = Infusible.

Ram. = Ramollissable.
Fus. = Fusible.
Fus. V. = Fusible en verre.
Fus. E. = Fusible en émail.
Fus. Sc. = Fusible en scorie.
A. V. = Acide du vinaigre.
Efferv. = Effervescente avec l'acide du vinaigre.
Effervescence 0. = Non effervescente.
Brute. = C'est l'argile naturelle.

Lav. = C'est l'argile lavée.
D. ou Dég. = Passée au dégourdi de Porcelaine de Sèvres.
G. F. = Passée au grand feu de porcelaine dure.
Rés. ou R. = Résidu du lavage.
Ret. = Retraite de la pâte seulement. (On a expliqué à la tête de ces tableaux ce qu'on devait entendre par pâte.)

3

TABLEAU N° VI. Les FELSPATHS employés dans les arts céramiques. (Mentionné tome I, page 71.)

Leurs localités et leur COMPOSITION.

Nos.	DÉSIGNATION DES FELSPATHS.	Silice.	Alumine.	Potasse.	Soude.	Magnésie.	Chaux.	Ox. fer.	Humidité.	AUTEURS.
	Orthose ou Felspath à potasse.									
1	Felspath de Saint-Pétersbourg	65,40	19,40	15,50	0,00	0,00	0,00	Tr.	0,00	Laurent.
2	Felspath d'Orjervi (Finlande)	63,50	20,10	16,10	Tr.	Tr.	0,20	Tr.	0,00	Id.
3	Felspath de Chanteloube. a.	64,00	20,56	14,99	0,00	0,00	0,38	0,00	0,00	Malaguti.
4	Felspath de Newcastle (Delaware).	63,20	19,78	15 14	0,00	0,50	0,58	Tr.	1,53	Id.
5	Felspath de Sargadelos (Galice).	62,00	19,48	15,72	0,00	0,12	0,35	Tr.	1,64	Id.
6	Felspath de Hall.	62,70	19,20	14,90	0,00	0,18	0,46	Tr.	1,70	Id.
7	Felspath de Quabenstein (Bavière)	61,37	20,23	15,75	0,00	0,16	0,39	0,00	1,31	Id.
8	Felspath d'Oporto (Portugal)	62,06	19,61	16,07	0,00	0,16	0,38	0,00	1,11	Id.
9	Felspath de Serdobole (Finlande)	64,03	18,47	15,24	0,00	0,18	0,67	0,00	1,02	Id.
10	Felspath de Dixonplace (Wilmington).	58,70	23,95	12,64	0,00	0,31	2,09	Tr.	1,65	Id.
11	Felspath d'Aue (près Schneeberg)	66,00	17,59	15,00	0,00	0,38	0,40	0,00	0,00	Id.
12	Felspath de Cornouailles.	74,34	18,46	6,00	0,00	0,24	6,00	Tr.	0,96	Id.
13	Felspath de Bonnefond , près Bourganeuf (Vienne). . .	66,00	18,81	13,60	0,00	0,00	0,40	0,00	1,16	Id.
14	Felspath des Pyrénées , près du gîte des kaolins de Cambo	70,00	16,87	11,12	0,00	0,00	0,00	0,00	1,10	Id.
	Cleavelandite (Albite) ou Felspath à soude.									
15	Felspath de Chanteloube. b.	67,63	20,48	0,00	16,26	0,00	0,65	0,00	0,00	Malaguti.
16	Felspath de Calabre.	65,87	20,60	Tr.	11,10	0,20	0,38	Tr.	1,20	Id.
17	Felspath de Freassaco (Piémont).	71,00	18,27	Tr.	9,10	0,21	0,80	Tr.	0,00	Salvétat.

Toutes ces analyses ont été faites dans le laboratoire de Sèvres.

TABLEAU N° VII

présentant les résultats des expériences faites et recueillies

sur la RETRAITE des PATES CÉRAMIQUES.

N° des opérations.	DÉSIGNATION ET COMPOSITION des PATES CÉRAMIQUES.	FORMES des PIÈCES.	MODE DE FAÇONNAGE des PIÈCES.	DIMENSIONS DES MODÈLES, moules ou dessins. (Le décimètre est l'unité.)	Après la dessiccation à l'air libre.	Dégourdi à 4 degrés Wedgwood.	Grand feu de porcelaine dure.	Évaluation de la retraite totale sur 100 parties.	OBSERVATIONS DIVERSES.
	Tableau n° VII. A.								
1	Alumine, 70... sable quarzeux d'Aumont, 1	Petit camé.	Moulée assez facilem¹.	....				20	(1) Cette expérience, faite il y a longtemps, n'a pas été conduite avec la précision apportée à celles qui ont été faites depuis.
2	Alumine, 90... chaux, 9 .	Plaque rectang..	Moulée.	Côté, 1,00	0,98		0,90	10	(2) S'est bien moulée, est devenue solide au feu, et est restée droite.
3	Silice pure, 90... mais non broyée ni calcinée... craie, 12 .	Plaque	Moulée.	Côté, 1,00	...	0,99	1,01	...	(3) Gonflé par l'effet du sable non calciné préalablement.
4	Magnésie dite calcinée, 25... alumine calcinée, 35.. sable siliceux pur, 25... chaux, 6	Plaque carrée.	Moulée. (mais n'a peêtre coulée.)	Côté, 1,00	0,98	0,98	0,73	27	(4) S'est ramollie, a adhéré au rondeau, et a pris une teinte bleu de ciel très-remarquable.
5	Magnésie dite calcinée, 60... argile plastique de Dreux, 40 .	Plaque carrée.	Moulée.	Côté, 1,00	0,92	0,82	0,60	40	(5) Au dégourdi est restée friable et courbée; au grand feu, a cuit en grès, s'est fendue et est devenue jaunâtre.
6	Magnésie de Vallecas, près Madrid, composée de magnésie, silice et eau, 20.	Parallélipipède .	Moulée.	Côté, 0,20	......		0 12	40	
7	Globerite de Baldissero, en Piémont (carbonate de magnésie), 15 p. 0/0 d'eau	... D° ..	Moulée.	Côté, 0,60	......		0,35	42	
8	Argile plastique de Dreux naturelle.	Plaque rectang..	Taillée dans des masses d'argile..	Long., 1,00 / Larg., 0,50 / Épais., 0,10	......		...	De 10 à 11	
9	Argile de Dreux calcinée au grand feu.	Plaque carrée.	Moulée à la main. / Moulée à la presse .	Côté, 1,00 / Côté, 1,00	0,99 / 1,00	0,94 / 0,99	0,85 / 0,95	15 / 5	Était restée très-friable.
10	Argile de Dreux calcinée, 90... chaux, 10.	Plaque carrée.	Moulée à la main. / Moulée à la presse .	Côté, 1,00 / Côté, 1,00	0,99 / 1,00	0,96 / 0,99	0,89 / 0,91	11 / 9	(10) Et 1 p. o/o d'argile crue. Restée dure, sans apparence de fusion.
11	Argile de Dreux pure sans mélange	Plaque carrée.	Moulée à la croûte .	Côté, 1,00	0,95	0,84	0,83	17	(12) Coffinée ou gauchie.
12	Argile de Dreux pure.	Plaque carrée.	M. à la presse Matelin.	Côté, 1,00	...	0,89	0,90	10	
13	Argile de Dreux choisie, lavée, purifiée à l'acide nitrique.	Plaque carrée.	M., mais au rouleau ..	Côté, 1,00	...		0,85	15	(16 et 17) Dans le sens du rouleau, c'est-à-dire perpendiculairement à son axe.
14	Argile mélangée de ciment fin ..... (c'est-à-dire d'argile cuite.) {10 part. / 25 " / 50 " / 75 "}	Plaques carrées.	Moulées	Côté, 1,00	0,95 / 0,95 / 0,92 / 0,96	0,84 / 0,88 / 0,88 / 0,94	0,84 / 0,85 / 0,85 / 0,94	16 / 15 / 15 / 6	(14) Le maximum de retraite est dans le dégourdi; elle s'égalise au grand feu.

Numéros des opérations.	DÉSIGNATION ET COMPOSITION des PATES CÉRAMIQUES.	FORMES des PIÈCES.	MODE DE FAÇONNAGE des PIÈCES.	DIMENSIONS DES MODÈLES, moulés ou dessins (Le décimètre est l'unité.)	Après la dessiccation à l'air libre.	Départ à 16 degrés Wedgwood.	Grand feu de porcelaine dure.	Évaluation de la retraite totale sur 100 parties.	OBSERVATIONS DIVERSES.
15	Argile mélangée de ciment fin... argile, 50... ciment fin, 50	Plaque carrée..	M. à la presse Matelin,	Côté, 1,00	....	0,93	0,92	8	(15) Très-bombée, le carré est parfait.
16	Argile de Dreux mélangée de gros ciment. {10 part. 15 "}	Plaques carrées.	Moulées.......	Côté, 1,00	0,96 0 97	0,85 0,95	0,85 0,95	15 5	
17	Argile de Dreux, mélangée de sable d'Aumont, non broyé {10 part. 25 " 50 "}	Plaques carrées.	Moulées.	Côté, 1,00	0,94 0,93 0,94	0,84 0,87 0,91	0,82 0,85 0,85 0,91	18 15 15 9	(17) Très-déformées.
18	Argile de Dreux, mélangée de sable d'Aumont broyé fin {10 part. 25 " 50 "}	Plaques carrées.	Moulées.	Côté, 1,00	0,95 0,94 0,96	0,90 0,89 0,94	0,83 0,85 0,88	17 15 12	(18) Très-voilée et bouillonnée. Voilée, non bouillonnée. Un peu lustrée, non bouillonnée.

Tableau n° VII. B.
Grès-Cérames et Faïences fines (Porcelaine opaque, Terre de pipe).

Numéros des opérations.	DÉSIGNATION ET COMPOSITION des PATES CÉRAMIQUES.	FORMES des PIÈCES.	MODE DE FAÇONNAGE des PIÈCES.	DIMENSIONS DES MODÈLES, moulés ou dessins (Le décimètre est l'unité.)	Après la dessiccation à l'air libre.	Départ à 16 degrés Wedgwood.	Grand feu de porcelaine dure.	Évaluation de la retraite totale sur 100 parties.	OBSERVATIONS DIVERSES.
19	Faïence fine dure de Creil (dite porcelaine opaque).	Plaque rectang.	Moulée........ / Coulée......	Long., 1,00	0,96 / 0,97	0,92 / 0,94	0,87 / 0,88	13 / 14	
20	Faïence fine de Creil (dite terre de pipe)	Plaque rectang.	Moulée........ / Coulée......	Long., 1,00	0,96 / 0,96	0,93 / 0,93	0,98 / 0,87	12 / 13	
21	Grès-cérame (Ziégler)	Plaque carrée.	Moulée à la main...	Côté, 1,00	....	0,91	0,90	10	(21) Au grand feu, remplie de cloques, un peu voilée.
22	Grès-cérame (Ziégler).............	Plaque carrée.	M. à la presse Matelin.	Côté, 1,00	....	0,95	0,92	8	(22) Bien plane, jaunâtre, grenue.
23	Grès-cérame de Utzschneider à Sarreguemines, dit pâte de cailloutage	Plaque rectang..	Moulée.	Long., 1,00	0,97	0,96	0,91	9	(23) La retraite au dégourdi n'est que de 4 p. o/o; comme cette pâte se ramollit au grand feu, la retraite de 9 p. o/o est incertaine.
24	Grès-cérame d°, dit terre rouge émaillée.	Plaque rectang.	Moulée.	... D°	0,96	0,92	0,90	10	(24) Beau grès-cérame très-dur.
25	Grès-cérame d°, dit terre d'Égypte.	... D°	...... D°	... D°	0,95	0,88	0,88	12	(25) Grès brun très-dur au dégourdi, mais ramolli et bouillonné au grand feu.
26	Grès-cérame, dit porphyre.	... D°	...... D°	Long., 1,00	0,97	0,94	0,96	4	(26) Pâte renfermant une grande quantité de quartz infusible qui gêne la retraite, ce qui est prouvé par le fendillement. Au grand feu, s'est ramolli; a un peu bouillonné, ce qui explique son apparente dilatation.
27	Grès-cérame, dit noisette.	... D°	...... D°	... D°	0,95	0,90	0,90	10	(27) Malgré beaucoup de petites cloches.
28	Grès cérame jaune, dit terre à feu.	... D°	...... D°	... D°	0,95	0,90	0,90	10	(28) Beau grès, très-fin, très-dur.

Tableau n° VII. C.

Pâtes ramollissables au grand feu, y devenant translucides.
(Porcelaines dures.)

N° des opérations.	DÉSIGNATION ET COMPOSITION des PATES CÉRAMIQUES.	FORMES des PIÈCES.	MODE DE FAÇONNAGE des PIÈCES.	DIMENSIONS DES MODÈLES, moules ou dessins. (Le décimètre est l'unité.)	Après la dessiccation à l'air libre.	Dégourdi à 40 degrés Wedgwood.	Grand feu de porcelaine dure.	Évaluation de la retraite totale sur 100 parties.	OBSERVATIONS DIVERSES.
29	Porcelaine dure de Sèvres.............	Plaque rectang..	Moulée à la croûte et à l'éponge......	Long., 1,50 / Larg., 1,00	1,44 / 0,98	1,41 / 0,94	1,34 / 0,89	10 / 11	
30	D°...D°.	D°...	Moulée en poudre sèche à la presse Matelin..	Côté, 1,00	....	0,90	0,88	12	(30)(*) Il paraîtrait, d'après ce résultat, que, malgré la pression, les parties en poudre sèche d'une masse de pâte sont encore plus éloignées les unes des autres que quand l'eau les réunit.
31	D°...D°.	D°...	Moulée de même, mais dans un moule à rebord.	Long., 1,50 / Larg., 1,00	1,45 / 0,97	1,41 / 0,94	1,33 / 0,89	10 / 11	
32	D°...D°.	D°...	Coulée.........	Long., 1,50 / Larg., 1,00	1,39 / 0,93	1,35 / 0,91	1,25 / 0,84	17 / 16	
33	Porcelaine dure, pâte de service.......	Plaque carrée.	Ébauchée et tournassée.	Côté, 1,00	....	0,97	0,90	10	
34	Pâte de service ordinaire.............	Cylindre....	M. en deux coquilles.	H. 1,00 / D. 0,50	0,95 / 0,48	0,94 / 0,46	0,87 / 0,43(*)	13 / 14	(34)(*) 43, dans le sens opposé à la couture; 43, 7, du côté de la couture.
35	Pâte de service ordinaire.............	Cylindre creux avec fond..	Tournassé.....	H. 1,00 / D. 1,00	....	0,96 / 0,97	0,87 / 0,91	13 / 9	
36	Pâte de service ordinaire.............	Jatte à bord droit.	Tournassée.....	H. 0,60 / D. 1,00	....	0,88 / 0,97	0,82 / 0,91	14 / 9	
37	Pâte de service ordinaire.............	Assiette plate ordinaire....	Ébauchée et tournassée.	Diamètre du bord, 2,71 / Diamètre du bassin, 1,92	2,60 / 1,85	2,57 / 1,81	2,44 / 1,71	10 / 11	
38	Pâte de service ordinaire.............	Seau à bouteille.	Ébauché et tournassé.	Diamètre du pied, 1,50 / Diamètre externe, 1,50	1,48 / 1,50	1,42 / 1,47	1,29 / 1,39	14 / 7	
39	Porcelaine dure, pâte de sculpture.......	Jatte......	Tournassée......	H. 0,60 / D. 1,00	....	0,59 / 0,99	0,49 / 0,90	17 / 10	
40	Pâte de sculpture.............	Plaque rectang..	Moulée à la croûte et à l'éponge......	Long. 1,50 / Larg., 1,00	1,47 / 0,98	1,44 / 0,96	1,33 / 0,88	11 / 12	(40) Même résultat qu'au n° 30.
41	D°...D°.............	D°...	Moulée très-sèche à la presse Matelin.	Côté, 1,00	....	0,99	0,87	13	
42	D°...D°.............	Cylindre....	M. en deux coquilles.	H. 1,50 / D. 0,50	0,97 / 0,49	0,96 / 0,48	0,87 / 0,43(*)	13 / 14	(41)(*) Devenu un peu ovale, la retraite du côté de la couture l'a réduit à 0,44.

Numéros des opérations.	DÉSIGNATION ET COMPOSITION des PÂTES CÉRAMIQUES.	FORMES des PIÈCES.	MODE DE FAÇONNAGE des PIÈCES.	DIMENSIONS DES MODÈLES, moules ou dessins. (Le décimètre est l'unité.)	Après la dessiccation à l'air libre.	Dégourdi à 40 degrés Wedgwood.	Grand feu de porcelaine dure.	Évaluation de la retraite totale sur 100 parties.	OBSERVATIONS DIVERSES.
43	Pâte de sculpture................	Cylindre creux avec fond...	Tournassé......	H. . 1,00 / D. . 1,00	....	0,98 / 0,99	0,86 / 0,89	14 / 11	
44	Dᵒ . . . Dᵒ...............	Assiette plate ordinaire....	Ébauchée et tournassée.	Diamètre du bord, 2,71 / Diamètre du bassin, 1,86	2,64 / 1,86	2,62 / 1,85	2,42 / 1,68	11 / 13	
45	Dᵒ . . . Dᵒ	Seau à bouteille.	..... Dᵒ	Hautᵣ. à partir du pied, 1,50 / Diamètre externe, 1,50	1,48 / 1,50	1,45 / 1,48	1,24 / 1,36	17 / 9	
46	Porcelaine de Meissen en Saxe. 1836.......	Plaque rectang..	Moulée.	Long., 1,00 / Larg., 0,80	....	0,88	0,84	16	(46) Très-fortement dégourdie, presque en grès.
47	Porcelaine de la manufacture royale de Berlin. 1836.	. . . Dᵒ	. . . Dᵒ	Long., 1,00 / Larg., 0,80	....	0,89	0,86	14	(47) Très-fortement dégourdie.
48	Porcelaine de la manufacture impériale de Vienne. 1806.................	Plaque carrée..	. . . Dᵒ	Côté, 1,00	....	0,89	0,87	13	(48) Le dégourdi entamable au couteau, mais la plaque bombée.
49	Porcelaine de Chantilly, pâte de service. 1840	Plaque carrée. / . . . Dᵒ / Cylindre	Coulée. / Moulée. / Ébauché	Côté, 1,00 / Haut., 1,00 / D. exter., 0,80	0,96 / 0,96 / 0,78	0,92 / 0,94 / 0,91	0,85 / 0,89 /	15 / 11 / 11	
50	Porcelaine de Limoges de 1840.	Plaque carrée.	Moulée / Coulée.	Côté, 1,00	0,97 / 0,96	0,89 / 0,85	....	11 / 15	Bombée. / Plane.
51	Porcelaine à base de magnésite. . . . { Faite à Vineuf, près Turin, de 1807... / Faite à Sèvres.	Parallélipipède.	Moulée.	Côté, 1,00 / Sur 1,00 }	0,98	....			

Tableau n° VII. D.

Pâtes d'éléments divers, composées dans les principes et les proportions des pâtes de porcelaine.

52	Pâte de porcelaine. { Argile de Dreux, séchée à + 100. 72,0 / Fritte de potasse......... 21,0 / Alumine pure............. 6,5 / Craie................. 0,5	Plaque.....	Moulée.	Côté, 0,60	....		0,52	14	(42)
53	La même, avec 14 de fritte seulement.	. . Dᵒ	. . . Dᵒ	Côté, 0,60	....			20	Cuite en grès dur, au dégourdi.
54	Pâte de porcelaine. { Argile de kaolin des Pyrénées. 69 / Felspath des Pyrénées...... 27 / Craie................. 8 }	. . Dᵒ	. . . Dᵒ	Côté, 1,00	....		0,86	14	Vraie porcelaine.
55	Pâte de porcelaine. { Argile de kaolin de Cornouailles. 90,0 / Felspath du Cornouailles..... 21,3 / Sable d'Aumont........ 0,5 / Alumine............. 2,3 / Craie.............. 7,5 }	. . Dᵒ	. . . Dᵒ	Côté, 1,00	0,97		0,91	0	Vraie porcelaine.

des opérations.	DÉSIGNATION ET COMPOSITION des PÂTES CÉRAMIQUES.	FORMES des PIÈCES.	MODE DE FAÇONNAGE des PIÈCES.	DIMENSIONS DES MODÈLES, moules ou dessins. (Le décimètre est l'unité.)	Après la dessiccation à l'air libre.	Dégourdi à 4 degrés Wedgwood.	Grand feu de porcelaine dure.	Évaluation de la retraite totale sur 100 parties.	OBSERVATIONS DIVERSES.
56	Pâte de porcelaine faite avec poudre des plaques déjà cuites..................................	Plaque	Coulée	Côté, 0,80	. . . .	. . . .	0,42	16	Très-ramollie, comme une fritte, par conséquent c'est la fusion qui a donné la retraite.
57	Pâte de porcelaine , faite avec poudre de porcelaine. 15 Argile de Dreux............ 5	} . . . D°	Coulée	Côté, 1,00	. . . .	0,98	0,89	11	Déformée, mais non ramollie comme la précédente.
	Tableau n° VII. E.								
	Pâtes ramollissables et translucides à moyenne température, fusibles à haute température. *Porcelaine tendre française.* — *tendre anglaise.*								
58	Pâte de porcelaine tendre ancienne de Sèvres. . . .	Plaque carrée. .	Moulée.	Côté, 1,00	. . . .	0,89	. . . .	11	(58) C'est au fort dégourdi qu'elle a pris toute sa retraite: elle fond au grand feu. Il est reconnu que, cuite convenablement, elle prend 14 p. 0/0 de retraite.
59	Pâte de porcelaine tendre ancienne de Sèvres. . 50 Argile de Dreux calcinée et finement broyée. 50	} Plaque carrée. .	Moulée.	Côté, 1,00	0,97	0,91	. . .	9	
60	Porcelaine tendre de Creil à la manière anglaise. .	Plaque rectang..	{ Moulée.	Côté, 1,00	0,97	0,96	. . .	4	
			Coulée.	Côté, 1,00	0,95	0,93	. . .	7	
61	Porcelaine tendre de Sarreguemines.	. . . D° . . .	Moulée	Côté, 1,00	. . .	0,97	0,90	10	(61) Le dégourdi est peu dur. Au grand feu, blanc sale, ramollie et remplie de petites soufflures translucides.
	Tableau n° VII. F.								
	Pâtes fusibles à haute température , sans passer par la translucidité. (*Faïence commune. Poterie commune.*)								
62	Pâte de faïence brune.	Plaque carrée. .	Moulée à la croûte . . .	Côté, 1,00	. . . .	0,90 / 0,89	. . . .	10 / 11	
63	Pâte de faïence émaillée en blanc	. . . D° . . .	. . . D° . . .	Côté, 1,00	. . . .	0,89 / 0,86	. . . .	11 / 14	
64	Pâte de poterie émaillée, dite terre belle.	. . . D° . . .	. . . D° . . .	Côté, 1,00	. . . .	0,88 / 0,85	. . . .	12 / 15	
65	Pâte ou terre à blanchaille, dite reteinte.	. . . D° . . .	. . . D° . . .	Côté, 1,00	. . . .	0,85	. . .	15	

Numéros des opérations.	DÉSIGNATION ET COMPOSITION des PÂTES CÉRAMIQUES.	FORMES des PIÈCES.	MODE DE FAÇONNAGE des PIÈCES.	DIMENSIONS DES MODÈLES, moules ou dessins. (Le décimètre est l'unité.)	Après la dessiccation à l'air libre.	Dégourdi à 10 degrés Wedgwood.	Grand feu de porcelaine dure.	Évaluation de la retraite totale sur 100 parties.	OBSERVATIONS DIVERSES.
	Tableau n° VII. G.								
	Pâtes grossières, dites terres cuites généralement infusibles.								
	(*Cazettes, rondeaux, briques.*)								
66	A. Cazette plein-fond pour le devant des feux, du four à porcelaine dure de Sèvres.	Plaque rectang..	Moulée en plaque et coupée en rectang.						On trouve dans les expériences que ce tableau réunit, en comparant la colonne du dégourdi à celle du grand feu, une application frappante des faits de retraite que j'ai signalées au livre Ier, chap. VI, § 2, de l'art. 1, p. 265, sur la retraite due à l'expulsion de l'eau dans toutes les pâtes infusibles.
	Argile plastique de Dreux 40			Gr. côté, 2,0	. . . .	1,82	1,79	10,5	
	Ciment gros de cazette, ou n° 3 60			Pet. côté, 1,0	. . . .	0,90	0,89	*1	
67	B. Cazette plein-fond ordinaire, d°.								
	Argile de Retourneloup lavée 40	. . . D°	. . . . D°	Gr. côté, 2,0	. . . .	1,88	1,84	8	
	Ciment gros de cazettes, ou n° 3 60			Pet. côté, 1,0	. . . .	0,94	0,90	10	
68	C. Rondeaux à couvrir, d°.								
	Argile de Dreux 21,5								
	Id. de Retourneloup. 21,5	. . . D°	. . . . D°	Gr. côté, 2,0	. . . .	1,88	1,86	7	
	Ciment moyen de *Mouchettes* (¹), n° 2. . 57,0			Pet. côté, 1,0	. . . .	0,94	0,93	7	
69	D. Cazette extérieure à bourrelet de l'encastage Régnier.								
	Argile de Retourneloup non lavée 40	. . . D°	. . . . D°	Gr. côté, 2,0	. . . .	1,88	1,88	6	
	Ciment moyen, n° 2. 60			Pet. côté, 1,0	. . . .	0,95	0,95	5	
70	E. Cazette dite porte-pièce d'intérieur, encastage Régnier, d°.								
	Argile de Retourneloup lavée 40								
	Ciment fin, n° 1. 30	. . . D°	. . . . D°	Gr. côté, 2,0	. . . .	1,90	1,80	6	
	Sable d'Aumont écrasé. 30			Pet. côté, 1,0	. . . .	0,96	0,98	4	
71	F. Rondeaux intérieurs, d°.								
	Argile de Dreux 20								
	Id. de Retourneloup. 20	. . . D°	. . . . D°	Gr. côté, 2,0	. . . .	1,84	1,82	9	
	Ciment des mêmes rondeaux, n° 1 30			Pet. côté, 1,0	. . . .	0,92	0,91	9	
	Sable brut. 30								
72	Pâte à Lut.								
	Argile de Vanvres 34	. . . D°	. . . . D°	Gr. côté, 2,0	. . . .	1,88	1,88	6	
	Sable de Villebon 66			Pet. côté, 1,0	. . . .	0,96	0,95	4	
73	Briques réfractaires pour le four double de Sèvres de 1842.								
	Argile plastique de Retourneloup. . . . 50	. . . D°	. . . . D°	Gr. côté, 2,0	. . . .	1,90	1,90	5	
	Ciment n° 3. 50			Pet. côté, 1,0	. . . .	0,95	0,95	5	

(¹) On appelle ainsi les petits cailloux durs qui restent sur le crible.

Numéros des opérations.	DÉSIGNATION ET COMPOSITION des PATES CÉRAMIQUES.	FORMES des PIÈCES.	MODE DE FAÇONNAGE des PIÈCES.	DIMENSIONS DES MODÈLES, moules ou dessins. (Le décimètre est l'unité.)	Après la dessiccation à l'air libre.	Dégourdi à 48 degrés Wedgwood.	Grand feu de porcelaine dure.	Évaluation de la retraite totale sur 100 parties.	OBSERVATIONS DIVERSES.
	Tableau n° VII. H. *Expériences sur les circonstances de mélange et de façonnage qui peuvent influer sur la retraite des porcelaines dures.*								
74	Cylindre moulé en 2 coquilles, divisé en centimètres de haut en bas.	Cylindre creux.	Moulé et cuit verticalement.	Haut'., 2,00 Diam., 0,60	1,90	1,86 0,57	1,75 0,52	13 14	(56) La retraite de la moitié inférieure semblait la même que celle de la moitié supérieure.
	. . . D°	Coulé.	Haut'., 2,00	1,86	1,82	1,70	15	Égale en haut comme en bas.
75	Pâte composée de pâte de porcelaine ordinaire, avec poudre de porcelaine cuite, dans diverses proportions.	1 { P.O. : 0,75 P.P. : 0,25 } . .			0,97	0,95	0,87	13	
		2 { P.O. : 0,50 P.P. : 0,50 } . .			0,97	0,95	0,87	13	(57) Il est remarquable que cette addition en augmente la retraite.
		3 { P.O. : 0,25 P.P. : 0,75 } . .	Plaque carrée.	Moulée.	Côté, 1,00	0,99	0,96	0,88	12
		4 { P.O. : 0,05 P.P. : 0,95 } . .			0,99	0,97	0,88	12

Numéros des opérations.	TABLEAU PARTICULIER. **Suite de H.** *De la comparaison de l'influence des façonnages sur la retraite.*	FORMES des PIÈCES.	DIMENSIONS des modèles, moules ou dessins.	AU DÉGOURDI.						AU GRAND FEU.					
				Moulées à la croûte et découpées.	Moulées par tamponnage, à la main ou dans un moule à rebord.	Ébauchées, tournassées et coupées pour les plaques.	Ébauchées et moulées à la bosse pour les plats et pièces creuses.	Coulées.	Comprimées en pâte ferme.	Comprimées en poussière.	Moulées à la croûte et découpées.	Moulées par tamponnage à la main ou dans un moule à rebord.	Ébauchées, tournassées et coupées pour les plaques.	Ébauchées et moulées à la bosse pour les pièces creuses.	Coulées.	Comprimées en pâte ferme.	Comprimées en poussière.
76	Pâte de service ordinaire	Plaque rectang.	Côté, 1,00	»	0,06	0,02	»	0,09	0,02	»	»	0,11	0,10	»	0,16	0,12	»
77	Pâte de sculpture	D°.	Côté, 1,00	0,04	»	»	»	»	0,02	»	0,12	»	»	»	»	0,13	»
78	Porcelaine de Chantilly. 1840	Plaque carrée.	Côté, 1,00	0,06	»	»	»	0,08	»	»	0,11	»	»	»	0,15	»	»
		Cylindre. . . .	Diam. 0,80	»	»	0,06	»	»	»	»	»	»	0,11	»	»	»	»
79	Porcelaine de Limoges. 1840	Plaque carrée. .	Côté, 1,00	»	0,07	»	»	0,08	»	»	»	0,11	»	»	0,15	»	»

TABLEAU Nº VIII. A. — DENSITÉ des pâtes céramiques cuites.

CLASSES.	DÉSIGNATIONS DES SORTES DE POTERIES.	Temps d'immersion de la poudre.	DENSITÉ PRISE — SUR DES FRAGMENTS — au dégourdi ou environ 40° Wedgw. ou complétement cuits.	au grand feu ou environ 130° Wedgw. ou complétement cuits.	SUR LA POUDRE — au dégourdi ou environ 40° Wedgw. ou complétement cuits.	au grand feu ou environ 130° Wedgw. ou complétement cuits.	OBSERVATIONS. Densité prise à 25 degrés environ sur des fragments plaisirs ou sur de la poussière calcinée au rouge sombre, ou passée au grand feu.
TERRES CUITES.	1. Briques tendres, de Sarcelles.	20'	2,271		2,687		
	2. Briques dures, de Bourgogne.	20'		2,585		2,602	Après avoir été exposée au grand feu.
	3. Briques dures, de Provins, faites à la presse.			2,600	2,680	2,577	
	4. Briques d'un four à puddler, de Châtillon-sur-Seine.				2,647	2,545	
POTERIES COMMUNES.	1. Poteries étrusques, des tombeaux de Clusium.	20	2,183		2,718		Elle est plus cuite que la poterie Campanienne.
	2. Poteries romaines, de Rheinzabern.	20	2,295		2,705		
	3. Poteries communes, du faubourg Saint-Antoine.	10'	2,670		2,687		
	4. Poteries campaniennes.	20	2,267		2,631		
FAÏENCES COMMUNES.	1. Faïence de Bernard Palissy.		2,363		2,628		
	2. Faïence, de Nevers.	15'	2,334		2,884		
	3. Faïence commune, de Rouen.	15'	2,363		2,789		
FAÏENCES FINES.	1. Faïence fine, de M. Saint-Amans.				2,635	2,544	Après avoir été exposée au grand feu de Sèvres.
	2. Faïence fine, de Creil.			2,433	2,564	2,482	Les faïences fines anglaises sont généralement plus cuites que celles qu'on a faites en France, à leur imitation.
	3. Faïence fine, d'Angleterre.			2,296	2,462	2,557	
GRÈS-CÉRAMES MOYENS.	1. Grès-cérame, de Flandre.	8'	2,555	2,455		2,567	
GRÈS-CÉRAMES FINS.	1. Grès-cérame, du Japon.			2,586	2,673	2,610	La poudre ayant été préalablement exposée au grand feu.
	2. Grès-cérame, anglais, de M. Saint-Amans.			2,369	2,550		
	3. Grès-cérame, anglais.			2,436	2,505		
PORCELAINES DURES.	1. Porcelaine dure, de Saxe.			2,508		2,569	Pores très-visibles.
	2. Porcelaine dure, de Sèvres (1798).			2,133		2,556	
	3. Porcelaine dure, de Bayeux.			2,344		2,531	Pores très visibles.
	4. Porcelaine dure, de Sèvres (1788).			2,359		2,527	En second feu, 2,501.
	5. Porcelaine dure, biscuit, de Sèvres (1833).				2,634	2,500	
	6. Porcelaine dure, de Limoges (Alluand).			2,334		2,476	
	7. Porcelaine dure, biscuit, de Sèvres (1838).					2,252	
	8. Porcelaine dure, biscuit, de Sèvres (1838).			2,169	2,619	2,242	À demi-cuisson, c.-à d., couverte adhér., mais non glacée, 2,440 (Maisguti), 2,648 au grand feu de Turin.
	9. Porcelaine dure, de Vineuf près Turin (1809).			2,432	2,686	2,631	
	10. Porcelaine, de Chine.			2,290		2,500	
PORCELAINES TENDRES.	1. Porcelaine tendre, d'Angleterre — émaillée.	5	2,402		2,605		
	— biscuit.	5	2,384		2,525		
	2. Porcelaine tendre, de Tournay.	5	2,143		2,477		La température est de peu supérieure à celle de tout dégourdi de porcelaine des porcelaines dures.
	3. Porcelaine tendre, de Sèvres — émaillée.		2,283		2,471		
	— biscuit.	5	1,873		2,525		
	4. Prétendue porcelaine d'Égypte.	12ʰ 18'		2,525 / 2,591		2,313	2,367 au grand feu de Sèvres? ce n'est nullement une porcelaine.
MATIÈRES CÉRAMIQUES DIVERSES.	1. Felspath d'Alluand pour couverte; il est mêlé de quartz.				2,397	2,371	Il est alors fondu.

TABLEAU N° VIII. B.

TABLEAU

Exprimant en courbes les augmentations et diminutions de DENSITÉ des pâtes céramiques, en rapport avec les températures auxquelles elles ont été soumises.

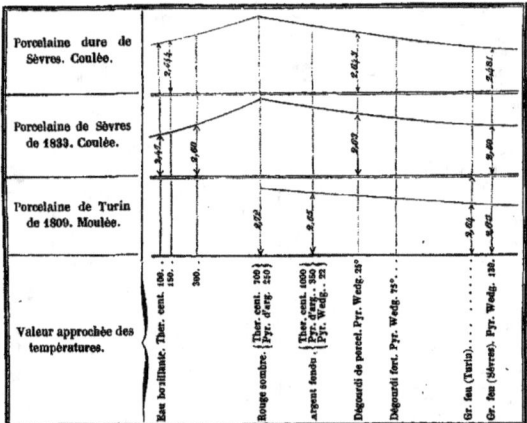

DATES.	MINISTRES, SURINTENDANTS, ETC.	INTÉRESSÉS ET DIRECTEURS.	SAVANTS, CHEFS D'ATELIERS et artisans.	ARTISTES DIRIGEANT CONSULTÉS, et artistes consultants.	OBSERVATIONS DIVERSES, CRÉATIONS, AMÉLIORATIONS.	PRODUITS ET STYLE CARACTÉRISTIQUE.
140. 145.	ORRY, minist. des finances.	Orry de Fulvy. Compagn. de CHARLES ADAM.	Frères Dubois. Gravant.		**Porcelaine tendre.** Venant de Chantilly à Vincennes.	Mauvaise imitation du style chinois.
146.	BERTIN, ministre de la maison du roi.	Boileau, agent compt.	Hellot. Frère Hippolyte.	Duplessis. Mathieu, émailleur Genest.	Préparation de l'or pour porc. tendre.	
152. 153.	DE COURTEILLE, commissaire du roi.	Compagnie d'ÉLOY BRICHARD.	Macquer.	Bachelier. Dodin. Parpette.	1752. Description des couleurs pour la porcelaine tendre, par Hellot. Vente des couleurs d'or, par Taunay. Transférée à Sèvres.	
156.		Le ROI LOUIS XV (intéressé).	Taunay.	Castel. Caton.	Manufacture royale sous le ministère de la maison du roi.	Service pour l'empereur de Russie.
760. 765. 766.	LE ROI (propriétaire).	Boileau, directeur.	Macquer et de Montigny.	Falconet.	**Découverte du kaolin.** **Porcelaine dure.**	Plaques peintes pour meubles. Style à formes contournées, baroques, rocailles, figures de Boucher Vanloo, etc.
769. 770. 771.		Marmet, contr.	Guettard. Taunay.	Lamprecht.	Premier four à quatre alandiers, attribué à Guettard, proposé par Parant. Surtout pour le mariage du dauphin. Vente des couleurs vitrifiables.	Copies des chasses du roi.
774. 779.	C'° DANGEVILLIER, intendant des bâtiments du roi.	PARANT, direct. REGNIER, direct.	Darcet.	Boizot. Vanspaendonck. Frères Pithou. Lagrenée.		Grands vases. Grands groupes.
793.	REPRÉSENTANT du peuple. BÉNEZECH, min. de l'intérieur.	BATELIER, représentant SALMON, MEYER, HETLINGER.			Sous le ministre de l'intérieur.	Petits objets de service courant, décoration tricolore. Point de caractère.
800. 804. 808. 812.	Lucien BONAPARTE, min. de l'intérieur. C'° CHAPTAL, idem. De FLEURIEU, intend. g'l de la maison de l'Emper. C'° DARU, idem. C'° de CHAMPAGNY, idem.	Alex. BRONGNIART, administrateur.		Percier. T. Brongniart, archit. Swebach. Drolling. Fragonard. Denon. Demarne. Leguay.	Artistes consultés ou exécutants. Ouvriers mis aux pièces. Sous l'intendance de la maison de l'empereur, du roi, de la liste civile. 1808. Commencement du Musée céramique. Introduction du vert de chrome au grand feu, du polissage, du guillochage, du coulage, notamment des grandes plaques.	Imitation plus ou moins heureuse du style grec, dit de l'empire. Grands vases. Grands surtouts. L'olympique, l'égyptien, etc. Grandes tables. Meubles presque entièrement en porcelaine. Consoles, secrétaires, tables, bibliothèques, etc.
1815. 1816.	Duc de BLACAS, ministre de la maison du roi. C'° de PRADEL, direct. g'l de la maison du roi.		Régnier, chef d'atelier des pâtes.		1812. Création définitive de la collection des modèles et du Musée céramique. 1813. Four plus grand qu'aucun de ceux qui existaient alors.	Grands surtouts.
1820. 1821.	Marquis de LAURISTON. Duc de DOUDEAUVILLE, min. de la maison du roi. V'° de LA ROCHEFOUCAULD, chargé du dép' des Beaux-Arts.		Chenavard. M'° Jaquotot. Béranger. F. Robert. Comte Turpin. Langlacée. Philippine. Jacobber. Schilt.		1815. Exposition annuelle au 1er janvier. 1827. Création de l'atelier de peinture sur verre. Nouvel encastage du Musée. Nouvelle laverie et nouveaux moulins à broyer.	Introduct. du style de la renaissance, imitation exacte de tout ce qu'il y a de caractéristique dans les styles anciens et étrangers, gothiques, égyptiens, chinois, arabes, etc.
1824. 1827. 1831. 1832.	C'° de LA BOUILLERIE, intendant général. Baron de LA JAITRE. C'° MONTALIVET, int. g'l administ. de la liste civile.		Pierre Robert. A. Laurent, chimiste.	Constantin.	Nouvelle tine à malaxer.	
1834. 1840. 1842. 1844.			Malaguti, chimiste. Salvetat, chimiste.	M'° Ducluseau.	1835. Accroissement remarquable du Musée céramique. Four à deux étages de foyer. Tours à polir.	Grands, nombreux et riches vitraux, principalement pour les chapelles royales. Grande extension de l'atelier de peinture sur verre. Publication du Catalogue raisonné du Musée céramique, avec 75 planches coloriées.

EXPLICATION DES PLANCHES.

EXPLICATION DES PLANCHES.

ABRÉVIATIONS EMPLOYÉES DANS CETTE EXPLICATION.

D. veut dire diamètre.
H. — hauteur.
M. S. — musée de Sèvres.
M. R. — musée royal.
B. R. — bibliothèque royale.

Tr. indique le présent traité.

Dans toutes les figures d'un même
objet, les mêmes lettres indiquent
les mêmes parties de cet objet.

PLANCHE I.

Pl. 1. **Position des vases dans les tombeaux.**

Fig. 1. Tombe de famille germaine renfermant des corps et des urnes.
— *Tumulus* d'Unterwelden près Oberfarrenstadt. (Tr. vol. I,
p. 471) (tiré de BEROKEN dans KRUSE *deutsche Alterthümer*, I. B.,
6 helf, 3, 35, *tab.* II, f. 1 et 2.)

Fig. 2. Urnes germaines renfermant les cendres des morts enfermées
dans un *tumulus* composé de blocs de pierre irréguliers,
sans être accompagnées d'aucun squelette ni ossements. Environs de Radeberg. (*ibid.*)

Fig. 3 Vases campaniens renfermés dans des tombes ou enfouis à
nu dans la terre, tantôt isolés comme en *f* et *d*, ou au pied
des squelettes, comme en *f*, tels qu'on les a trouvés dans la
campagne de Naples non loin de Nola. (Tirés de l'introduction à
l'étude des vases antiques, par DUBOIS MAISONNEUVE, t. I, in-fol.,
1817, pl 4.)

Fig. 4. Chambres sépulcrales souterraines montrant la position rela-
tive des vases et des corps auprès de Naples. (D'HANCARVILLE,
tom. II, vignette 57.)

Fig. 5. Tombe en pierre de taille montrant les rapports de position des
corps et des vases grecs campaniens. (D'HANCARVILLE, Peinture
des vases d'HAMILTON, in fol., 1800, t. Ier.)

PLANCHE II.

Pl. II. **Suite de la position des vases dans les tombeaux.**
— **Vases grecs dits Tyrrhéniens.**

Fig. 1. Position particulière des squelettes et des urnes observés par
M. Fiedler dans l'île de Chiliedromia, l'une des Sporades.
(Voyage en Grèce, etc., 1841, t. II, pl. II, fig. 2.)

Les urnes sont placées dans une case en pierre, distincte de
la tombe. Cette case est au pied du squelette tourné toujours au
nord. (Tr. vol. I, p. 581.)

Fig. 2. Autre disposition des urnes les unes par rapport aux autres.
Sépulture romaine près Castel, environs de Schierstein, pays
de Nassau. Quatre petites urnes B inclinées vers la grande A,
et plusieurs autres ustensiles de verre et de poterie ayant con-
tenu divers liquides, tels que du vin, du lait, des baumes,
de l'huile lustrale, entourant la grande urne qui renfermait
les cendres du mort et qui était très-ornée.

Fig. 3. Autre disposition d'urnes dans une tombe ou ciste funéraire
d'enfant, observée par le baron de Stackelberg à une porte
d'Athènes.

Ce ciste était en terre peinte en noir avec bordure rouge; il
avait 1 mètre de long sur environ 30 centimètres de largeur.
A, B, tête, avant-bras et mains. C, quatre statuettes; quatorze
vases divers. (Voir les autres détails, Tr. vol. I, p. 576.)

Fig. 4 à 14. Vases tyrrhéniens, dits aussi égyptiens et phéniciens.
(Tr. vol. I, pag. 585.)

Fig. 4. Vase pomiforme à goulot; pâte jaune, ornements noirs et
rouges. Diam. : 14 centim. (M. R.)

Fig. 5. Vase pomiforme à couvercle. Diam. : 17 cent. (M. R.)

Fig. 6. Vase biforme dit *tryblion* (ΠΑΝΟΥΚΑ) ou oxybaphon, cotyle à
vinaigre.

Fig. 7. Petit vase lagoniforme, basé; de Nola. (M. S.)

Fig. 8. Vase cylindroïde couvert. Haut. sans le bouton, 5 cent. (M. R.)

5

Fig. 9. Vase hémisphéro - campanulé; pâte rouge, fond noir, lustre brillant.

Fig. 10. Vase cylindroïde, raccourci, rostré et ansé. — H. 18 cent. Diam. : 10 cent. Fond noir, ornements en rouge et en blanc. (M. R.)

Fig. 11. Coupe, dite *cothon* (Tr. vol. I, p. 559 et 576.) — Diam. : 18 c. Pâte jaunâtre; A, sa face supérieure; B, son profil; C, sa coupe pour faire voir sa structure intérieure. (Cabinet Pourtalès.)

Fig. 12. Vase bursiforme. — Haut. : 14 cent. Fond noir, ornements en rouge. (M. R.)

Fig. 13. Petit vase nommé *lecythus*. — H. :18 cent. Pâte rouge; couleur du fond noire, zone du milieu en engobe blanche, solide, assez épaisse et un peu brillante. (M. R.)

Fig. 14. Vase pomiforme. — H.: 55 cent, D. : 39 cent. Pâte rouge, ornements brun noirâtre. (M. R.)

Pl. III. Les Potiers égyptiens antiques.

Ces figures copiées sur les tableaux technologiques découverts dans les catacombes de Thèbes et décrits par Champollion, font voir toutes les opérations de la fabrication de la poterie, depuis le marchage de la terre jusqu'à la cuisson. Les opérations représentées dans cette planche ont déjà été réunies et décrites à l'article des poteries mattes et lustrées des Égyptiens anciens. (Tr. vol. I, p. 507.) Il suffit de renvoyer les lecteurs à cette description que je ne pourrais rendre plus complète. Je dois cependant ajouter, d'après l'explication qui m'en a été donnée par M. Lenormant, que l'hiéroglyphe placé entre les deux personnages de la figure 1er, veut dire *il foule*, et celui qui est placé au devant de l'ouvrier B de la figure 7, signifie *il retire*.

Pl. IV. Fours à Poterie des Romains.

Fig. 1, 2 et 3. Fours récemment découverts à Heiligenberg, non loin de Strasbourg, d'après la figure et la description de M. Schweighæuser.

Fig. 3. Plan. Fig. 1, coupe sur la ligne GH. Fig. 2, coupe sur la ligne EF.

A. Foyer et son canal. C. Sa bouche.

B. Plancher du four et ouvertures des canaux de chaleur moyenne.

D. Tuyaux de chaleur d'entourage (désignés sous la lettre *t* dans la description, p. 428.)

(V. la description de ces fours, Tr. vol. I, p. 428, et celle des instruments qui y sont cités, pl. XXX, fig. *t*, 18 et 19.)

Fig. 4. Four découvert à Normanton field-castor, comté de Norwich en Angleterre, publié par M. Auris.

c. Ouverture ou bouche du foyer.

d. Sol du laboratoire.

o. Ouvertures ou carneaux du foyer dans le laboratoire.

G. Milieu du laboratoire soutenu par un fort pilier.

(Voyez en la description raisonnée, Tr. vol. I, pag. 426.)

Pl. V. Gîtes, exploitation et lavage du kaolin.

Fig. 1. Disposition générale des gîtes de kaolin à Saint-Yrieix près Limoges.

G. Gneiss souvent altéré.

D. Diorite schistoïde, altérée en noir verdâtre et vert céladon. Kv.

K. Kaolin argileux en veines se croisant.

Kc. Kaolin caillouteux en grandes masses traversées de filons de gneiss.

Fig. 2. Kc. Masse de kaolin caillouteux dans le gneiss.

P. Pegmatite dans la même position.

D. Diorite altérée.

Fig. 3. Disposition du kaolin d'Aue près Schneeberg en Saxe.

Gr. Granite formant le noyau de la montagne.

KK. Deux lits de kaolin enveloppant le noyau de granite et séparés par un lit de cette roche.

M. Micaschiste rougeâtre recouvrant le tout.

FF. Filons de quarz et de fer hématite.

Fig. 4. Gîte de kaolin à Sosa en Saxe.

GG. Granite qui est altéré en kaolin K dans le voisinage du filon de quarz A, bordé de deux salbandes de minerais de fer F.

(Voir la description raisonnée de ces gîtes, Vol. I, pag. 44, 47 et 52.)

Fig. 5. Lavage du kaolin à St.-Yrieix (décrit Vol. I, p. 91).

A. Première cuve servant à délayer le kaolin brut argileux, et surtout le caillouteux (*b*).

c. Canal de décantation de l'eau (*a*) tenant l'argile en suspension. — *t.* Tamis pour retenir les parties grossières qui auraient échappé.

B. Seconde cuve de lavage de l'argile encore mêlée de sable qui se précipite par le repos.

C. Troisième cuve où se dépose l'argile séparée par les lavages précédents. On décante l'eau surnageante, à mesure qu'elle devient claire, par les 4 cannelles 1, 2, 3, 4, qu'on ouvre successivement.

Pl. VI. Machines à broyer et à laver les éléments des pâtes céramiques.

Fig. 1. A. Moulin à deux meules : l'une *a*, gisante ; l'autre *b*, échancrée, tournante.

    ee. Cuve encastrant la meule *a*.

    l. Nille (ou anille) liant la meule *a* avec l'axe de rotation *c*, mis en mouvement par la roue d'angle horizontale *g* et la roue verticale *k*, qui le reçoit de la roue à augets R.

    f. Est le levier de décliquetage.

    h. Lien de fonte qui maintient le fourreau B, dans lequel tourne l'axe *c*.

Fig. 2. Détail du biseau d'engrenage *h* de la meule tournante.

    c. Vue de profil. — *c'*. Le même vu en plan, par la face inférieure ou broyante. (Tr. vol. I, p. 102.)

Fig. 3. Moulin à blocs. (Tr. vol. I, p. 98.)

    A. En coupe et profil ; B. en plan.

    r. Roue d'angle recevant le mouvement de la roue à augets R. — *t.* Patin fixé dans le plancher *v*.

    a. a. Axe tournant faisant mouvoir, au moyen des trois rayons *x*, le cercle en fonte *c*.

    g. Garniture circulaire en bois, sur laquelle peuvent s'appuyer les pièces en bois de chêne *p*, *p*, attachées aux rayons *x*, et qui poussent les blocs de grès *b*.

    d. Cannelle pour vider la cuve par le fond.

    m. Grosse meule gisante en grès dur.

Fig. 4. Laverie de pâtes à l'état de délayage.

    Elle est composée de 3 étages de cuves.

    A. Cuve dans laquelle se fait le mélange ou le délayage de la pâte *g*.

    B. Seconde cuve où s'opère la première séparation des parties trop grosses ou des parties étrangères légères introduites dans la manipulation.

    Le liquide, suffisamment agité, s'écoule par les robinets *r*, passe dans les tamis qui sont au-dessous, et se rend dans la troisième cuve C. La pâte délayée sort par le conduit *h* pour se rendre dans les cuves de dépôt.

Fig. 5. Est la représentation en grand de l'auge B, vue en travers pour montrer le mouvement qu'une machine ou qu'un ouvrier imprime par les poignées *p* au châssis mobile *o o*, qui porte les tamis *t' t'* pour faciliter la séparation des parties fines des parties grossières.

Pl. VII. Tinne à malaxer les pâtes céramiques. Moulins à écraser les matières dures.

Fig. 1. Tinne à malaxer les pâtes céramiques. (Tr. vol. I, p. 144.)

    A. Élévation verticale de la tinne.

    B. Coupe verticale, passant par l'axe.

    a. Arbre vertical en fer portant les couteaux qui doivent malaxer la pâte.

    p. couteau inférieur destiné à râcler le fond de la tinne et à empêcher la pâte d'y séjourner.

    A gauche est le détail de ce dernier couteau.

    P. Porte que l'on ouvre lorsqu'on veut nettoyer l'intérieur de la tinne, ou faire quelques réparations.

    s. Petite porte par laquelle s'échappe la pâte au fur et à mesure de son broyage.

    G. Rigole en bois par laquelle s'écoule la pâte qui sort de la tinne.

    f. Détail de la manière dont les porte-couteaux sont solidement fixés sur l'axe carré *a*.

    cc. Couteaux effilés en carrelet destinés à diviser l'argile ou les pâtes.

Fig. 2. Moulin à écraser les matières dures. (Tr. vol. I, pag. 94.)

    A. Élévation du moulin.

    D. Roue d'engrenage qui fait tourner l'axe *a* du moulin ; elle reçoit le mouvement d'un pignon placé sur l'arbre moteur de l'établissement.

    a. Arbre vertical, donnant le mouvement à la meule horizontale en grès M*g* sur laquelle s'opère le broyage.

    B. Armatures en fonte, fixées sur les meules verticales ; elles sont percées au centre d'un orifice à travers lequel passe l'arbre horizontal *a'* qui les maintient en place, sans cependant les empêcher de tourner sur elles-mêmes ; on voit le détail de cet emmanchement dans la figure B.

    R. Meules verticales. L'une est en fonte *f*, l'autre en grès *g*. Elles tournent sur elles-mêmes, en restant toujours à la même place ; le mouvement de rotation ne leur est imprimé que par leur frottement sur la meule horizontale.

    M. Meule horizontale en grès. Elle tourne sur elle-même, dans un plan horizontal ; l'arbre vertical *a* sur lequel elle est fixée lui imprime le mouvement.

    P. *f.* Enveloppe en fonte dans laquelle est encaissée la meule horizontale en grès.

    c. Crapaudine sur laquelle tourne l'arbre vertical *a*.

    T. Appareil destiné à permettre aux meules verticales de s'é-

lever ou de s'abaisser suivant les obstacles qu'elles ren-
contrent sur la meule M. Cet appareil, dont on voit le
détail en T, se compose d'un anneau q qui embrasse l'extrémité de l'arbre horisontal a' et d'une tige qui se meut verticalement dans deux gonds oo.

$l.$ Lunette qui permet à l'arbre vertical a de tourner librement.

Pl. VIII. Tours à faïence et à porcelaine.

Fig. 1. A. Profil et B plan du tour anglais à ébaucher la faïence fine.
D. Caisse ou table du tour.
  $a.$ Tête du tour sur un plan horizontal.
  $a.$ $b.$ Axe vertical du tour.
  $d.$ Poulie à plusieurs gorges de différents diamètres fixée à
  l'axe, à l'entour de laquelle s'enroule la corde motrice.
  $k.$ Banquette sur laquelle le tourneur est assis à cheval.
  $c.$ Banquette oblique sur laquelle le tourneur place ses pieds.
  $l.$ Planche destinée à retenir les éclaboussures de la pâte.
  $h.$ Instrument mensurateur de l'ébauche, dit *porte-mesure*.
  C. Roue motrice mue par un aide, et son traineau.
  $p.$ Pierre qui fixe le traineau.
  $f.$ Poulie à plusieurs gorges à l'entour de laquelle tourne la
  corde motrice. Elle est destinée à changer le mouvement
  vertical de la roue motrice en mouvement horizontal pour
  la tête du tour.
B. Plan du tour. Les mêmes lettres indiquent les mêmes par-
ties que sur le profil A.

Fig. 2. A. Profil et B plan du tour anglais à tournasser, ayant la dis-
position du tour en l'air.
  $a.$ Tête du tour sur un plan vertical composé d'un mandrin
  en bois, garni en terre et fixé sur le nez du tour.
  $a.$ $b.$ Axe horizontal du tour.
  $d.$ Roue de volée donnant le mouvement et le recevant de la
  pédale $e.$
  $e.$ Pédale nommée A à cause de sa forme, mue par un aide.
  $c.$ Poulie à plusieurs gorges, à l'entour de laquelle s'enroule
  la corde qui transmet le mouvement de la pédale.
  $h.$ Support mobile de la main et des outils de l'ouvrier tour-
  neur.
  $m.$ Coffre pour recevoir les tournassures.
  $f.$ Tablette du tour avec une échancrure pour la place du
  tourneur.

Fig. 3. A. B. C. Profils et plan du tour à ébaucher et à tournasser la
porcelaine, la faïence commune et quelques autres po-
teries. (Tr. vol. 1, p. 119.)
A. Profil de la partie à gauche de l'ouvrier supposé tournant
le dos au spectateur.
B. Profil de la partie à gauche de l'ouvrier supposé assis sur
le banc oblique e et ayant ses pieds sur la tablette oblique $f.$
C. Plan du tour.
  $a.$ Tête horizontale ou girelle de tour.
  $c.$ $x.$ Axe vertical et en fer du tour dont la tête est engagée
  en c dans un collet. On en voit les détails fig. 4, A en o et
  sur la traverse $n.$
  La pointe est portée en x dans la cavité d'une crapaudine q
  formée d'un silex engagé dans du plâtre.
  $d.$ Roue horizontale pesante, fixée à l'axe du tour; elle reçoit
  le mouvement du pied de l'ouvrier et le conserve longtemps
  en raison de sa masse.
  $g.$ Tablettes à gauche de l'ouvrier et devant lui où il dépose
  son ouvrage.
  $e.$ Siége oblique du tourneur; f planche oblique sur laquelle
  il pose ses pieds.

Fig. 4. A. Développement de la tête et girelle du tour.
  $b.$ Tête ou girelle en plâtre fixée sur l'axe, retenue au moyen
  des coussinets gg fig. 4 B, attachés par les vis vv sur la traverse n; on peut les serrer par l'écrou $e.$

Fig. 5. Instrument mobile dit *porte-mesure*, que l'ouvrier place près
de la pièce à ébaucher pour déterminer ses dimensions; —
$c,$ socle ou pied; — $a,$ tige fendue, dans laquelle glisse la
petite règle b en baleine très-flexible, on la fixe à la hauteur et à la longueur désirée au moyen de la virole mobile $d.$
(Tr. vol. 1, p. 122.)

Pl. IX. Presse à faire les tuyaux. Tours à potiers de grès-cérames. Appareil à raffermir les pâtes.

Fig. 1. A. Coupe et B plan de la presse à faire des tuyaux de grès.
(Tr. vol. II, pag. 241.)
  $b.$ Boîte en fonte; $d,$ piston; $v,$ vis de pression; $p,$ argile; $c,$
  espace où l'argile se réunit pour sortir par l'ouverture annulaire a du moule; $c',$ couteau dentelé qui soutient le noyau n;
  $o,$ tuyau d'argile résultant de cette pression; $s,$ table sur
  laquelle est placée la boîte toujours dans la même position;
  $q,$ poignée pour faire mouvoir la boîte.

Fig. 2. Tours de potiers de grès-cérame. A. Vue générale.
  B. Coupe. (Tr. vol. I, pag. 120.)

a. Girelle. — *b.* Moyeu en chêne. — *cc'.* Frètes de fer.

d. Cône ou pivot soutenant l'axe.

E. Roue en fonte douce faisant l'office de volant.

ff. Rayons montant et descendant , maintenant dans la rotation , l'équilibre du volant E.

y. Axe de fer lié par une forte frète sur le cône *d.*

x. Manchon de fer portant une crapaudine dans laquelle pivote une pointe d'acier *z* enfoncée solidement dans la tète du tour.

g. Siège du tourneur.

Fig. 3. A et B. (Indiquée fig. 1 dans le texte par faute d'impression.)
Appareil de M. Alluaud de Limoges pour raffermir les pâtes de porcelaine par pression atmosphérique. A. Vue de profil. B. Vue en plan.

(Voir la description détaillée, Tr. vol. I , pag. 100.)

Fig. 4. Tour à poterie de grès-cérame de la manufacture de M. Singer, à Vauxhall , près Londres.

Ce tour diffère très-notablement de tous les tours à potier. La girelle *t* est portée par un axe de fer très-délié attaché en haut sur une traverse de la table du tourneur par un collier et terminé par un pivot qui tourne dans une crapaudine ; il est muni à sa base d'une roue *r* qui , mue par le pied du tourneur, sert en même temps de moteur et de volant. Il est condée en *g* et porte une manivelle *p* , *m* , que le tourneur fait mouvoir au moyen de la cordelle *f* pour augmenter à volonté le mouvement et la puissance du tour.

Pl. X. Presses à mouler les pâtes céramiques. Frein pour régler le mouvement de plusieurs tours mus par un moteur commun.

Fig. 2. (Nous commençons par cette figure parce qu'elle est plus composée que la figure 1, et qu'elle présente des parties communes aux deux.)
Presse pour le moulage des pièces creuses, dites petit creux, telles que tasses, pots de parfumerie , avec ou sans ornements en relief. (Tr. vol. I, p. 146.) (Par M. MATELIN.)

EE. Arbre en fonte se mouvant suivant une ligne parfaitement verticale et portant à son extrémité inférieure le moule plein qui doit donner la forme intérieure des vases à mouler.

F. Moule plein qui présente la forme intérieure de la pièce à mouler. La queue de ce moule entre dans un orifice ménagé

à l'extrémité inférieure de l'arbre E, et des vis de pression *nn* sont destinées à le fixer solidement.

G. Moule creux destiné à donner les contours extérieurs de la pièce à mouler; la figure représente le moule d'un pot à pommade, qui doit porter sur sa surface externe des ornements en relief; dans ce cas, comme dans tous les cas analogues, le moule peut se séparer en quatre parties égales, ce qui est nécessaire pour enlever l'objet moulé; la suite de la description indiquera comment s'effectue l'écartement des quatre parties du moule.

H. Collier en fonte destiné à relier solidement les quatre parties du moule, à empêcher leur écartement lors du moulage, et à prévenir les bavures qui pourraient se former, si les joints des parties du moule n'étaient pas parfaits.

I. Levier en fer , au moyen duquel on fait agir l'arbre E, et qui permet d'accomplir le moulage; il faut que ce levier soit brisé si l'on veut conserver à l'arbre E sa verticalité; le point de brisure se trouve en *y*, et le point fixe en *j*.

aa. Tige en fer munie à son extrémité inférieure d'une poignée *a'*, sur laquelle l'ouvrier appuie pour obtenir le moulage.

bb. Ressort en fer destiné à maintenir le levier en place après chaque moulage, et pendant qu'on en prépare un nouveau.

cc. Supports fixés à l'arbre E et destinés à relever, après chaque moulage , le collier H, au moyen des taquets *ti* placés sur les tiges *ff.* Comme on le voit, ce mouvement s'opère simultanément avec l'ascension de l'arbre E.

c'c'. Brisures qui permettent à la partie supérieure des tiges *ff* de s'écarter pour faire lâcher prise aux taquets *ti*, et par suite, pour laisser retomber le collier H autour du moule G, lorsqu'on veut exécuter un nouveau moulage.

dd. Leviers en fer dont le point fixe est adapté sur l'arbre E; ces leviers servent à écarter la partie supérieure des tiges *ff*, lorsqu'on veut faire descendre le collier H.

e. Tube creux dans lequel peut glisser le tube plein *e'* ; cette petite disposition permet de relier la partie supérieure des tiges *ff*, tout en permettant l'écartement de ces tiges.

ff. Tiges qui permettent d'élever ou d'abaisser, à volonté, le collier H.

gg. Côtes en fer reliant les tiges au collier.

jy. Partie brisée du levier I. (Voyez plus haut.)

ti. Taquets en fer qui permettent aux supports *cc* de relever le collier H, lorsqu'on remonte l'arbre E.,

j. Point fixe du levier I.

kk. Traverses en fonte qui permettent de donner à l'arbre E et aux tiges *ff*, un mouvement rectiligne et parfaitement vertical. L'arbre E glisse à frottement sur des coussinets en cuivre, que l'on peut régler à volonté, au moyen des vis de pression *mm*; on peut donc par ce moyen toujours conserver la verticalité de l'arbre E.

ll. Espèces de *stuffenboxes* en bois dans lesquels glissent à frottement les tiges *ff*.

mm. Vis de pression qui servent à régler les coussinets en cuivre dont nous avons parlé plus haut, en *k*.

nn. Vis de pression destinées à fixer la queue du moule creux, dans l'orifice ménagé à la partie inférieure de l'arbre EE.

o. Soupape en cuivre servant à soulever la pièce moulée, lorsqu'on veut la retirer; cette soupape est mue par le levier *x*, dont on peut voir le jeu dans la figure 2, D.

p. Partie centrale fixe du moule creux.

q. Parois du moule creux, qui peuvent s'écarter en quatre parties égales, lorsqu'on va retirer l'objet moulé.

ss. Couronne en fer pouvant tourner d'une certaine quantité, sur le plateau fixe *s'*, qui la supporte; un manche en bois placé dans un autre plan, mais que nous avons indiqué en ligne ponctuée, permet de donner le mouvement à cette couronne.

tt. Petites poulies en fer fixées sur le plateau immobile *s'*.

uu. Petites poulies semblables aux précédentes, mais fixées au-dessous de la partie immobile du moule.

vv. Chaînettes s'enroulant sur les poulies *tt* et *uu* et dont l'une des extrémités est fixée sur l'une des parties mobiles *q* du moule creux, tandis que l'autre est, au contraire, fixée sur la couronne mobile *s*. Il est évident que lorsqu'on vient à faire tourner la couronne *s*, les quatre parties *q* du moule s'écartent du centre; tandis que lorsqu'on fait revenir la couronne à sa place primitive, les chaînettes placées au-dessous du moule et qui agissent en sens contraire des autres, rapprochent les quatre segments.

xx. Coulisses ménagées dans le plateau fixe *s's*, et dans lesquelles se meuvent les quatre segments *q* du moule.

On comprendra beaucoup mieux les différents mouvements que nous venons d'indiquer, en jetant les yeux sur les figures 2B et 2C; la figure 2B est un plan horizontal passant par la ligne XX, et la figure 2C est une portion de ce plan sur une échelle moitié plus grande.

Fig. 1. Presse particulièrement destinée à mouler la plâtrerie.

Cette presse (Tr. vol. I, p. 145) a le même but et à peu près le même principe de construction que la précédente; seulement, les objets à mouler étant assez différents, M. Matelin y a apporté quelques modifications. La plus importante est celle qui consiste à relier l'arbre A avec le moule C, au moyen de deux bras en fonte DD, afin qu'il ne puisse pas y avoir la moindre erreur dans le mouvement du moule plein B; par ce moyen le moule B est toujours, relativement au moule creux C, dans une position identique.

Fig. 3. Frein pour régler le mouvement de plusieurs tours mus par un moteur commun. (Tr. vol. I, pag. 120.)

A. Tête du tour composée d'un axe en fer; à l'extrémité *a*, est le mandrin sur lequel se fixe la pièce à tourner, et formant au milieu un tambour *b* muni de quatre gorges de poulies *c* et *d*; *f*, frein qui s'applique sur le milieu du tambour pour en régulariser et varier la vitesse.

B. Autre tambour portant de même quatre gorges de poulies correspondantes à celles du tour.

h. Corde enroulée sur le tambour B et communiquant à ce tambour le mouvement qu'elle prend sur un cylindre qui longe tout l'atelier.

m. l. Cordes qui transmettent le mouvement du tambour B à l'autre tambour *b*.

nn. Anneaux destinés à guider les cordes *m*, *l*, pour les faire passer à volonté dans l'une des gorges des poulies que porte le tambour B.

o. Montant qui porte les anneaux *n* et que l'ouvrier fait mouvoir à droite ou à gauche, en plaçant son pied en *q*.

k. Châssis mobile qui supporte le tambour B, qui par son poids tend les cordes *l* et *m*.

z. Point fixe autour duquel pivote le châssis *k*.

Suivant que l'ouvrier a besoin de faire tourner son tour dans un sens ou dans l'autre, il engage dans les gorges de poulies ou la corde *m* qui est croisée ou la corde *l* qui ne l'est pas. En engageant l'une des cordes sur les poulies, l'autre guidée par l'anneau par lequel elle passe est dégagée et pend librement.

Pour donner plus ou moins de vitesse on place les cordes dans une gorge de poulie d'un plus petit ou d'un plus grand diamètre, *c* et *d*. Les cordes, guidées ensuite par le pied, s'engagent dans l'une ou l'autre des poulies du tambour B.

PI. XI. **suite du façonnage par coulage. Colonnes, tubes, cornues, anses.**

Fig. 1. Coulage de colonnes. (Tr. vol. 1, p. 157.)

A. Baquet contenant la pâte *p* en barbotine. — *b*. Spatule pour la remuer fréquemment.

tt. Tube en cuivre ou en fer-blanc pour laisser passer la barbotine quand on ouvre le robinet *c*, et quand son extrémité inférieure est fermée par le bouchon *a*.

f. Tube soudé sur la partie horizontale et inférieure du tube par lequel la barbotine sort pour entrer dans le moule en plâtre vu en B. coupe verticale et horizontale ; *m*, parois épaisses de ce moule ; *d*, son intérieur ; *e*, son ouverture supérieure.

C. Baquet qui reçoit la barbotine qu'on fait écouler du moule *d* en ôtant le bouchon *a*.

Fig. 2. Coulage d'un pot à lait B.

A. Moule pour couler en *b* le corps du pot à lait. — *m n*. Épaisseur des parois du moule et de son fond mobile.

C. Moule du pied. — *o*. Ouverture par où on introduit la barbotine. — *i*. ouverture par où on fait écouler l'excédant.

D. Moule du collet *a'*. Les mêmes lettres indiquent les mêmes parties.

Fig. 3. Coulage de l'anse du pot à lait.

Moitié du moule. — *a.a.a*. Cavité de l'anse. — *v v'*. Évents.

b. Sortie de la barbotine excédante, quand on fait l'anse creuse. — *ttt*. Tenons pour l'application régulière des deux moitiés. — *mm'*. Épaisseur du moule.

Fig. 4. Les deux coquilles du moule de l'anse fig. 3, réunies et serrées par la presse en bois *sss*.

v. Petit évent. — *b*. Ouverture de coulage. — *m'*. Courbure du moule du côté de *m'* fig. 3.

Fig. 6. Coulage des cornues. (Tr. vol. 1, pag. 156.)

C. Moitié du moule en deux coquilles avec ses trois tenons *t¹ t² t³*.

ABD. Fausse coquille qu'on met sur chaque partie du moule pendant le coulage. — B. Coupe sur la ligne *xy* du moule D.

o. Ouverture d'introduction de la barbotine tant dans la coquille D que dans la fausse coquille AB.

i. Ouverture d'épanchement de la barbotine, fermée pendant le coulage par la plaque de plâtre à talon qui ne doit pas être absorbante.

Fig. 7. AB. Coulage des tubes. (Tr. vol. 1, pag. 155.)

A. Appareil de coulage. — *p*. Barbotine dans le baquet ou cuve qui sortira par le robinet *r* pour entrer dans la cavité *t* du moule *m*.

b. Tampon qui ferme l'ouverture inférieure du canal. — *p*. Baquet inférieur qui reçoit l'excédant de la barbotine dont une couche est restée adhérente dans le tube.

B. Moule vu à gauche fermé et à droite ouvert, montrant le tube en coupe longitudinale et en coupe transversale et les liens *ll* en cuivre qui réunissent ses parties.

Fig. 5. AB. Appareil pour remplir des colonnettes, des tubes, des anses, etc., au moyen d'un piston *p* et des robinets *r r'*.

m. Moule à remplir. — *r*. Robinet pour remplir le moule de bas en haut. — *r'*. Robinet pour vider le moule. — *p*. Piston.

C. Corps de pompe renfermant la barbotine. — *b*. réservoir de communication entre le corps de pompe et le moule à remplir.

PI. XII. **Fours à plusieurs étages de foyers.**

Fig. 1. Four à quatre étages de foyer de M. Ginori, à Doccia près Florence. (Communiqué en 1822 par M. GINORI.)

(Voir sa description et son usage vol. I, p. 193, et vol. II, p. 420.)

Coupe A, profil B, plans et détails C, D, E, F, G.

L¹. Laboratoire inférieur ou laboratoire dans lequel on cuit la porcelaine. — L². Second laboratoire dans lequel on cuit le dégourdi de porcelaine dure, le biscuit de faïence fine et la faïence commune.

L³. Troisième laboratoire dans lequel on cuit en émail la faïence commune, et en vernis la faïence fine et la porcelaine tendre.

L⁴. Quatrième laboratoire où s'opère la cuisson des mêmes poteries.

a¹, a², a³. Coupe des alandiers des trois premiers laboratoires.

P¹, ², ³, ⁴. Portes des halles des quatre étages du four.

p⁴. Porte du quatrième étage du four.

c¹, ², ³, ⁴. Tuyaux des cheminées des étages 1, 2 à 4, et du dôme du four.

o o o. Carneaux.

v⁴. Voûte sous le four. — *s*. Entrée de l'air sous cette voûte.

C C. Plan au sol des alandiers du premier et second laboratoire. — *p*. Piliers. — *g*. Grille.

G. Plan du four au sol. — *c*. Conduit donnant dans le canal ou voûte *v*.

F. Plan au premier étage.

D. Plan au deuxième étage. — *p³*. Porte.

E. Plan au troisième étage avec sa porte.

v¹, v³. Visières pour retirer les montres.

Fig. 2. Four à briques composé de trois étages, établi par M. Bonnet, à Apt, en 1810. (Tr. vol, 1, p. 195.)
(L'échelle fait connaître les dimensions des parties.)

A B C D E. Plan de la moitié du four montrant sous ces lettres celui de la tour extérieure.

X Y U Z. Coupe de la moitié du four suivant D E , montrant sous ces lettres celle de la tour extérieure.

P′ P″ P‴. Les trois portes des trois étages de laboratoire.

R R′. Espace compris entre les murs intérieur G , et extérieur G′. Il est rempli de terre glaise fortement battue pour arrêter la poussée du mur intérieur G sur l'extérieur G′.

H I. Est l'axe de la tour intérieure ou laboratoires du four ; b′c est le foyer F′ du premier laboratoire L′, dont la bouche est b′ et la porte est P′.

La flamme passe de ce foyer par les carneaux ou furières v v v dans le laboratoire L′.

F″. Est le second foyer (dont la bouche b″ est fermée) traversé par le feu du premier foyer, il s'ouvre par des carneaux vv dans le second laboratoire L″.

V. Est la cheminée par où sort la chaleur du premier foyer. Pour permettre aux ouvriers l'approche du four, l'ouverture b, opposée à la bouche b″ de ce four, est fermée, mais elle peut s'ouvrir à volonté, et permettre de régler, en les fermant ou les ouvrant, le jeu des carneaux vv du laboratoire L′. Dès que les pièces du premier laboratoire L′ sont cuites, on ferme le premier foyer ; on ouvre la bouche b du second foyer F″ et on établit le feu dans ce second foyer. Le feu passe par les carneaux vv et continue la cuisson des pièces renfermées dans le second laboratoire L″. Comme l'ouverture b″ de ce foyer est fermée, le feu se porte par les carneaux de la voûte de ce laboratoire dans le troisième laboratoire L‴ et commence la cuisson des pièces qui y sont placées. Les cheminées V V′ ne servent qu'à donner de l'air à l'ouverture ou bouche b″ et b‴ du second et troisième laboratoire.

Lorsqu'on juge que les pièces renfermées dans le second laboratoire (ce sont ordinairement des briques) sont suffisamment cuites, on ferme la bouche b et on ouvre la bouche b‴ du troisième foyer F‴ ; on y fait du feu et on finit de cuire les pièces renfermées dans le troisième laboratoire L‴.

Lors de l'examen de ce four par le sous-préfet d'Apt, il n'y avait que deux laboratoires, dans lesquels on ne cuisait que de la brique ; de là vient probablement qu'on a oublié, dans la figure insérée dans le Bulletin de la Société d'encoura-

gement, de figurer les carneaux ou toute autre issue de la flamme du troisième laboratoire.
(Bulletin de la Soc. d'encourag., 1811, p. 65, pl. 97.)

Pl. XIII. Fours à plusieurs étages de foyers.

Fig. 1. Four rectangulaire de M. Feilner, à Berlin. (Tr. vol. 1, p. 195.)

A. Coupe longitudinale.
B. Coupe transversale.
C. Plan.

Ce four a une forme et une structure tout à fait particulière ; les trois laboratoires L′ L″ L‴ sont rectangulaires, avec un plancher voûté. Les foyers, au nombre de trois, placés alternativement à l'extrémité antérieure de chaque laboratoire, en sont séparés par des murs en briques g′, g″, g‴, à claire voie, qui divisent convenablement la flamme. La chaleur, après avoir parcouru le laboratoire dans la direction indiquée par la flèche, et cuit les pièces de poterie mattes ou vernissées qui y sont placées, sort à l'autre extrémité par une ouverture également à claire voie, qui s'ouvre au-dessous des alandiers ou foyers quand ils ne sont pas allumés, et que l'on ferme quand, après avoir cessé le feu dans le laboratoire où la cuisson est finie, on commence dans celui qui est supérieur. Les produits de la combustion se dégagent par la cheminée c″ b sous la bouche du foyer (1).

Fig. 2. Fours ronds, accolés, à deux étages de foyers, de M. Guignet, de Giey, Haute-Marne.
(Tr. vol. I, p. 195, et Brev. d'inv. tome 36, p. 55.)

a Partie souterraine du four, recevant au fur et à mesure, par les versoirs c, la braise qui est produite pendant chaque cuite.

b. Grand emplacement circulaire, servant d'étuve et pouvant contenir la quantité de stères de bois nécessaire à chaque fournée. Les braises versées, pendant chaque cuite, dans la partie a percée d'arcades dans tout son pourtour, suffisent pour élever la température de l'étuve à plus de 50 degrés du thermomètre de Réaumur, et pour opérer la dessiccation la plus complète du bois.

c. Versoirs par où on jette les braises des alandiers à mesure qu'elles se forment.

f′. Alandier ou four inférieur pour chauffer le premier étage.

oo. Carneaux de la voûte du premier et du deuxième étage.

(1) Je dois à M. Mitscherlich le modèle qui est dans le Musée de Sèvres et qui m'a servi à faire la figure dont je viens de donner la description.

f ''. Alandiers supérieurs pour chauffer le deuxième étage.

o'o'. Carneaux de la voûte du second étage.

à h. Cheminée commune aux deux étages.

d. Cône du globe où la porcelaine reçoit un premier degré de cuisson qu'on appelle dégourdi.

h. Cheminée du globe.

g. Murs du bâtiment où les fours sont placés.

p'. Porte du premier étage, c'est par elle que l'on fait l'enfournement.

p''. Porte du second étage.

Fig. 3. Four à trois étages de foyer pour les poteries et briques réfractaires, par M. Albrecht de Berlin. (Dans Schubarth, p. 479, Pl. VII.)

A. Coupe verticale du four.

L'. Laboratoire inférieur.

L''. Laboratoire moyen.

L'''. Laboratoire supérieur.

B. Plan du four.

a' b'. Les alandiers.

f'f''. Les foyers.

c' c''. Cendriers; *b' b''*, espace vide pour pouvoir retirer les cendres, recouvert d'un couvercle en bois ou d'une porte en fer *i; d*, trou à regarder pourvu d'un bouchon d'argile; *s'' s''*, canal au milieu de la voûte; *gg*, trous de tirage aux côtés de la voûte placés entre deux alandiers; P' P'' P''', portes pour le placement des poteries à cuire; *à*, grille pour le foyer ou alandier de l'étage supérieur.

m. Cendrier de ce foyer.

n. Ouverture ou bouche du foyer dans le four (*Schurloch*).

o. Ouvertures des alandiers dans le laboratoire.

C. Coupe verticale d'un alandier du premier et du deuxième laboratoire suivant la ligne *a'b'*, laboratoire L'.

D. Coupe verticale de l'alandier du troisième laboratoire, suivant la ligne verticale *c'd'*.

Le laboratoire inférieur L' est d'abord seul allumé au moyen de bois résineux fendu très-mince, placé dans le foyer *f'* sur les repères *rr*, comme il est représenté fig. C. et B.

Lorsque la cuisson est terminée dans le laboratoire inférieur, on commence à allumer le deuxième laboratoire L'', puis le troisième L'''.

Un four semblable est employé à la cuisson du grès dans la fabrique d'Eckardstein.

Pl. XIV. **Machines à faire des briques et fours à briques.**

Il n'y a pas de fig. 1.

Fig. 2. A. B. Moules simples à tuiles, moule double destiné à mouler deux briques à la fois. (Art du tuilier et du briquetier, Pl. I, fig. 5 et 16.)

Fig. 3. A. B. Carreau. (*Ibid.*, Pl. I, fig. 23.)

B. Représente la disposition qu'on leur donne sous la halle : souvent on les met de champ.

Fig. 4. A. B. Méthode employée pour faire les faîtières; *a*, faîtière cuite qui sert à courber les autres; *bb*, pièce de bois arrondie qu'on pose sur la faîtière cuite pour courber celle qui a été moulée et séchée; *cc*, tuile que l'on courbe; *bb*, poignées à l'aide desquelles on enlève la faîtière courbée, et on la met sécher sur un de ses bouts; B, vue de face des faîtières *a*.

Fig. 5. A. B. Vue horizontale et verticale de la batte dont on se sert pour battre les tuiles et les comprimer.

Fig. 6. Plane servant à racler le dessus des moules quand la pâte y est introduite. (CLEAR, Essai pratique sur l'art du briquetier, Pl. I, fig. 5.)

Fig. 7. A. B. Plan et profil du moule simple dans lequel on confectionne les briques.

Fig. 8. Tuiles dans la position où on les met sur la place au sortir du moule.

Fig. 9. A. B. Machine pour faire les briques à la mécanique de M. Carville. (Bulletin de la Société d'encouragement, 1841. Pl. 828, fig. 4, et Pl. 827, fig. 2). (Tr. vol. 1, p. 327.)

A. Coupe longitudinale de tout le mécanisme.

B. Vue, de face, de la machine entière.

B. Est une tonne cylindrique dans laquelle on met la *âte*. Un axe vertical *o* animé d'un mouvement de rotation fait tourner les bras *aa*, qui mêlangent l'argile, et les palettes *bb*, *ee* qui la compriment fortement.

j. Est une ouverture par laquelle s'échappe la pâte; *f* est une vanne destinée à régler à volonté l'ouverture *j*.

V. Chaîne sans fin formée par les moules qui reçoivent la pâte à sa sortie de la tonne B.

R. Lourd cylindre de fonte dont le but est de comprimer la pâte aussitôt après son entrée dans les moules.

Q. Q. Moulinets qui font tourner la chaîne formée par les moules.

I. Bassin plein d'eau dans lequel les moules se lavent après avoir quitté la brique.

6

n. Trémie adaptée au tonneau B qui verse constamment du sable *sec* et *fin*, par un rouleau cannelé *t* qui occupe le fond de la trémie.

m. Bâche versant toujours un filet d'eau sur le cylindre pour empêcher son adhérence avec les briques.

v. Chaîne sans fin, rivée à des plaques de tôle articulées entre elles, et formant le fond des moules qui sont à jour.

n'. Trémie versant du sable par le rouleau cannelé *t'* sur le fond des moules pour empêcher son adhérence avec la brique.

q. q. Moulinets communiquant le mouvement à la chaîne *v*, qui doit avoir la même vitesse que les moules *m'*.

r. r. Rouleaux maintenant bien horizontaux les fonds des moules.

S. Repoussoir portant à son extrémité une double partie plane *s'*, ayant exactement les dimensions de l'aire d'une brique, et devant y entrer; il est animé d'un mouvement vertical de va-et-vient.

h. Est un arbre vertical recevant un mouvement de rotation à l'aide d'un petit bras qu'entraînent les mentonnets *o, o* placés latéralement fig. 1, sur le milieu de chaque moule.

x. est une poulie communiquant, conjointement avec *x'*, et par l'intermédiaire de la chaîne U et du bras pendant *p*, un mouvement d'oscillation au levier T que la chaîne U tire par l'extrémité *y*.

M. Contre-poids qui relève la tige S quand les mentonnets ont lâché le bras que porte l'arbre *h*.

E. est un système de poulies ayant pour but de ramener vers la tonne B le repoussoir entraîné par le mouvement de la chaîne V, quand il est sorti des moules.

K. Est un plancher mobile marchant dans une direction perpendiculaire à celle des moules, et qui entraîne les briques quand elles sont sorties du moule.

K'. Est un bras de levier qui reçoit directement le mouvement du manège des roues d'angle et des courrois, le transmettant aux moulinets *qq, QQ*, ou aux roues *x x'*, etc.

AAA. Charpente en bois portant tout le mécanisme.

C. D. Détails de la chaîne sans fin de M. Carville. (Bulletin de la Société d'encouragement 1841, Pl. 828, fig. 7).

C. Vue horizontale.

D. Vue latérale.

Chaque chaînon, relié à ceux qui le touchent par des articulations *d*, se compose de quatre moules.

Fig. 10. A. B. fours de Montereau et des environs d'Étampes. (Art du tuilier et du briquetier, Pl. III, fig. 0, 1 et 3.)

    A. Élévation du four vu de face.

    B. Coupes horizontales, à différentes hauteurs.

    abcd. Est le corps du four, on y voit le dessus des arches.

    s. Entrée des arches; *t*, le sommier.

    y. Porte; *x*, chaufferie dans laquelle restent les chauffeurs pendant tout le temps que le feu est au fourneau.

    V. Bombarde où on établit le grand feu.

    G. Porte par laquelle on enfourne.

    h. Projection du trou par lequel s'échappe la fumée qui incommoderait les chauffeurs.

Fig. 11. Palette ou planche pour porter les tuiles sur la place.

Fig. 12. A et B. Four à briques de M. Carville. (Bulletin de la Société d'encouragement. 1841. Pl. 829, fig. 3 et 1.)

    A. Coupe verticale et transversale passant par le milieu de l'un des fours.

    B. Élévation vue de face d'un des deux fours accolés; *b*, foyer du four; *c*, cendrier; *d*, porte d'enfournement; *e*, cheminée; *ff*, carneaux au nombre de quatre pour chaque four et disposés dans les angles.

    gg. Longrines; *hh*, Palplanches formant un système d'armatures pour empêcher le délabrement des murs par la chaleur; *i* contre-forts du four; *l*, voûte au-dessus du passage qui conduit au four.

Pl. XV. **Divers fours à cuire des briques et des tuiles.**

Fig. 1. A, B, C. Four à cuire les briques de St.-Menge (Vosges). (Atlas du Mineur et du Métallurgiste, 1840, pag. 29, pl. XXII.) (Tr. vol. I, pag. 336.)

    A. Coupe du four suivant la ligne XX.

    B. Plan du four à la hauteur des grilles *g*.

    C. Coupe du four suivant la ligne YY.

    Les grilles *g*, au nombre de six, sont placées, trois de chaque côté d'un massif M, supportées par des arceaux *v*; *mm*, petits murs qui montent jusqu'à la hauteur des grilles et qui séparent les grilles.

    nn. Voûte en berceau qui forme la partie supérieure du four et supporte au milieu la cheminée T.

    ss. Cendriers.

    On place les briques à cuire sur des voûtes faites à sec et en pierre calcaire destinée à être cuite en même temps que les briques supportées par les murs *m m*, et qui forment berceau au-dessus des foyers. Les interstices conservés dans la maçonnerie laissent circuler la flamme.

Fig. 2. A, B, Four à briques de Port-Vendres. (Atlas du Mineur et du Métallurgiste, p. 39, pl. 22.)

A. Coupe verticale du four.

B. Coupe horizontale un peu au-dessus des grilles ; les arceaux *bb*, qui supportent les briques à cuire sont permanents et placés dans le fond d'une tour carrée TT, dont le vide intérieur reçoit la charge de briques et fait en même temps fonction de cheminée. Sur un de ces côtés H de la maçonnerie sont deux grilles *gg* qui sont chauffées à la houille.

Fig. 3. A, B, C. Fours à briques, cuisson au bois.
(Art. du Briquetier et du Tuilier, pl. II, fig. 1, 2 et 3.) (Tr. vol. I, pag. 337 avec des explications suffisantes.)

A. Coupe longitudinale du four passant par l'axe.

B. Plan du four.

C. Coupe transversale du four passant par son milieu.

Fig. 4. Disposition des tuiles dans le fourneau ; elles sont trop écartées les unes des autres dans cette figure ; elles devraient se toucher sauf l'épaisseur du crochet.

Fig. 5. Détail de la disposition des briques dans le fourneau.

Pl, XVI. Cuisson des briques à la houille en Flandre et dans le Staffordshire.

Fig 1. A. B. Disposition des haies de briques. (Clerk, Essai pratique sur l'art du Briquetier, Pl. I, fig. 8, 9 et suiv.— Tr. vol. I, p. 334.)

A. Profil d'une haie simple *acde* ; *ef*, profil d'un paillasson servant à la garantir de la pluie ; une haie double s'appuierait contre la ligne *dc*, et la toiture se prolongerait à l'opposite de *fe*.

B. Plan de la base d'une haie simple, où l'on voit que les briques se croisent dans une situation oblique par rapport à l'horizontale.

Fig. 2. Façade d'une briqueterie. EE, FF, GG, lignes de briques en éperons ; I, foyers.

Fig. 3. Plan du premier, du second et du troisième lit posés l'un sur l'autre également à partir de terre. Les espaces vides *a*, *a*, *a* indiquent les clairs-champs. I, emplacement d'un premier foyer, dont la profondeur est égale à deux briques de champ.

Fig. 4. Plan d'un angle du neuvième tas reposant sur le huitième ; PP, bordures en boutisses ; S, deux briques à plat l'une sur l'autre à chaque angle, dans une situation croisée avec les briques S correspondantes des angles du septième tas ;

EFG, limite intérieure des parements ; T, briques d'une partie du centre des massifs.

Fig. 5. Plan d'un angle de sixième tas reposant sur le cinquième ; GHMN, foyer recouvert, sur lequel on voit l'ouverture d'une cheminée *abcd* ; I, briques de fond ; R, projection d'une des deux briques placées à plat l'une sur l'autre pour former la voûte du fourneau sur la façade ; O, briques en éperons formant entre chaque foyer la première rangée sur le pourtour de la poterie à partir, savoir : pour la façade des briques doubles à plat Q et R contre lesquelles ils s'appuient, et pour les deux autres côtés longitudinaux, extérieurs et extrêmes des deux briques SS placées aussi en double pour la solidité de chaque angle.

Fig. 6. A. B. C. Four à briques, de Longport, près Burslem ; cuisson à la houille. (Tr. vol. I, pag. 331.)

A. Vue extérieure de ce four.

B. Coupe par un plan horizontal au-dessus de la grille.

C. Détail de l'ouverture du foyer.

aaa Grilles qui sont au nombre de huit.

L. Laboratoire où se placent les briques à cuire.

T. Cheminée.

Pl. XVII. Fabrication et Cuisson des briques et de la porcelaine en Chine.

(Tiré d'un livre chinois.— Tr. vol. I, pag. 356.)

Fig. 1 (indiquée fig. 4 par faute d'impression dans le texte). Moulage des tuiles ; *a*, ouvrier mouleur ; *n*, noyaux ; *tt*, tuiles qu'il moule ; *b*, ouvrier réglant les tuiles *c*.

Fig. 2. *a*. *b*. Ouvriers transportant les tuiles moulées pour les mettre sécher.

Fig. 3. *a*. *b*. Ouvriers formant la balle de poussier de houille *h*.

Fig. 4. Disposition des tuiles et des balles de houille par lits alternatifs *h*, *b*, pour la cuisson.

Fig. 8. *f*. Four où l'on cuit et vernit la tuile et les briques ; *a*, ouvrier portant, au moyen du levier *l*, deux seaux *ss* pleins de la glaçure délayée qu'il verse dans le four au grand feu.

Fig. 5, 6, 7, 9 et 10. Figures additionnelles à celles qui représentent la fabrication de porcelaine pl. XLII à XLVI. (Tr. vol. II, p. 425.)

Fig. 5. *a*. *b*. Ouvriers mettant des tasses en couverte ; *a* la plonge dans le baquet découvert *d* ; *b*, tient avec beaucoup de dextérité une tasse très-délicate d'une main, et de l'autre avec un petit bâton recourbé.

Fig. 6. Un ouvrier *a* met sur le tour des filets de couleur brune, sur le bord d'une tasse *t*.

Fig. 7. Deux ouvriers terminant le moulage d'un vase en deux pièces. L'un *a*, amincit une des parties avec la batte; l'autre *b* présente les parties pour voir si elles s'ajustent.

Fig. 9. Four chinois à cuire la porcelaine composé seulement de 2 laboratoires.

    b'. Bouche du four ouverte et en feu.

    ooo. Ouvertures dans le dôme par lesquelles les ouvriers *a* et *b* introduisent du bois.

    c. Cheminée.

Fig. 10. A. Profil et coupe longitudinale d'un four à 4 laboratoires de Kin-tche-King, fait d'après un dessin envoyé de la Chine à Bernard de Jussieu.

    B. Plan de ce four. (Voir aussi Tr. vol. II, pag. 483 et pl. XLIV.)

    f. Foyer; *a*, trois bouches ou alandiers; *p*, portes d'enfournement qu'on mure pendant la cuisson; *c*, ouverture de communication des laboratoires; *o*, ouverture pour la sortie des produits, la communication et l'introduction du bois à la fin de la cuisson.

    e. Escalier pour monter sur le four et voir l'état de la cuisson par les ouvertures.

    C. Grande ouverture postérieure par où se fait l'enfournement, et auprès de laquelle est la cheminée.

    V. Hangar en avant des bouches du foyer.

Pl. XVIII. Jarres et cuviers de grandes dimensions. Fours pour les cuire.

Fig. 1. A, B. C. Coupe et plan du four à cuire les grands cuviers à Lezoux, fait sur les lieux. (Tr. vol. I, p. 392.)

    C. Plan du four; MM', mur d'entourage qui diminue d'épaisseur de bas en haut par les retraites successives. Fig. A et B;

    P. Porte de la halle où est placé le four.

    F, Foyer; *b*, bouche du foyer.

    a.a.a. Arceaux avec une arête *d* dans le milieu, qui séparent le foyer du laboratoire en y laissant entrer la flamme.

    L. Laboratoire rempli de cuviers; *ooo*, trois cuviers l'un dans l'autre.

    t. Toit ou couverture composée de tessons de cuviers.

Fig. 2. A, B, C. Coupe longitudinale, plan, coupe transversale du

four à cuire les cuviers ou grandes jarres, fabriquées à l'Imprunetta près Florence. (Tr. vol. I, p. 396.)

    Les fours sont accolés deux et trois.

    L. Laboratoire; F, foyers; *b*. bouches du foyer; *aa*, arceaux qui séparent le foyer du laboratoire L où sont placées les jarres à cuire.

Fig. 3 et 5. Carreau de revêtement avec ornements en relief émaillés, des ruines de Gour dans l'Inde. (Tr. vol. II, p. 85, où elles sont plus exactement représentées.)

Fig. 4. Conduit de chaleur de bains antiques. (Tr. vol. I, p. 374.)

Fig. 6. Petit fourneau domestique; figure tirée d'une peinture de Pompéi. (Tr. vol. I, p. 373.)

Fig. 7. Une grande jarre de la fabrique de l'Imprunetta près Florence. (Tr. vol. I, p. 395; hauteur, 1 mètre 40 cent.)

Fig. 8. A. Grand cuvier de Lezoux, dont le four de cuisson est représenté, fig. 1, pag. 391, vol. I de ce traité.

    B et C représentant les premières opérations du façonnage;

    B en coupe, C en plan, décrites mêmes pages.

    Il n'y a pas d'échelle, mais le texte indique la dimension.

Pl. XIX. Grandes jarres du Caucase, des Cafres. Le tonneau de Diogène. Jarre funéraire du Brésil.

Fig. 1. Koupchine du Caucase de 3 mètres de hauteur et 2 mètres de diamètre (Tr. vol. I, pag. 405). D'après Dubois de Montperreux (t. IV, pl. VII et IX).

Fig. 2. Vase en terre cuite grise avec ornements en relief; hauteur, 2 décimètres. Des tumulus de Panticapée? (Tr. vol. I, p. 578). D'après D. de Montperreux (t. IV, pl. IX).

Fig. 3. Vase lagène à une anse; hauteur 4 déc. Cruche à eau de la Colchide. D. de Montperreux (t. IV, pl. VIII).

Fig. 4. Jarre à large ouverture dite tonneau de Diogène. (Tr. vol. I, p. 406.) Tiré de Grivaud de la Vincelle, Arts et métiers des anciens. (In-fol., pl. XXXIII.)

Fig. 5. Jarres non cuites, des Cafres, pour serrer leur grain (Tr. vol. I, pag. 405). Tiré du voyage de Daniell au cap de Bonne-Espérance. 2 vol. in-fol., pl. XXVIII.

Fig. 6. Jarre funéraire d'un chef de Coroados (Tr. vol. I, p. 411). Tiré du voyage au Brésil de Debret (t. II, pl. IV).

Pl. XX. Vases étrusques divers de Chiusi, Vulci, Arezzo, Volterra, etc.

(Tr. vol. I, pag. 415 à 416).

Fig. 1. Coupe à trois pieds en pâte noire, moulée.

Fig. 2. A. Coupe infondibuliforme à anses horizontales et ornements gravés ; B, son pied ou support. (Tiré de Micali.)

Fig. 3. Vase semi-ove (Cotyle), anses horizontales, pâte noire, ornement partie en relief, partie gravée. (M. R.)

Fig. 4. Vase biforme semi-ove, et cylindroïde raccourci, pâte noire et bas-relief. (Micali.)

Fig. 5. Coupe conoïde profonde, altipède, godronnée, figures et ornements en relief, pâte noire. (Micali.)

Fig. 6. Vase ovoïde, anses perpendiculaires, tête et bras humains (Tr. vol. I, p. 415.) (Micali.)

Fig. 7. Vase biforme, culot turbiné, collet colliforme, anses simples perpendiculaires, bas-relief, pâte noire.

Fig. 8. Vase biforme, culot pyriforme godronné, collet colliforme, anses perpendiculaires cordées, pâte noire assez bien façonnée malgré l'irrégularité du godron et de la position des figures. (M. R.)

Fig. 9. Vase biforme, culot pyriforme, collet colliforme alongé ; une anse perpendiculaire ; godrons saillants, raccourcis à l'épaule du vase.

Fig. 10. Vase à goulot, corps bursiforme, goulot court ; une anse perpendiculaire ; godrons, bande de frise et de figures en relief ; pâte noire. (Micali.)

Pl. XXI. Suite des Poteries étrusques et égyptiennes.

Fig. 1 à 6 et fig. 9 et 10. *Poteries égyptiennes anciennes.* (Tr. vol. I, p. 500, 501.)

Fig. 1. Vase biforme, corps ovoïforme, collet conique renversé, alongé, pâte tendre, grisâtre, glaçure bleue, ornements en noir. (M. R.)

Fig. 2. Vase en figurine d'Isis et de son fils ; collet colliforme, à anse perpendiculaire ; pâte rouge, luisante.

Fig. 3. Vase turbiné, tronqué, à bord rentrant (dit terrine), pâte rouge assez foncé, luisante. (M. R.)

Fig. 4. Vase lagène ovoïforme, collet grêle alongé ; une anse perpendiculaire, pâte jaunâtre, fine, solide, luisante. (M. R.)

Fig. 5. Vase ovoïde, alongé, bitronqué, tête d'Isis pour couvercle ; inscription gravée.

Fig. 6. Vase biforme, culot pomiforme déprimé, corps campanulé, pâte grossière noire. (M. R.)

Fig. 9. Lampe attribuée à la fabrication égyptienne ancienne ; pâte

assez grossière, glaçure verte de cuivre. (Tr. vol. I, pag. 507.) (M. R.)

Fig. 10. Vase lagène annuliforme, apode, à goulot axal à rebord, deux petites anses perpendiculaires sur le col. Pâte rouge, fine, lustrée. (M. R.)

Les figures suivantes représentent des vases étrusques.

Fig. 7. Vase bursiforme à deux anses perpendiculaires ; il ressemble beaucoup aux vases tyrrhéniens par la forme et le système d'ornementation par zones.

Fig. 8. Tasse conique à pied déprimé et anse perpendiculaire relevée ; ornements, canaux en relief. Belle et fine pâte noire.

Fig. 11. Vase hydrie turbiniforme à col conique droit, goulot à bec tricorne, une anse perpendiculaire. Pâte noire, ornements, les uns en boutons en relief, les autres en lignes ponctuées anguleuses ayant en tout une grande analogie avec les vases gaulois.

Fig. 12. Espèce de caisse en terre cuite renfermant uniquement des ustensiles de ménage également en terre cuite. Cette pièce, figurée par Micali, t. III, est très-remarquable.

Pl. XXII. Vases égyptiens antiques et modernes.

(Voir le Traité, vol. I, pag. 500). La réunion des vases sur cette planche a pour objet de donner une idée générale de la forme caractéristique des vases égyptiens, à l'appui de ce qui a été dit dans le texte, page 500 à 506.

V. antiques. (Descr. de l'Égypte antique, pl. 75, 76.)

Fig. 1. Vase lagène ovoïforme à une anse latérale ; des grottes de Saqqârah.

Fig. 2. Vase lagène ovoïforme raccourci, à long col, sans anse ; de Denderah.

Fig. 3. Vase ovoïforme alongé, cerclé, à deux petites anses ; ruines d'Antinoé.

Fig. 4. Vase ovoïforme alongé ; des grottes de Saqqârah.

Fig. 6. Vase conique renversé, tronqué. Ce vase de Gournah est en pierre calcaire. Il y en a un en terre cuite exactement de la même forme.

Fig. 7. Vase cylindroïde à col conique alongé ; une anse latérale ; de la haute Égypte.

Fig. 9. Vase lagène pomiforme déprimé, à une anse latérale ; d'Alexandrie, fort de Cléopâtre.

Fig. 11. Vase ellipsoïde alongé, bitronqué, une anse latérale perpendiculaire ; des grottes de Saqqârah.

Fig. 13. Vase fusiforme simple ; près de l'île de Céphantine, dans un tombeau.

V. MODERNES. (Description de l'Égypte, état moderne, pl. EE, FF), réduits de 3/4 ou 3/5.

Fig. 5. Vase biforme étranglé, corps ellipsoïde, col conique renversé, ornements gravés et saillants ; de Qoulleh.

Fig. 8. Vase fusiforme, corps biturbiné , col conique renversé , une anse latérale ; d'Ebryg.

Fig. 10. Vase sphéroïde ; deux petites anses perpendiculaires ; servant à divers usages.

Fig. 12. Vase lagène, corps sphéroïdal, col tubiforme , deux anses perpendiculaires ; ornements gravés ; de Doraq.

Fig. 14. Vase lagène , corps conique renversé , une galerie à jour à la base du cône, pied colliforme , col tubiforme ; de Doraq.

Fig. 15. Jarre turbinée à rebord , apode.

Fig. 16. Vase bursiforme à fond en cône renversé , apode ; deux anses perpendiculaires au goulot ; ornements gravés.

Fig. 17. Terrine segmentiforme à quatre oreilles ; ornements gravés.

Pl. XXIII. Four à **Poterie commune**, à **Paris**, et four à grès-céramé de **Lambeth**, près de **Londres**.

Fig. 1. Four à cuire des poteries sans glaçure et des briques, de M. Follet, à Paris. (Tr. vol. I, p. 541.)

A. Coupe longitudinale.

F, b. Foyer ; b, bouches.

F. Séparation permanente en briques que l'on élève à chaque fournée avec des briques crues comme dans la fig. D.

c″, c′. Conduit de la cheminée ; c, ouvreaux ou carneaux qui donnent issue aux produits de la combustion. La cheminée a plus de neuf mètres de hauteur totale.

V′. Ouverture de la voûte du laboratoire dans un canal qui se rend dans la cheminée en V pour donner issue à la chaleur du four après la cuisson. On ne met le canal V′ qu'après avoir quitté le feu.

P. Portes d'enfournement qu'on muraille lorsque l'enfournement est fini.

M. Mur en brique au fond du laboratoire ; il forme la paroi antérieure de la cheminée ; il est percé à sa base de neuf carneaux c′ pour la sortie des produits de la combustion.

C. Coupe transversale du four vide montrant le foyer F et la partie permanente de la cloison à jour F. fig. 1, B.

L. Laboratoire.

B. Plan de la moitié du four ; les mêmes lettres indiquent les mêmes parties que dans les coupes.

D. Coupe transversale sur la ligne XX , faisant voir le système d'enfournement des briques et la conservation du passage de la cloison F à la cheminée cc′, fig. 1, A. Un plancher en brique règne sur tout le sol du four.

C'est derrière ces rangées de briques crues et sur ce plancher que se placent tous les vases et autres pièces en terre, qui sont à cuire.

On met les pièces les plus fines et les plus délicates vers la voûte et à l'extrémité du laboratoire.

Fig. 2. Four à grès-céramé de Lambeth, près Londres, relevé par M. V. de Pontigny , d'après un des fours de M. Stephen Green. (Tr. vol. II, p. 233.) Ce four dans lequel on cuit les grès à la houille, se rapproche tout à fait des fours cylindriques droits à alandiers , comme on le verra en comparant les figures de cette planche avec celles des fours français et allemands de la planche, fig. 2 et 3.

A. Coupe verticale suivant la ligne YY.

L. Laboratoire.

F. Foyer ; b, bouche du foyer ; o, ouverture pour la charge de la houille ; d, cendrier ; g, grille ; ch, cheminées particulières de chaque foyer s'arrêtant à environ les deux tiers inférieurs du laboratoire , pour porter la chaleur vers la voûte et garantir les pièces, placées au bas, de l'action trop directe de la flamme de la houille.

V. Voûte avec ses carneaux cc ; celui du milieu est plus grand que les autres.

P. Porte du laboratoire ; P′, portes du cône de la cheminée ; T, tuyau de la cheminée ; R, registre pour régler le feu.

B. Plan au niveau de la grille du foyer.

B′. Plan au niveau de la voûte.

C. Vue des portes ; P, porte du laboratoire inférieur ; P′, porte en fer du laboratoire supérieur ou du cône.

D. Façade du foyer.

Les mêmes lettres dans toutes ces figures indiquent les mêmes parties.

Pl. XXIV. **Façonnage et cuisson de la poterie matte dans l'Égypte moderne.**

(Tr. vol. I, p. 511, tiré de la description de l'Égypte moderne, t. II, Pl. II et XXII.)

Fig. 1. Tour du potier égyptien.

A. Profil du tour. — B. Plan du tour.

C. Caves où sont placés le tour et le tourneur.

a. Axe du tour, posé obliquement ; *r,* petite roue qu'il pousse
avec le pied ; *g,* girelle portant le vase, son obliquité est
trop faible pour qu'il puisse tomber ; *b,* banc sur lequel le
tourneur est plutôt accoté qu'assis ; *tt,* traverses qui soutiennent le banc *b,* et le tour *rg.*

Fig. 2. Tourneur égyptien debout dans sa cave, façonnant par simple
ébauchage des vases divers. La position des bras et celle
des mains et des doigts est la même qu'en Europe.

Fig. 3. (Indiquée fig. 2 dans le texte par faute d'impression). Four à poterie égyptienne moderne.

B. Vue générale du four à l'extérieur.

A. Plan très-réduit du four.

C. Coupe longitudinale du four suivant la ligne XX du plan.

F. Foyer très-grand ; *b,* bouche du foyer.; *v,* visière pour
juger l'état du feu.

L. Premier laboratoire.

l. l. l. Carneaux de transmission de la chaleur développée
dans le premier laboratoire, dans les chambres L' et L" du
second.

e. e. e. Poterie matte enfournée, en charge sur le sol du premier laboratoire.

L' et L" Première et deuxième chambre du second laboratoire ; *e',* poterie enfournée en charge sur le plancher du
second laboratoire.

M. Mur de séparation percé d'un canal oblique O pour transmission de la chaleur produite dans le foyer F.

c'. c'. Carneaux faisant l'office de cheminées pour la sortie des
produits de la combustion.

Les lettres citées sont communes aux trois figures indiquant
le même objet.

**Pl. XXV. Vases et urnes gauloises, germaines et ro-
maines.**

Fig. 1. Vase gaulois biturbiné. — Haut. 13°,5.
Pâte noire peu cuite. (Tr. vol. 1, p. 483.)
Cabinet du grand-duc de Darmstadt.

Fig. 2. Vase gaulois. — Haut. 15°,2.
Pâte grise.
(De Caumont, Cours d'antiq. monum., t. II.)

Fig. 3. Vase gaulois biturbiné. — Haut. 19 cent.
Pâte noire grossière. Ornements sur l'épaule et petits carrés
enfoncés.
(Collect. d'antiq. de la Bibl. de Strasbourg, Un semblable, mais plus
petit, se voit dans la collection de feu M. le prof. Schweighæuser).

Fig. 4. Vase gaulois. — Haut. 16 cent.
Pâte noire. (Collect. de la Bibliothèque royale de Paris.)

Fig. 5. A. Vase gaulois très-caractérisé. — Haut. 9°,10.
Pâte noire assez fine tendre. B frise d'ornements enfoncés,
développés. Très-noir à l'extérieur par polissage ; mal fa-
çonné, ne paraît pas avoir été tourné ; ornements comme im-
primés, mais très-irréguliers. (M. R.)

Fig. 6. Vase lagène gaulois. — Haut. 16 cent.
Pâte noire, assez grossière, sans ornements.
C'est une forme peu commune. De Martainville. (B. R.)

Fig. 7. Vase gaulois biforme. — Haut. 15 cent.
Pâte noire très-fine peu cuite, rayures blanchâtres.
De Caude-Côte, près Dieppe. ·(Par M. Feret, bibliothécaire de
Dieppe.)

Fig. 8. Vase gaulois celtique. — Haut. 27 cent.
Urne cinéraire, pâte grisâtre assez grossière. Ornements,
postes gravées.
Trouvé entre Ploudaniel et Plounéventer, au N.-E. de Brest.
Communiqué par M. de Férinville.

Fig. 9. Vase germain bursiforme. — Une anse placée sur le renfle-
ment ; Ornements en raies et points enfoncés.
A. Vue de profil.—B. Vue du côté de l'ouverture pour montrer sa forme ovale et la largeur de l'anse de (Miedleben,
près Halle. (Kruse, tom. 2, tabl. 4, pl. X.) (Tr. vol. 1, p. 455.
Voyez la carte des localités des *tumulus* qui y est annexée.)

Fig. 10. Vase germain caliciforme. — Tasse à une anse relevée perpendiculaire. Forme remarquable par sa pureté et l'élégance
de son anse. (Cabinet de Monbijou, à Berlin.)

Fig. 11. Vase germain. — Tasse déprimée. Côtes obliques. Une très-
petite anse ; de Zschörn Hugel, entre Weissenfeld et Lo-
sen, route de Leipzig. (Kruse, tom. 2, tabl. 1, fig. 6.)

Fig. 12. Vase germain. — Une petite tasse semi-ove cannelée obliquement ; forme pure ; du même lieu que le précédent. (Kruse,
tom. 2, tabl. 1, fig. 2.)

Fig. 13. Vase germain.—Tasse semi-ove allongée, une anse ; des environs de Cheino, entre le Molochsberg et le Wolfsberg.
(Kruse, tom. 2, tabl. 1, fig. 2.)

Fig. 14. Vase germain turbiniforme. — Hauteur, 25 cent.
Antiq. du Mecklenbourg, par Schröter et Lisch. Tabl. XXXIV,
fig. 3. (Tr. vol. 1, p. 477.)

Fig. 15. Vase romain pyriforme. — Haut. 16 cent.
Pâte blanchâtre assez fine, assez dure ; lignes transversales
rouge-brun de brique ; deux anses au col, quelquefois trois ;
environs de Cologne.

Fig. 16. Vase germain. — Haut. 20 cent.
  Du Mecklenbourg. (Tabl. XXXV, fig. 5.)

Fig. 17. Vase romain. — Haut. 33 cent.
  Pâte fine gris cendré, peu cuite; ornements en brun-rou-
  geâtre de brique; de Limerai, près Dieppe, par M. Feret,
  bibliothécaire de Dieppe, qui l'attribue au temps des Antonins. (2ᵉ siècle après J.-C.)

Fig. 18. Vase romain. (Tr. vol. I, p. 483). Haut. 15 cent.
  Pâte grossière gris-cendré, assez cuite; vase dit gallo-romain du siècle des Antonins; de Caude-Côte, près Dieppe,
  par M. Feret.

Fig. 19. Vase romain. — Haut. 10 cent.
  Très-remarquable par les cinq dépressions qu'on voit sur son
  corps au ventre; pâte gris-noirâtre, fine, mince, peu cuite;
  de Caude-Côte, près Dieppe. M. Feret regarde ce vase comme
  gallo-romain du temps des deux autres. Il attribue les cinq
  dépressions à l'usage d'y placer cinq petites urnes, qu'il a
  trouvées lui-même appliquées contre ce vase, ainsi que
  l'indique le plan figuré au-dessous de ce vase.

Fig. 20. Four de poterie romaine découvert à Castor, près Norwich,
  par M. Ch. Layter. (Voir Tr. vol. 1, p. 429, sa description
  suffisamment développée avec ses dimensions, et la citation du
  vol. XXII des Mém. de la Société des antiq. de Londres dont cette
  figure a été tirée.)

Pl. XXVI. Poteries germaines et gauloises de différents lieux.

  (Tr. vol. 1, p. 465 et suivantes.)

Fig. 1. Vase germain ou gallo-germain. — Haut. 27 cent.
  Pâte gris-blanchâtre, dure; de la bibliothèque de Strasbourg.

Fig. 2. Vase germain lagéniforme. — Haut. 18 cent.
  A rebord comme les vases romains; deux petites anses; pâte
  friable; dans un tombeau, bois d'Unterweeden, au N. d'Oberfarrenstadt. (Knuss, tom. 1, pl. 2, fig. 10.)

Fig. 3. Vase gaulois. — Haut. 20 cent.
  Pâte rougeâtre sale, fine, assez dure; surface luisante, mais
  imparfaitement à la manière des grès; ornements en points
  et petites lignes en reliefs; trouvé près de Lyon, au lieu dit
  Gorge-de-Loup. (Collect. du docteur Comarmond, à Lyon.)

Fig. 4. Vase germain. — Haut. 13 cent.
  Pâte grossière, blanc sale, tirant sur le jaunâtre.

Fig. 5. Vase germain. — Haut. 27 cent.

Pâte brune, fine, dure; ornements grossièrement gravés dans
  la pâte et en partie légèrement en relief; de la bibliothèque
  de Strasbourg.

Fig. 6. Vase germain. — Haut. 19 cent.
  Pâte très-noire; trouvé à Pritzwalk, environs de Prieguitz,
  dans la Marche. (Collect. de Monbijou, à Berlin.)

Fig. 7. Vase germain. — Haut. 16 cent.
  Pâte jaunâtre, bien cuite; ornements gravés; trouvé dans
  la forêt de Wendelstein, près la route de Klapperborn. (Knuss,
  t. 1, pl. 1, fig. 3.)

Fig. 8. Vase germain? ou gaulois. — Haut. 25 cent.
  Pâte noire, luisante, très-peu cuite; trouvé en Seeland,
  près le Mordyck. (Musée de Bonn.)

Fig. 9. Vase germain. — Haut. 14 cent.
  Pâte grossière rougeâtre, tirant sur le noirâtre; il n'est point
  tourné; les ornements sont gravés; de Klein-rossen, Schwar-
  zer-Elster; du cabinet de Monbijou: on en voit 5 ou 6 dans le
  même système de forme.

Fig. 10. Vase germain.
  Pâte fine, jaune-brun sale; ornements gravés assez profon-
  dément; dans la forêt de Wendelstein, près la route de
  Ziegelrode. (Knuss, tom. 1ᵉ, Pl. 1, fig. 1.)

Fig. 11. Vase germain. — Haut. 13 cent.
  Pâte fine d'un jaune rougeâtre sale; de Zilsdorf, près
  Schlieben, duché de Saxe. (Collect. du Dᵉ. Klemm).

Fig. 12. Vase germain. — Haut. 11 cent.
  forme très-étrange, trouvé entre Rosleben et Wendelstein,
  à droite de la route. (Knuss, t. I, pl. I, fig. 9).

Fig. 13. Vase germain. — Haut. 18 cent.
  Pâte grossière, noire, près de Cheine entre le Molochsberg
  et le Wolfsberg.

Fig. 14. Vase germain. — Haut. 13 cent.
  Pâte grossière, rougeâtre, tourné; (cabinet de Monbijou).

Fig. 15. Vase germain. — Haut. 26 cent; larg. du collet 42 cent.
  forme plus rare; de Wulfen près Kothen; figuré dans le frontispice du Mausoleum in Museo, de P.-J. Obarum. Iena,
  1701. — (cab. de Monbijou.)

Fig. 16. Vase germain trouvé près d'Oberfarrenstadt.

Fig. 17, A B. Plateau ou terrine germaine. — Haut. 8 cent.; d. 23 c.
  C'est une forme remarquable et d'une pureté rare dans les
  vases germains.

  Ce beau plateau qui fait partie du cabinet de Monbijou a été
  trouvé à Stanowitz.

Fig. 18. Vase germain, forme singulière. (Krusk, tom. II, pl. IV, fig. 2, b, e, b.) Trouvé entre Niedleben et Passendorf près Halle.

Fig. 19. Vase germain ovale, forme rare de terrine. — Haut. 11 cent, petit diamètre 11 cent., grand diam. 24 cent.
Fond plat, avec un goulot, et très-riches ornements. Trouvé dans le bois d'Unterweeden, au nord d'Oberfarnstadt. (Krusk, tom. I, pl. II, fig. 9.)

Fig. 20. Vase germain. — Haut. 11 cent., D. 20 cent.
Terrine conique à plusieurs petits pieds, du même lieu que les précédentes. (Krusk, fig. 4.) Pâte d'un brun rougeâtre, avec des taches gris foncé; elle est dans la cassure d'un gris foncé.

Fig. 21. Vase germain. Coupe biforme à une anse. Diam. 19 centim., d'Oschatz, cercle de Leipzig. (Cabinet de M. Klemm.)

Pl. XXVII. Poteries germaines et gauloises de différents lieux.

Fig. 1. Vase germain, forme turbinée, remarquable mais assez fréquente dans les vases germains; pâte fine, noirâtre avec un éclat un peu métallique.
Dans la colline de Swevenhock, près Schkopau, aux environs de Mersburg. (Krusk, *Deutsch alterth*, 1 vol., 1 cah. Pl. II, fig. 5.)

Fig. 2. Vase germain. Urne d'une forme turbinée, élégante, décorée de beaucoup de dessins en argile grise.
Dans un grand tombeau entre Niedleben et Passendorf, près Halle. (Krusk, t. II, 3e cah., Pl. IV, fig. 2, C. A.)

Fig. 3. Vase germain, urne biturbinée, forme analogue à la précédente. Hauteur 16 cent.—Pâte noire et très-fine. Trouvé dans un tombeau dans la forêt de Wendelstein, près la route de Klapperborn. (Krusk, t. I, 2e cah., Pl. I, fig. 2.)

Fig. 4. Vase germain. Urne turbiniforme. Hauteur 20 cent. Trouvée dans le cimetière dit des Vandales (*Wendenkirchhof*), pays de Mecklenbourg. (Schrötter et Lisch. Pl. XXXIV, fig. 0.)

Fig. 5. Vase germain, urne biturbinée. Hauteur 30 cent.—pâte noire à l'intérieur, rougeâtre à l'extérieur, avec grains de quarz mélangés.
Remarquable par ses 4 anses qui ne peuvent être regardées que comme des ornements; leur surface à la partie supérieur semble avoir été faite avec une corde fortement serrée sur la pâte encore molle. Forêt de Wendelstein, près la route de Ziegelrode. (Krusk, t. I, Pl. I, fig. 8.)

Fig. 6. Vase germain. Urne biturbinée. Pâte fine noirâtre avec éclat un peu métallique, comme le no 1.; remarquable par son méandre.
Colline de Suevenhock, près Schkopau, aux environs de Mersburg. (Krusk, Pl. II, fig. 6.)

Fig. 7. Vase germain sphéroïdal. — Haut. 16 cent.
Richement orné; trouvé dans un tombeau près Cheine.

Fig. 8. Vase germain. Urne lagèniforme. — Haut. 30 cent.
Pâte très-friable; ornement en dent de loups. Trouvée dans un tombeau dans le bois d'Unterweeden, au nord d'Oberfarrenstadt. (Krusk, t. I, Pl. II, fig. 7.)

Fig. 9. Vase germain sphéroïdal trouvé entièrement brisé dans un tombeau dans l'église de Keuschberg.—Haut. environ 25 cent. (Krusk, t. III, Pl. II, fig. 16.)

Fig. 10. Vase germain. —Haut. 20 cent.
Pâte très-noire assez fine et assez dure; petits points brillants comme d'anthracite. Lieu inconnu. (Collect. Monbijou.)

Fig 11. Vase germain pomiforme aplati. — Haut. 16 c., Diam. 19 c.
Pâte friable, couleur brun-jaune, surface lisse: trouvé dans un tombeau près Cheine, entre le Molochsberg et le Wolfsberg. (Krusk, t. I, Pl. II, fig. 9.)

Fig. 12. Vase germain. Urne biforme. Corps biturbiné, col cylindrique. — Haut. 16 cent.
Pâte grossière rougeâtre, de Senftenberg, duché de Saxe. (Collect. de M. Klemm, et antiq. du Meck. Pl. VI, fig. 13.)

Fig. 13. Vase germain. Urne biforme, analogue à la précédente. —Haut. 17 cent.
Pâte grise un peu rougeâtre et noirâtre, remarquable par les quatre mamelons ou tubérosités coniques de la panse. De Naundorf, sur l'Elster noir.
(Collect. de Monbijou et du cabinet de minéralogie de Dresde, venant de Werner.)

Fig. 14. Vase germain sphéroïdal. — Diam. 24 cent.
Non tourné. De Gussefeld, dans l'Altmark. (Collection de Monbijou.)

Fig. 15. Vase germain ou breton. — Haut. 17 cent.
Pâte noire grossière, quelques points brillants. 7 tubercules sur le col, et 7 sur les épaules du corps. N'a pas été tourné. Trouvé à Caister, à 4 milles de Norwich, dans un camp romain. D'autres semblables ont été trouvés dans un cimetière hors du camp. (Collect. de l'Institut. royale de Londres.)

Fig. 16. Vase germain biforme, déprimé. — Haut. 26 c., diam. 42 c. De Wulffen, près Koblen. (Collect. de Monbijou.)

7

Fig. 17. Vase germain. Corps biturbiné ; col caliciforme , a 6 demi-
tubercules coniques sur la panse. De Senftenberg, duché de
Saxe. (Wagner ægypten in Deutschland, t. VI , n° 1.)

Fig. 18. Vase germain, petite urne biturbinée.
Cette urne a été trouvée avec environ 150 autres dans un
tumulus, sur la rive droite de l'Elbe, à l'est de l'embouchure
de l'Elster noir, dans des lieux de sacrifice. (Krusе, t. III ,
1er cah. , Pl. I , fig. 19.)

Fig. 19. Vase germain ovale , à 3 divisions transversales. — Longueur
18 cent. ; haut. 8 cent.
Trouvé dans un tombeau , embouchure de l'Elster noir, en
Saxe, entre Schlieben et Malitzschkendorf. (Krusе, t. III ,
3e cah. , Pl. II , fig. 24.)

Fig. 20. Vase germain ovale irrégulier, divisé en 2 parties par une
cloison longitudinale. — Haut. 10 cent. 5 , grand diamètre à
la panse 13 cent.
Pâte rouge et grise. Il y en a de grands et aussi de très-petits.
De Pforten en Lusace. (Coll. de Monbijou.)

Fig. 21. Vase germain à 2 petites anses. — Haut. 11 cent. , grand
diam. 28 cent.
Lieu inconnu , mais tout à fait semblable à un vase qui vient
de Stanowitz Ohlan. (Coll. de Monbijou.)

Fig. 22. Vase germain ovale. — Haut. 17 cent., grand diam. 28 cent.
Pâte noire. Il y en a aussi qui vont du brun au rouge nuageux,
suivant le degré de cuisson.
Il y a plus de 25 de ces vases qu'on peut rapporter au même
système d'ornements, quoique différents dans les détails. De
Kahrstedt, dans l'Altmark.

Fig. 23. Vase germain à 3 divisions par cloisons croisées. — Haut.
11 cent.
Trouvé à l'embouchure de l'Elster noir, en Saxe , entre
Schlieben et Malitzschkendorf. (Krusе, '. III , 2e cah., Pl. II ,
fig. 1.).

Pl. XXVIII. **Poteries péruvienne , mexicaine , brésilienne
antiques et modernes.**

Fig. 1. Vases discoïdes bijugués , péruviens anciens , pâte noire.
(Tr. vol. 1, p. 528.) (Atlas d'Al. d'Orbigny, pl. 17, fig. 1.)

Fig. 2. Vase cylindroïde ouvert péruvien , antique , à face humaine,
pâte noire. (Tr. vol. 1, p. 528.) (Atlas d'Orbigny, pl. 18, fig. 1.)

Fig. 3. Vase lagène à anse : bouteille péruvienne antique, pâte noire.
(Atlas d'Orbigny, pl. 20, fig. 3.)

Fig. 4. Vase bisphérique étranglé péruvien. — Haut. 0m,1.
Pâte noire. (Tr. vol. 1, p. 526. Observation sur les petits animaux
grimpants.) (M. S.)

Fig. 5. Vase lagène bijugué , bouteille péruvienne ancienne. (Tr. vol. 1,
p. 528.) (d'Orbigny, pl. 17, fig. 4.)

Fig. 6. Vase sphéroïdal mexicain antique , funéraire , de petite capacité , pâte rouge , venant de Mitla. (Tr. vol. 1 , p. 519.) (Dupaix,
2e expéd., pl. 66, fig. 125.)

Fig. 7. Vase pomiforme , péruvien moderne. D. à la panse 0.70.
Pâte rouge noircie par places par enfumage. (Tr. vol. 1, p. 529.)
Venant de Callao. (M. S.)

Fig. 8. Coupe segmentaire tripode, mexicaine antique , à pâte rouge ,
de Mitla. (Tr. vol. 1, p. 519.) (Dupaix, 2e expédit., pl. 59, fig. 114.)

Fig. 9. Vase biforme , pomiforme et cylindrique ; marmite mexicaine
antique , à pâte rouge , de Mitla. (Tr. vol. 1, p. 519.) (Dupaix,
2e expéd., pl. 60 , fig. 115.)

Fig. 10. Vase biforme , pomiforme et cylindroïde , tripode ; jarre
mexicaine antique , tripode ; pâte rosâtre , jaspée et pi-
cotée de jaune et de vert très-foncé et brillant. (Tr. vol. 1,
p. 520.) (Dupaix, 2e expéd., pl. 59, fig. 111.)

Fig. 11. Vase utriforme à deux goulots, péruvien antique. (Atlas d'Orbigny, pl. 16, fig. 4.)

Fig. 12. Vase ollaïre ou soupière brésilienne moderne , nommée panel-
las dans le pays. (Tr. vol. 1 , p. 532.) (Debret, voyage au Brésil,
tom. 2 , pl. 34, fig. 8.)

Fig. 13. Vase hominiforme, mexicain antique. — Haut. 0m,16.
Pâte rouge , venant de Mitla. (Tr. vol. 1, p. 518.) Cette pièce
noire intérieurement est regardée comme un porte-torche.
(Dupaix, 2e expéd., pl. 42 , fig. 90.)

Fig. 14. Figurine mexicaine antique. — Haut. 0m,025.
Des environs de la Puebla. (Tr. vol. 1, p. 518.) Pâte grisâtre
dure, presque comme du grès, à texture grenue. (M. S.)

Fig. 15. Vase hominiforme péruvien antique, à pâte noire. (Atlas d'Orbigny, pl. 16, fig. 1.)

Fig. 16. Vase turbiné, brésilien moderne, pâte rouge , avec ornements
repoussés à la main. (Tr. vol. 1, p. 532.) Sur chaque anse il y a
une petite tête vernissée en vert. Debret ne dit pas si c'est un
vernis fixé par le feu. (Voyage au Brésil, tom. 2e, p. 36, pl. 6 bis.)

Fig. 17. Vase bursiforme, jarre ou bouteille du Tenessé. Pâte gris-
bleuâtre , mêlée d'une substance blanche douce et friable,
ressemblant à des coquilles calcinées et pulvérisées ; sans aucun vernis ni enduit. (Musée de la Société philosophique de Phila-
delphie.)

Pl. XXIX. **Poteries romaines tant mattes que lustrées en noir, des 2ᵉ et 3ᵉ sortes.**

(Tr. vol. I, p. 432 à 434.)

Fig. 1. Fragment d'un vase sphéroïde, à reliefs d'animaux modelés en barbotine ; pâte grise lustrée, de Rheinzabern. (M. S.) (Tr. vol. I, p. 426 et 433.)

Fig. 2. Vase turbiniforme. — Haut. 24 cent.
A reliefs d'animaux ; pâte jaune-rougeâtre ; c'est presque un grès à enduit noirâtre. (Cabinet de M. Verhelst, à Gand.) (Tr. vol. I, p. 426.)

Fig. 3. Vase ellipsoïde à filets circulaires cannelés et guillochés, pâte rougeâtre, lustrée de noir. Tiré d'un tombeau romain à un quart de lieue de Bonn. (M. S.) (Tr. vol. I, p. 433.)

Fig. 4. Vase romain. — Haut. 0ᵐ,25.
Pâte grossière grise et noirâtre, assez cuite et assez dure, un peu sonore. (Tr. vol. I, p. 426.) Trouvé à Zahlbach. (Musée de Bonn.)

Fig. 5. Poterie commune. — Haut. 0ᵐ,16.
(D'après Grivaud, Antiq. germ. et rom. du Luxembourg, Pl. IX, fig. 7.) (Tr. vol. I, p. 434.)

Fig. 6. Vase lagène à deux anses. — Haut. 0ᵐ,12.
Pâte grise. (De Caumont, Cours d'antiq. monum. 1830, tom. 2ᵉ.) (Tr. vol. I, p. 434.)

Fig. 7. Vase bursiforme. — Haut. 14 cent.
Deux anses ; pâte blanc jaunâtre ; tiré d'une tombe romaine, près de Tongres (Belgique). (M. S.) (Tr. vol. I, p. 434.)

Fig. 8. Vase lagène turbiniforme, à une anse, terre commune. Provenant du cimetière de Terre-Nègre, près Bordeaux. (Jouannet.) (M. S.) (Tr. vol. I, p. 448.)

Fig. 9. Vase fusiforme apode, à cannelures torses. — Haut. 0ᵐ,195. Provenant du Luxembourg. (Grivaud, Antiq. germ. et rom., Pl. IX, fig. 2.) (Tr. vol. I, p. 434.)

Fig. 10. Vase urne turbiniforme, guillochée. — Haut. 10 cent.
Pâte blanc jaunâtre ; de Tours en Vimeux, près d'Abbeville (Somme). (M. S.) (Tr. vol. I, p. 434.)

Fig. 11. Vase urne oviforme, tronquée ; terre grise. (Caumont, Cours d'antiq. monum., tom. 2.) (Tr. vol. I, p. 437.)

Fig. 12. Vase lagène turbiniforme à une anse. — Haut. 24 cent.
Poterie commune ; provenant du Luxembourg. (Grivaud, antiq. germ. et rom., Pl. IX, fig. 6.)

Fig. 13. Vase urne cylindroïde. — Haut. 12 cent.
Sept dépressions concaves ellipsoïdes, filets et cannelures en bandeaux circulaires ; pâte noirâtre matte ; des bords du Rhin, localité inconnue. (M. S.) (Tr. vol. I, p. 434.)
Nota. Voir ce qui a été dit de ces dépressions, expl. de la fig. 10 de la Pl. XXV.

Fig. 14. Amphore fusiforme romaine. (Tr. vol. I, p. 435 et 448.) Trouvée sur l'emplacement de l'église de St-Michel (*Crooked Lane* et *Eastcheap*), près du nouveau pont de Londres. (Alf. John Kempe, Mém. de la Soc. des antiq. de Londres, tom. 24, p. 190.)

Fig. 15. Urne germaine ? ou romaine. — Haut. 16 cent.
Pâte blanche, rouge dans l'intérieur ; du musée de Bonn. (Tr. vol. I, p. 434.)

Fig. 16. Coupe biforme. — Diam. 13 cent.
Pâte noir bleuâtre, matte. (Tr. vol. I, p. 434.) Trouvée à Tours en Vimeux, près Abbeville (Somme). (M. S.)

Fig. 17. Coupe à pied. — Diam. 12 cent.
Bords renversés, guillochés ; pâte rougeâtre, engobée d'argile blanche. (Tr. vol. I, p. 435.) Provenant des bords du Rhin ; localité inconnue. (M. S.)

Fig. 18. Vase lagène biturbinée. — Haut. 10 cent.
En terre grise. (De Caumont, Cours d'antiq. mon., 1830, tom. 2.)

Fig. 19. Vase urne gallo-romaine pomiforme. — Haut. 9 cent.
Pâte gris ardoisé, assez dure, matte. (Tr. vol. I, p. 437.) Trouvée avec un vase romain rouge dans le cimetière de l'église de St-Cyr de Laon. (D'après H. Melleville.)

Fig. 20. Vase urne ; pâte blanchâtre, assez fine. (Tr. vol. I, p. 435 et 437.) Provenant du cimetière de Terre-Nègre près Bordeaux. (M. S.)

Fig. 21. Amphore pyriforme. — Haut. 58 cent.
Poterie commune ; pâte rougeâtre ; texture lâche. Provenant du Luxembourg. (Grivaud, antiq. germ. et rom., Pl. IX, fig. 1.)

Pl. XXX. **Poterie romaine rouge lustrée de la 1ʳᵉ section, et ustensiles de potiers.**

Fig. 1. Fragment de moule en terre cuite, rouge-rosâtre de Lezoux (Auvergne). (M. S.) (Tr. vol. I, p. 424.)

Fig. 2. A, élévation, B, plan d'un cachet à figure de sanglier en terre-cuite rougeâtre pour fabriquer les moules de poteries romaines à relief. De Rheinzabern. (M. S.) (Tr. vol. I, p. 424.)

Fig. 3. A, profil, B, plan d'une molette à reliefs godronnés.
Pâte rougeâtre ; de Lezoux (Auvergne). (M. S.) (Tr. vol. I, p. 424.)

Fig. 4. A, *profil* , B , *plan d'un cachet à oves.*
Pâte rougeâtre , de Lezoux (Auvergne). (M. S.) (Tr. vol. 1 ,
p. 424.)

Fig. 5. Coupe hémisphérique à reliefs. — D. 16 cent.
Pâte rouge lustrée , façonnage peu soigné , de Rheinzabern.
(Tr. vol. I, p. 423.)

Fig. 6. Coupe hémisphérique unie. — D. 12 cent.
Pâte rouge lustrée paraissant un peu altérée par excès de cuisson ; de Rheinzabern. (Tr. vol. I, p. 434.)

Fig. 7. A, B, C, Morceaux de terre cuite façonnés en palets plissés
pour supports? ou peut-être encore pour servir de ma-
nipule. Du four à poteries d'Heiligenberg ; donné par
M. SCHWEIGHOEUSER. (Tr. vol. 1, p. 429.)

Fig. 8. Fragment de moule, en terre cuite rouge rosâtre , d'Arezzo.
(M. S.) (Tr. vol. I, p. 424.)

Fig. 9. A, élévation , B, plan d'un cachet de potier.
Terre cuite rougeâtre, de Lezoux (Auvergne). (M.S.) (Tr. vol. I,
p. 424.)

Fig. 10. Fragment d'une grande jatte hémisphérique à reliefs.
Pâte rouge lustrée, de Rheinzabern. (M.S.) (Tr. vol. I, p. 423
et 431.)

Fig. 11. Vase biforme semi-ove. — Haut. 15 cent.
Collet élevé , évasé, double bourrelet circulaire très-saillant ,
pâte rouge, du Luxembourg (Paris).
(GAIVAUD, Antiq. germ. et rom. Pl. VI, fig. 1).

Fig. 12. Coupe conique unie.
Pâte rouge lustrée , de Rheinzabern. (M. S.)

Fig. 13. Fragment d'une coupe hémisphérique à reliefs.
Pâte rouge lustrée , du Châtelet (en Champagne). (M. S.)
(Tr. vol. I, p. 423.)

Fig. 14. A plan , B profil de support de coupe, à centre mammelonné,
sur lequel on remarque l'empreinte d'une marque de potier ;
terre cuite rougeâtre , d'Heiligenberg. (M. S.)

Fig. 15. Fragment du bord d'une coupe hémisphérique à reliefs.
Pâte rouge lustrée de la plus belle qualité , provenant d'Or-
léans. (M.S.) (Tr. vol. p. 423.)

Fig. 16. Coupe conique unie. — Haut. 10 cent.
Pâte rouge lustrée, sous le pied ATEI, marque du potier.
Du Luxembourg (Paris). (GAIVAUD, Antiq. germ. et rom. Pl. VI,
fig. 7.)

Fig. 17. Portion d'une coupe hémisphérique à reliefs.
Pâte rouge lustrée. — : Rheinzabern. (M. S.) (Tr. vol. I, p. 423.)

Fig. 18. Morceau de terre cuite orbiculiforme , que l'on suppose avoir
servi à boucher les tuyaux de chaleur des fours à poterie. De
Heiligenberg. (M. S.)

Fig. 19. Fragment de tuyau cylindrique provenant du four à poteries
d'Heiligenberg.
Pâte grossière, brun violâtre, presque cuite en grès. (M. S.)
(Tr. vol. I, p. 428.)

Fig. 20. Coupe basse et hémisphérique à anses. — D. 12 cent.
Pâte rouge lustrée. Du Luxembourg. (GAIVAUD, Antiq. germ. et
rom. Pl. VI, fig. 2.)

Pl. XXXI. **Poteries grecques—campaniennes.**

Fig. 1. Vase ellipsoïde. — Haut. 17 cent.
Pâte rouge, avec dessins réservés dans un fond noir. (M. R.)

Fig. 2. Vase biforme, culot semi-ove, corps campanulé.—Haut. 30 c.
Noir lustré, ornements rouges en relief. (Cabinet POURTALÈS.)

Fig. 3. Vase pyriforme bitronqué. — Haut. 14 cent.
Pâte rouge , vernis noir très-brillant partout, en dehors et en
dedans ; dur, mais assez faiblement ; très-bien tourné ; les oves
irrégulières, faites à la main , ainsi que les anses dont la forme
n'est pas bien déterminée. (M.R.) (Tr. vol. I, p. 561.)

Fig. 4. Vase cratère diota. — Haut. 15 cent.
Pâte rougeâtre , rechampie de noir même à l'intérieur , avec
figures rouges réservées et rehaussées de blanc mat ; très-bien
tourné. Les anses sont à méplats un peu ondulés. (M.R.)
(Tr. vol. I, p. 567.)

Fig. 5. Vase semi-ove. — Haut. 11 cent.
Pâte rouge , vernis noir avec figures réservées. (M. R.)

Fig. 6. Vase à infusions, sphéroïdal , comprimé. — Diam. 0m,095.
A , vue horizontale , B , vue de profil. (M. R.) (Tr. vol. I,
p. 559.)

Fig. 7. Vase bursiforme à deux anses. — Haut. 31 cent.
Les oves du bord du collet sont en relief ; B en représente le
détail ; C détail du nœud que forme l'anse.
Pâte rougeâtre , vernis noir, rehauts blancs luisants. (M. R.)

Fig. 8. Vase campanulé. — Haut. 37 cent.
Pâte rouge jaunâtre. La face de derrière est altérée, une partie du fond a disparu, et les coups de pinceau qui avaient mis
ce fond, et qui vont dans des sens très-différents , sont rendus
très-visibles : ils sont horizontaux en général. Les traits noirs
des figures se sont changés en rouge. (M. R.)

Fig. 9. Vase oviforme à cullet à gorge. — Haut. 37 cent.
Pâte jaunâtre, dureté ordinaire, très-bien tourné, vernis noir brillant se détachant sur le fond jaunâtre de la pâte ; traits grattés pour limiter les figures ; rehauts rouges ferrugineux et mats. (M. R.)

Fig. 10. Vase annuliforme. — D. 12 cent.
Côté intérieur uni ; côté extérieur cannelé. A, vue de profil ; B, vue horizontale. (M. R.) (Tr. vol. I, p. 557, où se trouvent décrites et figurées sa structure et la manière dont il a dû être fait.)

Pl. XXXII. Poteries grecques—campaniennes.

Fig. 1. Vase oviforme tronqué, collet cylindroïde. — Haut. 46 cent.
Pâte rougeâtre, beau vernis noir, figures réservées, rechampies ; dureté commune à ces vases. (M. R.)

Fig. 2. Vase ellipsoïde biforme. — Haut. 45 cent.
Vernis noir à travers lequel on voit par places le ton rougeâtre de la pâte, un peu altéré ; réserves également altérées. Destiné à des libations sur les autels. (M. R.) (D'HANCARVILLE, t. I, Pl. 122.)

Fig. 3. Vase oviforme dilaté. — Haut. 36 cent.
Pâte d'un jaune rougeâtre, surtout où elle a été vernie. Vernis noir très-beau extérieurement, luisant et se prolongeant avec le même éclat dans tout l'intérieur du collet, puis se prolongeant, mais mat dans l'intérieur du vase. (M. R.)
B. Vue de l'anse prise de face.

Fig. 4. Vase semi-ove. — Haut. 17 cent.
Pâte rouge, figure noire ; très-léger. (M. R.) (Tr. vol. I, p. 562.)

Fig. 5. Vase infundibuliforme campanulé. — Haut. 17 cent.
Pâte rougeâtre, dureté ordinaire. Vernis noir et figures rechampies. (M. R.)

Fig. 6. Vase pyriforme tronqué. — Haut. 34 cent.
Pâte rougeâtre, vernis noir; pâte très-peu cuite. Aussi le vernis jaune n'existe plus ; les parties jaunes sont comme corrodées, et les parties noires sont restées en saillie dans ces endroits. (M. R.)

Pl. XXXIII. Poteries grecques—campaniennes.

Fig. 1. Coupe dite Cothon. — D. 14 cent.
A, plan, B, vue de profil, C, coupe passant par l'axe.
Pâte rougeâtre, couverte d'un beau vernis noir, bord rentrant. (M. S.) (Tr. vol. I, p. 549, 559 et 570, sa fabrication et son usage.)

Fig. 2. Coupe dite d'Arcésilas. — Haut. 25 cent. D. 28 cent.
A plan, B élévation. (Tr. vol. I, p. 563, 565, 570 et 582 détails sur sa fabrication et son histoire.) (B. B.)

Fig. 3. Vase à infusion. — D. 17 cent.
A, plan, B, profil ; à pâte rouge très-fine, et vernis noir très-beau. (M. R.) (Tr. vol. I, p. 555.)

Fig. 4. Coupe hémisphérique à deux anses horizontales. — D. 11 cent.
Pâte rouge à dessins rouges sur un fond noir un peu terne, noir en dedans, tourné mince. (M. R.)

Fig. 5. Coupe à bord droit, couverte. — D. 13 cent.
Tournée assez épaisse, bien ajustée, à rebord rentrant à l'intérieur. L'appendice de l'anse semble la continuation du bandeau rouge qui décore le bord supérieur; figures et ornements réservés en rouge sur un fond noir. (M. R.)

Fig. 6. Vase à infusion (*Prosopoutta*. PANOFKA). — D. 10 cent.
Pâte rouge, vernis noir brillant, bronzé; son couvercle, de 6 cent., est retenu par un assemblage dit à baïonnette. (M. S.) (Tr. vol. I, p. 556, 559 et 561.)

Pl. XXXIV. Fours à faïence ; encastages divers. — Machines à faire des croûtes.

Fig. 1. A, B. Coupe et plan d'un four de faïence commune, à Paris, en 1829. (Tr. vol. II, p. 29 et 32.)
B. Plan au niveau de la ligne C D.
a. Alandier unique et latéral.
b. Bouche de l'alandier.
f. Foyer de l'alandier.
f'. Voûte sous le four, formant arrière-foyer.
c. Cendrier.
n. Place où se met l'émail pour être fritté et fondu.
tt. Carneaux qui conduisent la flamme du foyer au premier laboratoire.
l et l'. Laboratoire divisé en deux par le mode d'enfournement. La partie inférieure l reçoit les pièces en émail, la partie supérieure l' reçoit les pièces crues pour être cuites en biscuit ; p, porte de la partie l du laboratoire, et p' porte de la partie l'.
t't'. Carneaux par où sort la flamme du laboratoire pour entrer dans le corps de cheminée h.
u. Toit à claire-voie, donnant issue aux produits de la combustion.
p''. Porte de la chambre de cheminée h.
y. Encastage et enfournement en échappades.

æ.,. Encastage et enfournement en casettes nommé arcades, sur le devant et sur le derrière du four.

Fig. 2. Encastage en échappades de faïences communes. (Tr. vol. I, p. 200.)

     A. Vu en profil ; B, vu en plan.

     aa. Plaques carrées de terre cuite, échancrées sur les angles, dites **tuiles.**

     b, b, b. Petits cylindres en terre cuite, dits **piliers** ou **pillets**, destinés à soutenir les tuiles ; on en met cinq pour deux tuiles.

     ccc. Coins en terre cuite qui s'appuient sur les murs du four et qui serrent les planchers de tuiles ; *dd*, espaces à peu près circulaires, qui résultent de l'échancrure des tuiles sur les angles, et qui servent au passage de la flamme sortant des carneaux *tt*, de la fig, 1 A.

     e, f, g. Pièces encastées dans les échappades.

Fig. 3. A et B. Coupe et plan de l'encastage des assiettes en faïence fine. (Tr. vol. I, p. 200, et vol. II, p. 125.)

     a, a, a. Cazettes.

     b, b', b''. Les trois pernettes qui soutiennent sur leurs arêtes les assiettes *d*, posées renversées.

     ccc. Trous pour recevoir les pernettes.

Fig. 4. Coupe de l'encastage de diverses pièces de petits creux en faïence fine. Les pièces *a, b, c, d, e, f,* sont placées l'une sur l'autre et même l'une dans l'autre, en portant sur les points les moins nombreux et les plus petits possible, au moyen des **colifichets** *o*.

     p. Coupe de la cazette.

Fig. 5. Encastage de petites assiettes de faïence fine sur des **pattes- de-coq** ; *p*, coupe de la cazette ; *t*, pattes-de-coq ; *d*, assiettes.

Fig. 6. Colifichets qui servent dans l'encastage de pièces diverses.

Fig. 7. *a.* Pernette à côte de céleri pour la faïence fine, en profil *a*, en coupe *a'*.

     b. Pernette triangulaire, en profil *b*, en coupe *b'*.

     c. Patte-de-coq, en plan *c*, en profil *c'*.

Fig. 8. A , B , C. Four à faïence de M. Tourasse. (Tr. vol. II , p. 34.)

     A. Coupe longitudinale ; B, coupe transversale ; C, plan d'une moitié de four au niveau du sol *ff*; D, plan de l'autre moitié au niveau du sol du laboratoire L'.

     f. Deux foyers longitudinaux séparés par le mur de refend R ; *g*, grille pour la houille d'un foyer ; *b*, bouche d'un foyer ; *e*, cendrier.

T. Cave en devant du foyer *f* et du cendrier *e*.

h. Plancher en bois sur lequel arrive le cuiseur par l'escalier *s* , pour être à portée de charger le foyer *f* par la bouche *b*.

L'. Premier et principal laboratoire destiné principalement à cuire des formes à sucre ; *o, o, o*, carneaux pour le passage du feu du foyer dans ce laboratoire ; P, P² et P³, portes d'enfournement de ce laboratoire. La porte P est en arcade, dont la coupe V et le profil V' représentent le sommet ; *o* et *o'* sont les carneaux percés dans les voûtes ; O est une grande cheminée centrale, et *o'' o''* sont deux petites cheminées latérales.

L''. Deuxième laboratoire dont le sol est de niveau avec un plancher, et qui, au moyen d'un foyer placé en P³, peut être chauffé particulièrement.

Fig 9. Machine de M. Boch-Buschmann, pour diviser la pâte de faïence fine en un grand nombre de **croûtes.** (Tr. vol. II, p. 120.)

     A. Vue latérale extérieure.

     B. Coupe par un plan passant par l'axe.

     C. Vue en plan.

     b. Disque en bois supporté par un axe *a* pivotant en *c*.

     d. Manivelle qui met l'arbre *a* en mouvement.

     l. Tambour portant des gorges de poulies, solidement fixé à l'arbre *a*.

     l'. Autre tambour portant des gorges de poulies, mais de rayons différents, correspondantes à celles du tambour *l* et solidement fixée sur l'arbre *o n* et tournant en *o* et en *n* dans des crapaudines ; *p q*, partie vissée de l'arbre élevant le châssis *m* pendant la rotation de l'arbre *a* et du cylindre *b*.

     r. Courroies qui transmettent le mouvement de l'arbre *a* à l'arbre *f*, et qu'on fait varier dans le rapport que l'on désire à l'aide des différents rayons des poulies du tambour *l'*.

     g. Planches qui soutiennent les courroies *r*, fixées dans des trous *h* réservés dans les joues latérales *i* de l'établi général K.

     m. Châssis mobile sur les arbres *f* et *a* au moyen des cylindres creux et alésés *n n n*, et de l'écrou *e* qui le fait monter quand l'arbre *a* est en mouvement ; *e* ressort qui tend un fil de laiton horizontal fixé en *v* et maintenu par un petit crochet *j*.

     D. Détails du ressort et du fil de laiton qui coupe les croûtes.

Pl. XXXV. **Faïence émaillée. — Palissy et son école. — Coupe de l'école italienne?**

Fig. 1. Plat à reliefs colorés. — D. 43 cent.
De l'école de Bernard Palissy. Les huit grands cartels du bord, les petits cartels du fond, sont alternativement en fond brun et rougeâtre avec les reliefs gris et verts ; le dessous du plat est en fond brun uni, et non en fond écaillé de brun et de vert, comme le sont tous les ouvrages authentiques de Bernard Palissy. (M. R.)

Fig. 2. Plat ovale à reliefs de Bernard Palissy, connu sous le nom de plat de la Belle Jardinière. Bordure, en ornements à relief peu saillant, jaune et vert ; dessous écaillé de vert et jaune rougeâtre. (Cabinet SAUVAGEOT.)

Fig. 3. A, B. Belle coupe en faïence émaillée, d'origine inconnue, on peut la rapporter à l'école italienne. — D. 30 cent. H. 16 cent.
Les couleurs sont variées de vert, de jaune pâle, de rouge briqueté. Les ornements, animaux, biches roussâtres, et les têtes semblent indiquer l'époque de François Ier. (Du cabinet POURTALÈS.)
A. Vue de l'intérieur de la coupe ; B, son profil.
C, D, E, F. Développement des ornements du dessous et du pied.

Pl. XXXVI. **Faïences émaillées diverses.**

Fig. 1. Aiguière caliciforme couverte. — Haut. 26 cent.
Fond brun , ornements colorés jaunes et verts , figures en saillie ; de Bernard Palissy. (Cabinet SAUVAGEOT.)

Fig. 2. Socle à base carrée. — Haut. 18 cent.
Servant de salière ; fond bleu , ornements en relief ; de Bernard Palissy.
A. Vue d'une face ; B, vue du dessus. (Cabinet POURTALÈS.)

Fig. 3. Vase ovoïde à deux anses. — Haut. environ 50 cent.
Fond bleu ; ornements , fruits et figures en relief colorés en jaune. (Tr. vol. II , p. 68.) Cette pièce défectueuse, qu'on peut attribuer à Bernard Palissy, a eu trop de feu ; les reliefs se sont déplacés. (M. R.) (Provenant de la collection REVOIL de Lyon.

Fig. 4. Plat corbeille. — D. 28 cent.
Fond vert , ornements bleus , verts et blancs , enlacements blancs. (M. R.) A, vue horizontale ; B, vue de profil.

Fig. 5. Rétable par Louis della Robbia. — Haut.
Cette belle pièce se compose de quatre parties et des deux pilastres ; le fond est d'un beau bleu céleste , les figures blanches ; les fruits, le calice, etc. jaune d'or ; les guirlandes vertes ; l'épaisseur de la faïence n'est que de 4 cent. ; de Saint-Miniato , près Florence. (Cabinet SAUVAGEOT.)

Fig. 6. Aiguière en faïence blanche. — Haut. 18 cent.
Faïence de Nevers , ornements bleus sur fond blanc. (Cabinet SAUVAGEOT.)

Fig. 7. Vase sphéroïdal déprimé, collet à gorge. — Haut. 21 cent.
Faïence de Bernard Palissy , fond bleu , collet marbré de rouge pourpré. (Cabinet SAUVAGEOT.)

Fig. 8. Vase biforme. — Haut. 21 cent.
Faïence allemande , ornements en relief, feuilles vertes ; les lézards qui forment les anses sont également verts ; le corps de la pièce, décoré de zones bleu clair, porte quatre médaillons avec figures. Pièce à jeu hydraulique. (Cabinet SAUVAGEOT.)

Pl. XXXVII. **Faïence fine dite de Henri II. — Faïences émaillées diverses.**

Fig. 1. Coupe segmentaire avec couvercle. — Haut. 21 cent.
Faïence dite de Henri II. Coupe avec son couvercle au chiffre de Diane de Poitiers ; le fond est blanc , les ornements jaune nankin. (Tr. vol. II , p. 176.) (Appartenant à M. HUTEAU D'ORIGNY.)

Fig. 2. Vase biforme, nommé *bidéron*. — Haut. 18 cent.
Faïence dite de Henri II , au chiffre de Diane de Poitiers. Le fond du corps supérieur est blanc , les ornements sont jaunes ; le fond du culot est noir, les ornements sont blancs. (Tr. vol. II , p. 176.) (Cabinet POURTALÈS.)

Fig. 3. Vase lagène , corps sphérique, long col conique.— H. 24 cent. (Tr. vol. II , p. 51.) Faïence de Perse à fond bleu foncé , avec des fleurs et des oiseaux. (Cabinet SAUVAGEOT.)

Fig. 4. Fragment de rosace en terre, faïence émaillée de Girolamo della Robbia ; milieu jaune, fond circulaire bleu , entourage blanc, coins verts ; provenant du château de Madrid , commune de Boulogne, près Paris, vers 1530. (Tr. vol. II , p. 100 et 101.)

Fig. 5. Couvercle d'une coupe de faïence dite de Henri II , pour faire voir le procédé de fabrication des ornements incrustés de cette faïence. Elle repose sur des ornements et des bandes de couleur et des figures en relief. Le fragment A montre une fissure F et les traits en losanges destinés à donner de l'adhérence aux pâtes qui sont ajoutées sur la masse intérieure de la pièce.

Le second fragment B montre comment les ornements de diverses couleurs ont été incrustés dans la croûte extérieure. (Voir les détails dans le Traité, vol. II, p. 176.) (M. S.)

Fig. 6. Socle hexagone servant de salière. — Haut. 9 cent.
En faïence dite de Henri II , au chiffre de Diane de Poitiers. (Tr. vol. II , p. 177.) Pilastres des angles bleus , bord des six pans d'une couleur approchant du *pink colour* des Anglais. (Cabinet SAUVAGEOT.) A, vue sur deux pans ; B , vue de la partie supérieure.

Fig. 7. Vase aiguière bleu-outremer. — Haut. 25 cent.
Faïence de Perse. (Tr. vol. II , p. 51.) (Cabinet SAUVAGEOT.)

Fig. 8. Bouteille de chasse. — Gr. D. 26 cent.
Aux armes de Montmorency ; verte , ovale ; on l'attribue à B. Palissy qui avait été chargé par le duc de Montmorency de décorer le château d'Écouen. (Cabinet SAUVAGEOT.)

Fig. 9. Pot à l'eau à surprise hydraulique. — Haut. 22 cent.
Beau bleu foncé ; faïence allemande? (Cabinet SAUVAGEOT.)

Fig. 10. Pot à l'eau à quatre anses.
Faïence allemande? fond vert. (Cabinet SAUVAGEOT.)

Fig. 11. Cafetière oviforme , verte à ornements en relief très-bien faits et mis par application. Les zones semblent avoir été appliquées sous forme de bandelettes, car elles ne se suivent pas au même niveau et ne se raccordent pas bien. Attribuée à la fabrication allemande. (Cabinet SAUVAGEOT.)

Pl. XXXVIII. Fours à cuire les grès-cérames. Alandiers d'un four à faïence fine.

Fig. 1. Détails de l'alandier à la houille du four à biscuit de faïence fine de Vandrevange en 1835. Cet alandier ou foyer a une forme particulière , que je n'ai pas décrite en parlant de cette manufacture (Tr. vol. II, p. 156) et que M. Jauney, qui en est l'auteur, regarde comme très-favorable à la conduite du feu et à l'économie du combustible.
A. Coupe transversale par la ligne *v x*.
B. Coupe longitudinale par la ligne *y x*.
C. Plan au niveau de la grille.
mm. Murs du four ; *b*, bouche antérieure par laquelle on tise la houille ; *b'*, bouche supérieure par laquelle on peut charger de houille le grille *g*.
b''. Petite bouche pour régler le feu ; *c*, cendrier , et *d*, bouche inférieure fournissant l'air en dessous au foyer *f* ; H , cheminée particulière à chaque alandier ; *o o*, ouvertures pour

juger et régler le feu. L'échelle faite sur les cotes données par M. Jauney fera connaître exactement la dimension de ce foyer.

Fig. 2. Four à cuire les grès cérames de Voisinlieu , près Beauvais. (Voir sa description, Tr. vol. II , p. 201 et 202.)
A. Coupe longitudinale passant par l'axe.
B. Coupe verticale du four, faisant voir deux modes différents d'enfournement en A et en B.
C. Vue extérieure du four prise devant le foyer.
D. Vue de la porte P du laboratoire *ll*.
TTT. Terrain sur lequel le four repose.
t t. Terrasse faisant le tour du laboratoire *l l* , pour circuler à l'entour du four et déposer les baquets au sel pendant le salage.

Fig. 3. Four à cuire les grès de Saveignies.
(Voir sa description et son usage Tr. vol. II , p. 198 et 199.)
A. Coupe longitudinale passant par l'axe.
l. Premier laboratoire où se cuit le grès-cérame.
l'. Second laboratoire où se cuit la poterie commune.
s. Sol du four, suivant à peu près l'inclinaison de l'axe de tirage et celle de la voûte.
B. Vue de face de la fenêtre *f*.
C. Vue de face du foyer F et de ses deux ouvertures *b* et *b'*.

Pl. XXXIX. Grès-cérames divers.

Fig. 1. Fontaine ellipsoïde à col et anse. — Haut. 70 cent.
Allemande , azurée, à reliefs, pâte grisâtre. (Cabinet SAUVAGEOT.) (Tr. vol. II, p. 224).

Fig. 2. Aiguière biannulaire. — Haut. 40 cent.
A. Vue perspective ; B , plan.
Flamande , azurée , formée de deux couronnes à jour se croisant et ornée de reliefs. (Cabinet Sauvageot.) (Tr. vol. II, p. 224.)

Fig. 3. Canette conique basse. — Haut. 12 cent.
Allemande. Pâte brun rougeâtre à glaçure brun noirâtre , les reliefs peints en émaux polychromes et dorés. (M. S.) (Tr. vol. II , p. 225.)

Fig. 4. Pot à l'eau bursiforme. — Haut. 21 cent.
A reliefs, pâte grisâtre rehaussée d'émaux polychromes. (M. S.)

Fig. 5. Plateau ovale festonné. — Long. 12 cent.
A reliefs , pâte fine , jaunâtre , à glaçure salifère , moulé dans un moule de cuivre à Burslem , en Staffordshire , vers 1710. (Tr. vol. II , p. 231.)

Fig. 6. A. Aiguière ellipsoïde à col et anse. — Haut. 54 cent.
Allemande, armoriée, pâte brunâtre portant le monogramme BN et la date de 1577.
B, C, D, représentation des médaillons qui sont sur le côté
qu'on ne voit pas. (M. R. Coll. Révoil.)

Fig 7. Aiguière ellipsoïde à anse, col conique. — Haut. 35 cent.
Allemande, azurée, ornée de reliefs; sur la face antérieure
une rosace à jour, pâte grisâtre. (M. S.) (Tr. vol. II, p. 224.)

Fig. 8. Canette cylindro-conique. — Haut. 33 cent.
Allemande à reliefs, sujets de la passion du Christ, pâte gri-
sâtre. Elle porte le monogramme I. W, et la date de 1577.
(M. R. Coll. Révoil.)

Fig. 9. Vase conique à larges côtes à deux anses. —Haut. 30 cent.
Côtes évidées; orné de reliefs et azuré, pâte fine grisâtre, fabrication flamande. (Cab. Sauvageot) (Tr. vol. II, p. 224.)

Fig. 10. Vase lagène, col étroit. — Haut. 16 cent.
A reliefs, pâte fine brun violâtre; poli au tour de lapidaire.
Fabrication de Böttger. (M. S.)

Fig. 11. Pot à l'eau cylindroïde. — Haut. 22 cent.
A reliefs. Des figures soutenant des armoiries; pâte grisâtre
à glaçure salifère, brun-roussâtre. (M. S)

Pl. XL. **Fours à porcelaine dure allemande de 1806 et
de 1842.—Machine à roder les couvercles des pots
en grès-cérames.**

Fig. 1. A et B. Four de Vienne de 1842. (Tr. vol. II, p. 385) (Il est fait
d'après un dessin accompagné de son explication, qui m'a été envoyé
en 1840 par M. Baumgartner, le directeur de cette manufacture impériale.)
A. Coupe verticale par un plan passant par la ligne XX.
B. Coupe horizontale par un plan passant par la ligne YY.
a. Alandiers au nombre de cinq.
b. Bouche supérieure; *n*, niveau des portées qui reçoivent le
bois; *o*, canal du foyer où passe la flamme pour entrer dans
le laboratoire *l*, par l'ouverture *d*.
a. Ouverture qui donne de l'air au foyer; *r*, cendrier; *u*, ouverture par laquelle, au commencement du feu, la bouche
supérieure *b* de l'alandier étant fermée, un ouvrier, qui se
tient en *s*, jette du bois; la plaque *t*, qui tient cette cave *s*
fermée étant ouverte. Au bout de six heures on ferme *t* et *u*
et on ouvre *b* qu'on charge de bois pour terminer la cuisson.
l, l' l² l³. Laboratoires du four ; *p*, porte du laboratoire *l*; les

portes *p' p² p³* des trois autres chambres du four ne sont pas
visibles étant sur la partie du four qu'on suppose enlevée.
g g. Petites cheminées qui livrent passage à la flamme du laboratoire *l* dans le laboratoire *l'*.
f. Tuyau qui occupe l'axe du four entre les deux chambres *l*
et *l'*; *h*, cheminée de communication entre *l'* et *l³*; *i*, cheminée de communication entre *l²* et *l³*; *c'*, cheminée par
laquelle s'échappent les produits de la combustion.
c c. Visières et ouvreaux pour retirer les montres : les chambres *l l' l³* ont chacune leur destination, dans *l* on cuit
la porcelaine; dans *l'* on la dégourdit, dans *l²* on cuit les
cazettes, et *l³* est un simple réservoir d'air qui n'a d'autre
objet que de diminuer l'influence partielle des variations de
l'atmosphère et celle des courants d'air sur la marche du
feu.

Fig. 2. Machine de M. Singer, pour roder les bocaux de grès et leurs
couvercles. (Tr. vol. II, p. 231.) (D'après une communication de
M. Prœssel de Berlin.)
A. Vue latérale de la machine.
B. Plan du plateau portant les bocaux.
b, b. Charpente de bois qui supporte l'axe des pignons *p' p'*,
et celui de l'axe *a* qui porte la roue dentée A et qui en-
grène avec les pignons ; le mouvement est communiqué à
cet axe par une courroie qui le prend directement sur le
moteur.
c c c. Trois chaînes fixées en *c'' c' c'* sur la charpente *bb* soutiennent par les points *c'' c'' c''*, un plateau P qui reçoit un
mouvement de va-et-vient par le système de poulies et du
levier coudé S.
e. Étuis solidement fixés au plateau P, destinés à recevoir
les pots de grès *g* à roder.
v,v,v. Vis de pression qui maintiennent solidement les pots
g dans les étuis *e*.
x x. Axes des pignons *p' p'* qui entraînent dans un mouvement circulaire les tiges *d* et les cylindres *t* au moyen de
la disposition figurée en C et C'.
s. Couvercle du pot qui est mû d'un mouvement de rotation
à l'aide de son assemblage avec le cylindre *t*. Cette disposition est représentée en D.

Fig. 3. Ancien four de la manufacture impériale de Vienne de 1812.
(Tr. vol. II, p. 384.) Il est copié d'après un dessin qui m'a été envoyé de Vienne, par M. Niedermayn, en 1806, et diffère très-peu de
celui que j'ai vu fonctionner à Meisson en 1812.

8

f. Foyer; i.i.i, foyers ou alandiers divisés en trois parties ; ddd, subdivision de la flamme par six ouvertures ; l, laboratoire, cazettes vides à l'entrée du laboratoire où il y avait trop de feu, et à sa sortie, où il n'y en avait pas assez.

e'. Cazettes pleines de porcelaine.

c. Cheminée.

p. Porte d'enfournement ; v, visière pour les montres et le jugement du feu.

Pl. XLI. Four à porcelaine dure de Lille , à la houille. — Four de Sèvres, au bois.

Fig. 1. Four de Lille , en 1785, pour cuire la porcelaine dure à la houille. (Tr. vol. I , p. 101, et vol. II , p. 336.)

A. Coupe verticale et vue extérieure du four.

L. Laboratoire pour la cuisson de la couverte.

L'. Laboratoire pour le dégourdi.

m. Grille de fer sur laquelle on pose la porcelaine à dégourdir : les barreaux sont convergents vers le centre et sont supportés d'une extrémité sur la muraille G, de l'autre sur des montants de fer i.

G. Murs extérieurs du four.

T. Cheminée.

nn. Carneaux qui traversent la voûte du laboratoire L ; s, cheminée au centre du four qui traverse la voûte du laboratoire L.

S. Sol du four, placé sur une voûte I, pour éviter l'humidité.

g. Grille pour recevoir la houille; c, cendrier; b, bouche et porte des alandiers.

k k. Mentonnets de fer qui soutiennent les cercles a a.

P, P'. Portes des laboratoires L et L'.

r. Registre servant, à l'aide du quart de cercle q tournant autour du point o , d'une corde s'enroulant sur une poulie p , et d'un cric placé en d, à fermer et ouvrir à volonté l'ouverture de la cheminée.

B. Coupe horizontale du four par un plan perpendiculaire à l'axe passant au-dessus des grilles

Fig. 2. Four à cuire la porcelaine à Sèvres (1832), marchant au bois. (Tr. vol. I , p. 101. et vol. II. p.296.)

A. Coupe verticale passant par l'axe et vue extérieure du four.

BD. Coupes horizontales par des plans passant l'un B, au-dessus du sol du dégourdi, l'autre D par le milieu des alandiers.

L' et L². Laboratoire pour cuire la porcelaine et le dégourdi, P' et P². Portes de ces laboratoires.

s. Sol du laboratoire L' baissé au-dessous de la sortie des feux p, des alandiers a.

E. Détails de ces alandiers.

G. Chambre supérieure au dégourdi, qu'on nomme globe ou enfer.

C. Cheminée.

t t. Carneaux livrant passage à la flamme du laboratoire L' dans le laboratoire L².

t' t'. Carneaux livrant passage à la flamme du laboratoire L² dans le globe G.

o. Visières par lesquelles on voit la couleur du feu et par où on retire les montres.

a a. Alandiers.

b'. Bouche supérieure des alandiers.

b. Bouche inférieure des alandiers.

o. Tampon de terre cuite qui bouche l'ouverture de l'alandier qu'on appelle l'œil, et qui sert à régler le feu.

f. Foyer; c, cendrier où s'accumule la braise.

pp. Passage qui conduit la flamme dans le laboratoire L'.

g g. Piliers en briques réfractaires qui séparent la flamme.

Fig. 3. V et V'. Visière en terre cuite. (Tr. vol. II, p. 325.) Vue de face , de profil , et en coupe longitudinale.

x. Petite plaque de fer mobile dans une rainure h, qu'on lève à volonté par une petite patte recourbée, pour juger la couleur du feu.

y y. Partie carrée ou cylindrique par laquelle la visière se trouve engagée dans l'épaisseur des murs du four.

x. Oculaire de la visière fermée par une plaque de verre.

Pl. XLII. Fabrication de la porcelaine en Chine. Les Pâtes.

Fig. 1. Extraction du felspath. (Tr. vol. II , p. 426.) Manière dont les ouvriers A et B tiennent la masse et la pointrolle et dont ils frappent sur cette dernière pour détacher la roche en espèces de marches d'escalier.

Fig. 2. Pilage du felspath au moyen du bocard. (Tr. vol. II, p. 426.) B. Ouvriers qui paraissent occupés à éplucher et trier les morceaux à piler.

Fig. 3. A. Bassin de décantation. (Tr. vol. II, p. 427.)

B. Ouvrier qui enlève la partie fine tenue en suspension dans l'eau pour la porter dans un autre bassin C où se fait la précipitation.

Fig. 4. Pétrissage de la pâte. (Tr. vol. II, p. 430.)

La pâte en barbotine, épaisse, malaxée et pétrie par un buffle.

M. Chavagnon, commissaire de la marine, qui a pénétré dans quelques parties de la Chine, m'a confirmé, tout récemment, l'exactitude de cette figure.

Pl. XLIII. Fabrication de la porcelaine en Chine.]
Le façonnage.

Fig. 1. Tournassage des pièces. (Tr. vol. II, p. 430.)

A. Tête du tour.

C. Roue dentée mue par le pied, l'ouvrier B qui la met en mouvement se tient en équilibre par une corde suspendue au plafond.

Fig. 2. Ébauchage des pièces. (Tr. vol. I, p. 121, et vol. II, p. 430.)

A. Tête du tour.

C. Roue dentée que l'ouvrier B fait mouvoir à la main.

Fig. 3. Tournassage des pièces. (Tr. vol. II, p. 430.)

A. Tête du tour.

C. Roue unie mise en mouvement par la corde plate D retenue sur la circonférence de la roue par des taquets (CHAVAGNON) et que l'ouvrier B tire et lâche alternativement de chaque main. Un troisième ouvrier emporte les pièces pour les mettre au four.

Fig. 4. Façonnage à la main des étuis et cazettes. (Tr. vol. II, p. 432.)

AA. Ouvriers qui façonnent les étuis et cazettes.

B. Ouvrier qui malaxe la pâte avec une espèce de batte.

C. Ouvrier qui porte les ballons dont on fait les colombins.

Pl. XLIV. Fabrication de la porcelaine en Chine.
Les cuissons.

Fig. 1. Fours chinois à cuire la porcelaine. (Tirés des livres chinois. Tr. vol. II, p. 433.)

A. Four dans lequel on porte, dans des étuis, la porcelaine à cuire ; B, four vide ; C, four fermé prêt à être allumé ; D, foyer à plusieurs bouches (Comme le montrent les fours en plan fig. 10 B de la Pl. XVII [1] ; a, b, c, ouvreaux par où sortent les produits de la combustion ; à l'extrémité est l'escalier pour aller au niveau des ouvreaux. A gauche, sous le hangar, est l'ouvrier encasteur.

[1] La flamme montant, et le sol du four montant aussi, M. Chavagnon assure que la porcelaine est aussi bien cuite dans le tour de l'extrémité A, que dans celui de l'entrée C.

Fig. 2. B. Paraît être un fourneau pour cuire la peinture à feu nu. L'ouvrier A semble mettre du charbon entre les pièces. Cette figure n'est pas encore comprise.

Fig. 3. B· Petit four conique dont l'ouvrier A semble diriger le feu ; D, ouvreaux ou cheminées ; les étuis à pièces C qui l'accompagnent indiquent qu'il y a encastage.

Fig. 4. Fourneau de moufle pour cuire la peinture sur les pièces de porcelaine. Il a la plus grande ressemblance, sauf la forme ovoïde, avec les moufles des émailleurs qui, comme on le sait, cuisent à feu ouvert et presqu'à nu, les émaux sur couleur, et avec les moufles de M. Schwerdtner, à Ratisbonne, où se cuit à feu ouvert la peinture des tasses de porcelaine. (Tr. vol. II, p. 414, où cette moufle est figurée n° 98.)

A. Est l'ouvrier cuiseur tenant d'une main sur une palette ronde en fer et à jour, la tasse F qu'il va cuire ou qu'il vient de cuire et qu'il soutiendra ou dirigera avec le ringard ou le bâton G.

D. Ouverture de la moufle. La flamme qu'on en voit sortir semblerait indiquer que les pièces sont cuites presqu'à feu nu ; il s'en faut de peu que ce soit ainsi dans la moufle de Ratisbonne citée plus haut.

EE. Portes en tôle pour fermer l'ouverture de la moufle.

B. Façade de la moufle ; C, dôme de la moufle avec son ouvreau pour la sortie de la flamme.

H. Pièces qui paraissent placées pour s'échauffer graduellement avant d'être emmouflées, ainsi que cela se pratique à peu près dans la cuisson de Ratisbonne. (Décrite vol. II, p. 415.)

Pl. XLV. Ensemble des salles et appareils de lavage, de broyage, etc., des matières céramiques employées dans la fabrication de la porcelaine, à la Manufacture royale de Sèvres.

Fig. 1. Lavage des kaolins. (Tr. vol. I, p. 291, et vol. II, p. 263.)

E. Entrée des salles ; T escalier conduisant à l'étage supérieur où sont les dépôts d'argile lavée, de craie, les tours à polir, etc.

a, a. Cuves de remuage et de décantation ; dd, cuves de réception où se dépose l'argile tenue en suspension dans l'eau qui s'écoule des cuves a a par le tuyau t ; c, tamis pour retenir les parties encore trop grosses. (Tr. Pl. V, fig. 5.)

Fig. 2. Selle où l'on conserve les pâtes en essais et autres.

p, p, p. Cuves à pâtes ; o, cuve à couverte.

Fig. 3. Salle où l'on met pourrir les pâtes; *bp, bp, bp,* bâches en pierre doublées de zinc où les pâtes jugées et reçues bonnes sont conservées humides.

mp. Grande cuve où se font les mélanges des pâtes déjà composées dans les cuves *pp.*

Fig. 4. Moulin à blocs où se fait par broyage le mélange des matériaux qui entrent dans la composition des pâtes. (Tr. Pl. VI, fig. 5.)

a. Plan de la cuve; *b,* prise du mouvement.

Fig. 5. Appareil de broyage; *a,* meules tournantes et échancrées pour la couverte, le sable de kaolin et le sable d'Aumont; *b,* arbre de couche qui transmet le mouvement aux trois meules *a, a, a.* (V. Pl. VI, fig. 1 et la description.)

Fig. 6. Atelier de pilage du ciment à cazettes et des tessons de porcelaine en biscuit, qui peuvent servir pour les tours à polir et pour d'autres usages.

a. Meules en fonte à broyer le ciment de terre à cazettes. (Tr. Pl. VII, fig. 2.)

b. Meules en grès à piler le biscuit, le felspath et les autres matières dures qui peuvent entrer dans la composition de la porcelaine. (Tr. Pl. VII, fig. 2.)

Fig. 7. Atelier de la préparation des terres à cazettes.

a. Grande caisse où est déposée la terre non malaxée.

b. Tinne à malaxer. (Tr. Pl. VII, fig. 1 B.)

c. Dépôt du sable de Villebon, entrant dans la composition de la terre à lut ; *d,* escalier conduisant à une plate-forme qui se trouve au niveau de la partie supérieure de la tinne *b.*

Fig. 8. Magasin du ciment, pour rondeaux et cazettes.

a. Tas de ciment non tamisé.

b, b. Baquets où se conserve le ciment tamisé.

b'. Baquet avec le tamis qui sert à enlever du ciment les parties trop grosses; *d,* réserve de l'argile à cazettes.

Fig. 9. Atelier de lavage des argiles à cazettes.

a, a, a. Cuves de lavage et de décantation, placées sur un plancher élevé.

b. Canal d'écoulement de l'eau tenant l'argile en suspension dans le bassin *c* où elle se dépose.

Fig. 10. Roue hydraulique supportée par les tourillons *t, t,* et dont le mouvement est réglé à l'aide de la vanne *v.*

e. Coursier de la roue , et C canal d'écoulement pour l'eau qui a produit son effet utile.

Fig. 11. Cours d'eau qui fait mouvoir la roue hydraulique qui transmet le mouvement aux appareils de l'usine. (Tr. vol. 1, p. 96.)

Fig. 12. C, C. Cours d'eau qui sort de l'usine

Pl. XLVI. Les actions dans les principales opérations des arts céramiques et de la porcelaine en particulier.

Il est des opérations qu'on ne peut pas décrire parce qu'elles tiennent, en quelque sorte, au mouvement du corps et des membres. Il en est d'autres intimement liées entre elles, quoique de genre très-différent, qu'on ne peut se représenter qu'après les avoir vues dans l'atelier où elles se pratiquent.

J'ai voulu donner une idée de ces opérations d'ensemble et de ces actions particulières à l'industrie céramique en les réunissant dans les quatre tableaux qui composent la planche XLVI. Un artiste de la manufacture, qui possède au plus haut degré l'art de saisir avec autant de discernement que d'exactitude, les habitudes caractéristiques du métier de chaque ouvrier, lorsqu'il exécute les travaux et opérations dont il est chargé, M. Ch. Develly, a choisi dans les ateliers, et rendu avec son talent ordinaire, les actions des quatre principales opérations de la fabrication de la porcelaine.

Fig. 1, ou premier tableau représente les opérations du moulage et du garnissage, c'est-à-dire de l'ajustage sur les pièces de leurs parties accessoires, telles que bec, anse.

Le mouleur A fait avec le rouleau, sur une pièce de toile ou de peau, étendue sur une table de marbre, et par le procédé décrit (vol. I, p. 136), la croûte *b* ou lame de pâte qui doit être étendue sur le moule *m.* L'ouvrier B a transporté, au moyen de la pièce de toile ou de peau, cette lame *b* si facile à déchirer, et il la place sur le moule *m,* qui doit lui donner une coupe à larges canaux; lorsqu'il l'a déposée le plus adroitement possible, il l'applique fortement en C avec l'éponge, de manière à la faire pénétrer jusque dans les plus petites cavités du moule. Pour agir facilement sur toute la circonférence de la pièce, le moule *m* est placé sur un rond de plâtre *p,* dont l'axe en fer *f* tourne à la volonté de l'ouvrier B.

L'ouvrier G vient de mouler l'anse *a* du sucrier S ; il la repare en enlevant les bavures *a* du moulage et évidant les cavités. (Tr. vol. I, p. 165.)

Fig. 2. Est l'opération de la mise en couverte par immersion , décrite Tr. vol. I, p. 177, et vol. II, p. 277.

Le trempeur A trempe une assiette dégourdie dans la couverte, en la tenant de la main droite et la plongeant par le bord opposé à celui par lequel il la tient, il approche sa main gauche pour la recevoir par le bord.

Le trempeur B trempe l'assiette verticalement en la tenant

de la main gauche et la plongeant verticalement, il la retire de la même main et dans le même sens. On voit découler la couverte excédante à l'absorption : c'est ce qu'on appelle la chute.

Les ouvrières C et D sont des retoucheuses. L'une C, enlève avec une lame les trop grandes épaisseurs ou larmes de couverte qui ont pu rester sur la panse du pot à lait qu'elle tient. L'autre D, enlève avec une brosse ou un feutre la couverte du pied d'une assiette, afin qu'elle n'adhère pas au support, dit rondeau, sur lequel on la placera pour cuire.

On voit dans ce tableau plusieurs des ustensiles de ce qu'on appelle en général l'atelier d'émaillage ; *g*, le grillage en bois sur lequel on dépose les pièces en sortant du baquet ; *t*, le tamis qui sert à enlever l'écume ou les corps étrangers qui flottent sur le bain de couverte ; P, la peau ou spatule qui sert à agiter fréquemment la couverte pour la maintenir à la même épaisseur; *b*, la bouteille où est le vinaigre à mêler dans la couverte ; à côté de la retoucheuse D est la petite tasse *c* qui renferme la couverte et le pinceau employé pour retoucher les bords d'assiettes, de tasses, et enfin toutes les parties où la couverte est trop maigre ou manque tout à fait.

Fig. 3. Elle représente les principales opérations du tournage, telles que je les ai décrites (Tr. vol. I, p. 122). On a apporté au tourneur A un ballon de pâte suffisant pour ébaucher le vase V; il l'a placé sur un rondeau en plâtre qui couvre la girelle ou tête du tour et il l'ébauche comme on l'a décrit (Tr. vol, I, p. 122.) On remarquera la position de ses bras, de ses mains, de ses doigts et l'espèce de nappe de peau q ·i retient la barbotine échappée à l'ébauchage.

B. Représente le tournassage, c'est-à-dire le rachevage, avec le tournassin en fer qu'il tient de la main droite, des vases V.

c. Est un compas d'épaisser ; *d*, le trait du vase qu'il fait et dont les contours doivent être, au moyen du calibre, exactement les mêmes que ceux du trait.

Fig. 4. Ce tableau représente le transport au four, dans le laboratoire du dégourdi, des pièces crues, mais sèches, qui sortent des ateliers de façonnage. Ces pièces sont très-fragiles, n'ayant acquis encore aucune ténacité : on ne peut ni les emballer, ni les mettre dans un panier où il en tiendrait trop peu, ni même les faire porter sur un brancard par deux ouvriers. C'est sur une planche posée sur la paume de la main renversée, comme le fait voir l'ouvrier A, que se fait ce transport d'un atelier du rez-de-chaussée au dégourdi du four, qui est nécessairement à

un étage supérieur. Il arrive bien rarement des accidents. Au reste les Chinois emploient un même moyen de transport, qui semble exiger encore plus d'adresse. (Tr. vol. II, p. 482.)

P. Est la porte du laboratoire du dégourdi d'un four. On voit les piles de cazettes qui y sont déjà placées, et en B un ouvrier qui fait l'opération de relier les cazettes *o*, c'est-à-dire de réunir au moyen d'une corde et d'un garrot, les pièces d'un étui cassé, mais qui doit encore servir. On peut alors les transporter dans le four avec ce qu'elles renferment sans craindre de voir les diverses pièces se séparer. On ôte facilement les cordes en lâchant les garrots.

Pl. XLVII. **Appareil et opération de la fabrication des grandes plaques de porcelaine par coulage.**

(Voir la description et l'usage de tout l'appareil, Tr. vol. I, p. 150 et suiv.)

Fig. 1. Plaque de plâtre sur laquelle on coule les plaques de porcelaine.

A. Coupe en largeur ; B, coupe en longueur de tout le système.

Fig. 2. Châssis dont on se sert pour retourner les plaques de porcelaine quand elles se sont assez raffermies sur la plaque de plâtre sur laquelle on les a coulées. A, vue en plan de la partie supérieure de l'appareil pour retourner la plaque ; B, profil de l'appareil ; *ii*, plaque de porcelaine entre les deux plaques de plâtre *p p'*.

p. Plaque de plâtre sur laquelle on a coulé la plaque *i*.

p'. Plaque de plâtre sur laquelle on veut transporter la plaque de porcelaine *i*.

T T. Planches de bois reposant sur la plaque de plâtre *p'*.

t t. Traverses en bois posées perpendiculairement aux planches T.

oo. Écrous qui servent à serrer les traverses *t t*, et les planches TT.

r r. Demi-cercles qui permettent de retourner sans peine tout l'appareil pour que la plaque de plâtre *p'* devienne inférieure et *p* supérieure.

Fig. 3 et 4. Transport de la plaque *i* sèche sur la plaque de terre cuite *ω*, sur laquelle on doit la dégourdir. A, vue horizontale ; D, coupe suivant la ligne PP.

EE. Châssis composé de tringles de sapin et muni de quatre poignées.

i. Plaque de porcelaine qu'il s'agit de transporter sur la plaque de terre cuite *x* , fig. 4.

P. Plaque de plâtre qui supporte la plaque de porcelaine *i.*

vv. Baguettes de cire molle dont on garnit les angles rentrants du châssis E pour bien soutenir la plaque de porcelaine *i.*

ff. Bord du châssis qui doit être le bord inférieur quand le châssis sera redressé.

tt. Tasseaux qui doivent retenir la plaque *i* quand on transportera le châssis.

x. Plaque de terre cuite sur laquelle on doit dégourdir la plaque de porcelaine *i* .

i'i'. Tasseaux en bois qui maintiennent et supportent la plaque *i.* Ces tasseaux *i'* alternent avec les tasseaux *t.*

M. Bâti de brique contre lequel repose la plaque *x.*

Fig. 5. Encastage au grand feu des plaques de porcelaine dure.

i. Plaque de porcelaine mise en couverte.

x. Plaque de terre cuite sur laquelle repose la plaque *i.*

eee. Étuis supérieurs contenant des pièces rondes.

e'e'e'. Étuis inférieurs contenant des pièces rondes.

b'b'b'. Plaques de terres formant équerre, faisant voir l'espace dans lequel on loge les colombins de lut qui servent à les relier deux à deux.

b, b, b. Les mêmes supposées coupées par un plan de section passant par un des joints, et les plaques étant placées joint sur plein.

a a, a. Accots , KKK', briques évidées pour alléger le massif qui supporte la plaque de terre *x.*

cc. Une des plaques de terre cintrée qui ferment l'encastage.

M. Une des parois de l'encastage.

Pl. XLVIII. Façonnage et encastage de diverses pièces de porcelaine dure.

Fig. 1. Façonnage de la théière chinoise réticulée. (Tr. vol. II, p. 292.) Son encastage. (Tr. vol. II, p. 317.)

A. Coupe verticale de l'encastage et de la théière.

d. Vue à l'extérieur d'une moitié de la théière.

B. Plan des cerces d'encastage.

a. Anse de la théière ; *b*, son bec.

e e'. Les deux parties de l'extérieur de la pièce.

i i' i". Les trois parties formant l'intérieur de la pièce.

z. Petit filet saillant destiné à maintenir l'écartement entre les parties extérieures et la doublure intérieure.

cc. Cerce d'encastage dont la forme particulière est représentée en plan fig. B. Les deux parties saillantes *a* et *b* servent à loger l'anse et le bec.

s. Support en porcelaine qui supporte la partie intérieure; la partie extérieure reste suspendue.

u. Cerce de porcelaine s'opposant à la déformation de l'ouverture supérieure.

Fig. 2. Vue et coupe d'un pot chinois réticulé.

aa. Partie intérieure, supportée pendant la cuisson ; *z*, filet saillant, appartenant à la partie *a* et servant à maintenir l'écartement de cette partie de l'enveloppe extérieure.

c. Partie extérieure inférieure soudée au filet *z.*

s. Support sur lequel on cuit le vase au grand feu.

d. Anse du pot , collée sur l'enveloppe extérieure. En général le façonnage est à peu près le même que dans l'intérieur et les mêmes lettres indiquent les mêmes parties.

Fig. 3. Vue de l'encastage et du support de la corbeille ronde évasée CC.

dd. Cerces à talon.

S. Support en porcelaine , denté sur son bord en *e* et *e'*, pour soutenir la corbeille en la touchant par les plus petits points possible.

f. Fond du support.

g. Trou par lequel passe la douille *a* de réunion de la coupe avec son pied.

rr. Rondeau de terre cuite percé d'un trou pour le passage de la douille *a.*

p. Rondeau recouvrant.

Fig. 4. Encastage de la coupe à perles (Tr. vol. II , p. 317.)

c. Vue extérieure de la moitié de la pièce ; *e'* coupe de l'autre moitié.

p. Support conique pour que les points de contact avec le bord de la coupe se réduisent à une seule ligne.

ee'. Échancrures de ce support pour le passage des anses *a, a.*

tt. Partie du support assez élevée pour que les anses émaillées ne se collent pas au rondeau qui porte tout le système.

Fig. 5. Encastage et construction de la coupe dite de Benvenuto-Cellini ; vue et coupe des supports. (Tr. vol. II , p. 317.)

B. Partie inférieure de la coupe dans laquelle on cuit la partie supérieure C également chargée d'ornements en couverte.

Ces deux coupes doivent être collées par un anneau circulaire *g* ajusté sur le tour.

S. Support de porcelaine à fond P qui peut être mis en couverte et servir d'ustensile de chimie.

p. Rondeau plein sur lequel repose le support S.

A. Plateau de porcelaine qui pourrait être de terre cuite, placé au-dessus de la pièce pour la garantir des grains.

dd. Cerces à talon.

ff. Cazettes et rondeaux ordinaires de la pile.

Fig. 6. Encastage d'un vase Médicis. (Tr. vol. I, p. 200.)

V. Coupe d'un vase Médicis cuit à boucheton.

P. Pied de ce vase qu'on cuit dans le vase pour économiser la place.

rr. Support de terre ou rondeau évidé en dessous sur lequel repose le vase.

dd. Cerces à talon dont le nombre est déterminé par la hauteur du vase V.

Fig. 7. Encastage d'une grande coupe à côtes. (Tr. vol. I, p 200.)

C. La coupe cuite à boucheton.

p. Plaque en porcelaine non cuite et terrée pour porter la coupe, et qui doit prendre sa retraite avec ell e.

aa. Couvercle en terre cuite ou en porcelaine biscuit, portant sur les talons des cerces pour garantir des grains.

dd. Cerces à talons ordinaires.

Pl. XLIX. Encastages divers, Regnier et autres.

Fig. 1. Encastage d'assiettes par le procédé Regnier. (Tr. vol. II, p. 312, avec explications suffisantes.)

C'C'. Dernier étui avec son rondeau P très-fort.

tt. Cerces à talons.

aa. Assiettes dans les porte-pièces *i* et *s*; les inférieurs à rebord, les supérieurs *s* sans rebord.

Fig. 2. Encastage de saladiers (Tr. *ibid.*). CC'. pile de trois étuis; *tt*, cerces à talons; *s*, plateau profond pénétrant dans la concavité du saladier inférieur *a*.

rr. Support dit rondeau portant les saladiers *aa*.

C' C'. Étuis inférieurs très-épais pour résister à la pression de toute la pile.

Fig. 3. Encastage de compotiers (Tr. *ibid.*)

Les mêmes lettres que dans la figure précédente, indiquent les objets correspondants.

Fig. 4. Encastage de jattes à lait. (Tr. *ibid.*)

Les mêmes lettres que dans les figures précédentes indiquent les mêmes parties.

Fig. 5. Encastage de soupières dit à boucheton. (Tr. vol. II, p. 314.)

a a' a''. Soupières et jattes de grandeurs différentes, *c* couvercle cuisant dans le même encastage.

s. Support en porcelaine conique, que les pièces *a a' a''* ne touchent que par leur circonférence.

s'. Support particulier pour le couvercle *c*.

p. Plateau plein en terre cuite, qui por te toutes les pièces et leurs supports.

Fig. 6. Encastage de tasses à anses.

A. Élévation et coupe.

B. Vue en plan, le pied étant supérieur.

a a a. Tasses cuites à boucheton; *b*, leur anse.

C, C. Cerces à talons *t*, mais d'une forme particulière pour recevoir l'anse, tel qu'on le voit dans le plan B.

ss. Rondeaux ouverts et échancrés en *bb*, pour la place de l'anse.

Fig. 7. CC. Cerce en anneau à bord doublement conique (Tr. vol. II, p. 316 et 317), destiné à cuire à boucheton des tasses litrons dont on voit une partie en *ee*.

A. Coupe de la cerce entière.

B. Coupe grandie de la moitié de la cerce.

Fig. 8. A. Encastage de pièces dites petits creux. (Tr. vol. II, p. 311.)

CC. Cazette à fond plat et plein; *ee*, tasses litrons, cuites à bouchetons, séparées par la cerce *c* (fig. 7, A, B), et portées par le rondeau *b*; *g*, tasse à thé avec la cerce *c* (fig. 10 A, B) et son rondeau *b*; *h*, pot à jus sans cerce sur son rondeau *b*.

B. Ancien encastage d'assiettes.

C C'. Cazettes ou étuis, dits à cul-de-lampe, pour les assiettes, s'emboîtant l'une dans l'autre; *dd*, assiettes supportées par les rondeaux *b'b'*.

Fig. 9. Encastage de couvercles à boutons.

CC. Cerces à talons *tt*; *aa*, couvercles à cuire avec leurs supports *ss* percés d'un trou pour laisser la place du bouton du couvercle inférieur.

rr. Rondeaux également percés d'un trou central pour le même objet.

Fig. 10. A. Tasse à thé avec sa cerce *c* échancrée pour la place de l'anse, et son support *b* (fig. 8, A).

B. Détails de la cerce; *c*, bord conique de la cerce en porcelaine; *p*, bord de la tasse.

Fig. 11. A et B. Détails de l'encastage du pendentif ou ornement en bordure tombante du guéridon chinois. (Musée céram., P. Pl. IV, fig. 2.)

Ce pendentif, dont on voit en A la coupe transversale passant par la ligne $x y z$, est courbé en y à angle droit, forme qui en rend l'encastage très-difficile et la cuisson très-périlleuse. Il se présente de face dans la fig. 11 B; les bâtons rompus b, et les ornements h sont à jour.

ss. Sont des supports quadrangulaires recouverts d'une plaque a, a pleine avec des ouvertures d'allégement oo. La pièce cuit à plat sur la plaque de porcelaine $t z$, soutenue par les supports ss et par les croisillons cc; d est une traverse que l'on voit par un bout dans la fig. A et dont on voit une partie dans la fig. B: elle appartient à la pièce et se trouve placée dans la ligne de séparation entre la partie supérieure h du pendentif et la partie inférieure ornée du bâton rompu b.

Fig. 12. Encastage d'une figure en pied de 12 décim. de hauteur d'un seul morceau. (Tr. vol. II, p. 317)

1, 2, 3. Piles d'étais qui portent le premier rondeau de terre cuite$b$ et les deux cylindres de cazettes CC, C'C'; $b'b'$, seconde plaque de terre cuite ne portant que la figure ; o, supports montants en porcelaine, destinés à soutenir toutes les parties saillantes ou évidées de la figure.

pp. Plaques transversales ou croisillons en porcelaine pour empêcher l'écartement des supports et des parties évidées. $b''b''$. Rondeau fermant l'encastage dans sa partie supérieure.

Pl. L. Four double pour cuire la porcelaine à la manufacture de Sèvres.

Fig. 1. Vue extérieure du four à deux étages de Sèvres. (Voir sa description Tr. vol. II, p. 298 et suivantes.)

Fig. 2. Coupe verticale suivant VV' du plan (fig. 8, Pl. LI).

$f'f'$. Foyers des alandiers a' a' de l'étage inférieur ; la flamme, divisée par les cloisons $g'g'$ en briques réfractaires, entre dans le laboratoire L .

C'C' Cendriers ; e' e', espaces où se met le bois pendant le grand feu de l'étage inférieur ; $o'o'$, ouvertures qu'on bouche avec un tampon de terre cuite ; $b'b$, bouches inférieures des alandiers $a'a'a'$ ouvertes au commencement du feu. Les mêmes parties dans l'étage supérieur sont marquées de mêmes lettres avec l'exposant 2. Ainsi L² est le laboratoire supérieur ou second laboratoire de grand feu, et ainsi de suite.

$r'r'$. Montants en briques qui portent le poids des alandiers du 2e étage $a^2a^2a^2$, percés de voûtes $d'd'd'$.

TTT. Plancher du second étage au niveau du seuil s de la porte P² du laboratoire L².

t. Trappe de fer en bascule pour régler le tirage du four ; on en voit facilement la marche dans la fig. 2.

q. Pied des montants en fer , qui soutiennent le dôme de la cheminée.

H. Espace conique au-dessus du laboratoire de dégourdi L².

H'. Cheminée proprement dite, disposée en cône afin de pouvoir en changer au besoin les dimensions sans de grands frais.

L³. Laboratoire du dégourdi.

hh. Boîtes en fer (détaillée fig. 2, Pl. LI) qui terminent les montants M, et permettent de tenir le four serré dans la direction verticale.

MN. Armature en fer qui maintient le four.

MM. Montant de l'armature du four.

NN. Cercles de l'armature du four.

ii. Clavettes élastiques qui serrent ces cercles. (Voir les détails Pl. LI , fig. 5.)

mm. Visières pour juger la couleur du feu et retirer les montres.

$c'c'$ c^2c^2. Carneaux de sortie des produits de la combustion au premier et au second étage.

V. Espace vide au-dessous du sol du four pour arrêter ou donner issue à l'humidité par des canaux o (fig. 7, Pl. LI) qui s'ouvrent dans la halle du four.

Pl. LI. Détails de diverses parties du four double représenté dans son ensemble Pl. L.

Fig. 1. Détails de la porte de fer P³ du dégourdi.

kk. Deux des cercles de fer qui s'opposent à l'écartement des parois du four.

VV. Verroux à double bascule pour tenir fermés les deux battants de cette porte.

Fig. 2. Détails des masses h qui s'opposent aux mouvements verticaux du four.

A. Vue de profil ; B, coupe passant par le milieu de la masse ; M, montant ; m, mentonnet qui appuie sur la plate-bande de fer c qui suit la retraite du cône sur le cylindre.

Fig. 3. Détails des mentonnets n qui supportent les cercles k et N.

A. Vue de face ; B, coupe suivant la ligne SS.

Fig. 4. Vue et coupe d'un alandier a' de l'étage inférieur du four ; r', coupe du montant qui soutient l'alandier supérieur ; d, d', ouvertures arquées pour charger l'alandier ; b', bouche inférieure ; o', trou de l'œil ; g', vue de la grille qui divise la flamme ; $o'o'$, portes pour le bois.

Fig. 5. Détails des clavettes élastiques i qui s'opposent à la rupture des cercles k en cédant un peu à leur extension ; r, rainure dans laquelle joue une extrémité du cercle N.

    A. Vue de face ; B, coupe de tout l'assemblage.

Fig. 6. Détails du pied q des armatures obliques du cône qui maintiennent la cheminée H ; q, talon qui appuie sur la plate-bande de fer c courant sur la retraite r.

    Nota. Les mêmes lettres dans cette planche et dans la planche L, indiquent les mêmes objets.

Fig. 7. Plan à diverses hauteurs du four à deux étages. (Pl. L, fig. 1 et 2.)

    A. Coupe par un plan horizontal passant au-dessous du sol, faisant voir les canaux d'évaporation.

    B. Coupe par un plan horizontal passant par la ligne ZZ.

    B'. Coupe par un plan horizontal passant par la ligne YY.

Fig. 8. Plans du four à deux étages. (Pl. L, fig. 1 et 2.)

    A. Coupe par un plan horizontal passant par XX.

    B. Coupe par un plan horizontal passant par UU.

Pl. LII. Représentation d'un enfournement de porcelaine à cuire en couverte. — Divers encastages.

Fig. 1. Ensemble de l'enfournement de la porcelaine à la manufacture de Sèvres. (Tr. vol. II, p. 320 et suivantes.)

    A. Coupe verticale passant par l'axe du four, et deux alandiers opposés.

    B. Plan de l'enfournement.

    Dans la fig. A les cazettes sont vues les unes, 2, 2', en profil, les autres, 1, 1', 3', 3, 5, en coupe afin de montrer ce qu'elles renferment ordinairement.

    cc. Cloisons qui divisent la flamme à son entrée dans le four ; *aaa*, accots destinés à soutenir les piles ; *ggg*, plaques de terre cuite réfractaire, nommées garde-feux, qui s'opposent à ce que la flamme et les cendres du foyer viennent frapper directement sur les cazettes, on n'en met que sur la face des cazettes, qui regarde les alandiers.

    P. Position et encastage d'une plaque de porcelaine. (Pl. XLVII, fig. 5.)

1, 1', 3'. Piles de pièces creuses, vases, pots, sucriers, etc., les uns sur leur pied, les autres à bouchetons.

2, 2', 4. Piles vues de profil.

4', 5. Piles d'assiettes, encastage Régnier.

3. Encastage de longs tubes, colonnettes, etc., suspendus.

Fig. 2. Tasse ornée à une anse, cuite à boucheton sur un support de porcelaine c conique, qui n'a de contact avec la pièce qu'à sa circonférence par une ligne très-étroite ; r, rondeau qui soutient la pièce et son support.

Fig. 3. Encastage des colonnettes ou tubes en couverte à l'extérieur. (Tr. vol. II, p. 317.)

    TTT T'. Tubes suspendus par le petit rebord rr dans une série de cazettes CC à talons tt.

    ss. Support percé de trous par lesquels passent librement les tubes TT'.

    q. Rondeau percé de trous correspondants à ceux de *ss.*

    p. Rondeau plein pouvant supporter les pièces qui doivent cuire au-dessus des tubes.

Fig. 4. Encastage d'un vase grec à culot très-pointu. (Tr. vol. II, p. 317.)

    p. Profil ; c, coupe du vase et de ses supports.

    ss. Rondeau sur lequel il est placé ; q, chanelle suspendue sur un rondeau percé gg, à l'aide des rebords rr, pour s'opposer au déversement du vase.

    nn. Autre pièce de porcelaine en biscuit qui, s'appuyant sur une circonférence du bord b du vase, et sur une petite saillie annulaire intérieure a, s'oppose à la déformation du goulot, et sert en même temps à caler le vase contre la chandelle q.

Fig. 5. Encastage de tubes sans couverte extérieurement.

    A. Coupe perpendiculaire à la direction des tubes.

    B. Profil de l'encastage. (Tr. vol. II, p. 317.)

    G. Gouttière de porcelaine cuite ; TT, tubes à cuire.

    L. Linge ou papier trempé dans la barbotine de porcelaine qui les garantit des cendres.

Fig. 6. Encastage du compotier grec. (Tr. vol. II, p. 317.)

    c. Coupe ; p, profil de la pièce et de son support.

    ss. Jatte cylindroïde qui supporte le compotier par son bord ; *ee*, échancrures ménagées pour le placement des anses *aa* de la pièce C.

Pl. LIII. Tour à enlever les grains, à en polir la place, et à polir les parties mattes de la porcelaine.

(Tr. vol. II, p. 346.)

Fig. 1. Vue générale du tour à polir, suivant un plan perpendiculaire à la ligne ZZ de la fig. 3, Pl. LIV. Comme la figure l'indique, l'ensemble du tour comprend deux tours verticaux B B', et deux tours horizontaux C et C'.

Fig. 2. Élévation générale du même tour, vu par l'arrière, c'est-à-dire suivant un plan perpendiculaire à la ligne Z'Z' de la fig. 3, Pl. LIV.

Fig. 3. Détail de l'arbre d'un des tours horizontaux portant à son extrémité le disque polisseur.

Pl. LIV. Plan, coupes et détails du tour à polir.

Fig. 1. Coupe verticale du tour, suivant un plan passant par la ligne XX des fig. 1 et 2 de la Pl. LIII, et du plan fig. 3 de la Pl. LIV.

Fig. 2. Coupe verticale du tour, suivant un plan passant par la ligne YY des fig. 1 et 2 de la Pl. LIII, et du plan figure 3 de la Pl. LIV.

Fig. 3. Plan général d'une portion du tour à polir.

Dans toutes ces figures, les mêmes lettres indiquent les mêmes objets.

AA. Poulie en bois recevant, par l'intermédiaire de l'arbre P, le mouvement du moteur de l'usine, et transmettant ce mouvement aux différents appareils du tour à polir.

B et B'. Tours à polir verticaux.

C et C'. Tours à polir horizontaux.

D, D. Table en bois solidement établie, et supportant les tours horizontaux et les tours verticaux.

EE. Pieds de la table D.

PP. Arbre en fer donnant le mouvement à la poulie A, et par suite à tout le système des tours à polir.

aa. Courroie transmettant le mouvement de la poulie motrice AA à l'arbre d, par l'intermédiaire de la poulie b.

b. Poulie fixe, motrice de l'arbre d.

c. Poulie folle, sur laquelle on fait glisser la courroie a au moyen du levier x, quand on veut intercepter la communication du mouvement à l'ensemble des tours à polir.

dd. Arbre en fer recevant le mouvement de la poulie b, et le transmettant à l'engrenage e et aux poulies rr.

e. Roue d'engrenage placée sur l'arbre d, et communiquant le mouvement de ce dernier à l'arbre g par l'intermédiaire de la roue f.

f. Roue d'engrenage placée sur l'arbre g, et recevant, comme nous venons de le dire, le mouvement de la roue e.

g. Est comme nous allons le voir l'arbre moteur des tours horizontaux.

h. Poulie en bois placée sur cet arbre g.

ii. Courroie transmettant le mouvement de la poulie h à la poulie j. Pl. LIV.

j. Poulie motrice de l'arbre l.

l. Arbre transmettant le mouvement qu'il reçoit de la poulie j aux deux poulies mm et m'm'; ce. deux poulies elles-mêmes communiquent directement ce mouvement aux arbres des tours horizontaux.

n et n'. Courroies qui transmettent le mouvement du moulin m et m' aux arbres des tours horizontaux o et o'.

o. Poulie fixe sur laquelle s'enroule la courroie n, et qui donne le mouvement à l'arbre p du tour horizontal.

o'. Poulie folle sur laquelle on fait glisser la courroie n, lorsqu'on veut arrêter le mouvement du tour horizontal.

p. Arbre du tour horizontal, à l'extrémité duquel on visse la rondelle en liège qui sert à polir la porcelaine.

q. Rondelle en liège dont le mouvement de rotation extrêmement rapide permet d'user vivement les grains saillants sur la couverte.

On peut voir, fig. 3, Pl. LIII, comment on assemble ce disque sur l'arbre horizontal p.

rr. Poulies motrices des tours verticaux B et B'; elles sont placées sur l'arbre l qui reçoit directement, comme nous l'avons déjà dit, le mouvement de la poulie motrice générale AA.

ss, s's'. Courroies communiquant le mouvement des poulies rr aux deux tours verticaux.

tt et t't'. Poulies fixes et poulies folles jouant, par rapport à l'arbre des tours verticaux, le même rôle que les poulies o, o' jouent relativement aux tours horizontaux.

uu et u'u'. Arbres des tours verticaux B et B'.

v, v'. Vis de rappel destinées à soulever les arbres u, u' quand les tourillons sont usés.

Fig. 4. Détail d'un des tours verticaux à polir.

Les mêmes lettres indiquent les objets qui ont déjà été expliqués dans la précédente légende.

1. Vis de rappel destinées à obtenir avec facilité la position
   verticale de l'arbre *uu*.
2. Écrou dans lequel tourne la vis 1.
2'. OEillet destiné à guider la tige de la vis 1.
3. Coussinet supérieur de l'arbre *u*.
4. Levier en fer servant à faire glisser à volonté la courroie *s*
   de la poulie fixe sur la poulie folle, ou *vice versâ*.
5. Point fixe autour duquel tourne le levier 4.
6. Coulisse servant à guider la partie verticale du levier.
7. OEil du levier embrassant la courroie.

Pl. LV. Moulage, ébauchage et calibrage des pâtes céramiques.

Fig. 1 et 2. A. Modèle type de l'anse moulée en deux coquilles vues
   en plan, en AA, et de profil, fig. 2 BB. (Tr. vol. 1, pag. 130.)
Fig. 3. Moule en deux coquilles d'une autre anse. (Tr. vol. 1, pag. 132.)
   A. L'une des coquilles faisant voir le creux de l'anse.
   c. Chape avec ses tenons *t*.
   a. Moule proprement dit indiquant les lignes de séparation
      de ses diverses parties.
   B. Coupe du moule et de ses deux coquilles suivant XX ; *a*, le
      moule ; *c*, la chape.
Fig. 4. AB. Moule en plâtre d'un buste, pour le moulage à la main
   de la porcelaine en deux coquilles. (Tr. vol. 1, p. 132.)
   A. Coquille pour le derrière de la tête.
   B. Coquille pour la face du buste.
   c. Chape du moule.
   a. Sutures ou séparations des différentes parties du moule.
Fig. 5. Moules pour le moulage d'une assiette à la housse. (Tr. vol. 1,
   pag. 129.)
   A. Modèle type en plâtre vernis, donnant l'intérieur de
      l'assiette.
   B. Moule creux ou *mère*, en plâtre vernis dans lequel on
      coule le moule en relief C.
   C. Moule en plâtre non vernis sur lequel on moule la housse
      des assiettes.
Fig. 6. Moulage à la housse d'une grande tasse. (Tr. vol. 1, p. 137.)
   A, *a*: Housse ou ébauche mince en pâte de la tasse qu'on veut
      avoir, placée sur un rondeau *r*, et sur la girelle *g* de la tête
      du tour.
   B, *a*. Housse placée et appuyée dans le moule composé de
      deux pièces *b* et *c*.

Fig. 7. A, B, C. Moulage d'une saucière ; B, Posage de la croûte *c* sur la
   convexité du noyau *b* en plâtre d'une saucière. (Tr. vol. 1, p. 137.)
   A. Transport de la croûte *c* du noyau convexe *b*, dans le
      moule *a* de la saucière qui doit donner la forme extérieure,
      comme le moule *b* a donné la forme intérieure.
   C. Figure représentant la croûte *c* dans son moule *a*, et déga-
      gée du noyau *b*.
Fig. 9. (Indiquée fig. 7 dans le texte, vol. 1, pag. 121 et 123.)
   A, B, C, D, E. Différentes formes que prend une pièce en
      ébauche telle que le vase fig. 8, depuis l'état de balle A,
      jusqu'à sa dernière façon D.
   ds, *ds*, indiquent les dépressions et saillies en spirale pro-
      duites dans l'ébauchage par la pression des mains du tour-
      neur ; *g*, girelle ou tête du tour.
   E est l'ébauche de l'épaule du vase fig. 8. Ce vase est tour-
      nassé, c'est-à-dire terminé, et composé de deux parties
      collées D et E, dont on voit les ébauches en progressions
      sous les lettres A à E.
Fig. 10. Moulage à la croûte. (Tr. vol. 1, pag. 136.)
   B. Plan du moulage.
   A. Profil et coupe de l'appareil du moulage suivant la ligne YY.
   r. Rouleau en bois de hètre que l'ouvrier tient par les poi-
      gnées *n*, *n*.
   m m. Table de marbre sur laquelle est étendue la peau *b*.
   c. Pâte qui, après avoir été bien maniée et corroyée, est éten-
      due sur la peau *b*, en avant du rouleau *r*, pour donner la
      croûte.
   a. Règles en plus ou moins grand nombre que l'on ôte suc-
      cessivement à mesure que la pâte est amincie par le cylindre
      r, et amenée à l'état de croûte.
Fig. 11. (Indiquée fig. 7 dans le texte par faute d'impression.)
   Calibre de la Manufacture Royale de Sèvres. (Tr. vol. II, p. 261.)
   où cet appareil est suffisamment décrit.
Fig. 12. Moule en plâtre pour faire des étuis ovales au calibre.
   A. Coupe ; B, plan ; C, calibre en bois ; *p*, moule ovale en
      plâtre ; *e*, épaisseur de l'étui ; *o*, bague elliptique en fer en-
      trant dans une rainure du calibre qu'elle conduit quand on
      fait tourner le moule sur la tête du tour.
Fig. 13. Moule pour faire au calibre le dessous et le pied des plats
   ovales.

r, Rondeau en plâtre ; *n*, croûte en pâte appliquée sur le moule en plâtre P du plat ; *m*, mandrin en plâtre garni d'un cercle ou bord *b* en fer pour conduire le calibre ; *nn*, colombin en pâte formant le pied ; C C', calibres en fer qui suivent sur la croûte les contours et le relèvement du moule P ; C', parties latérales plus relevées ; C, parties des extrémités plus basses. On laisse dans le milieu du mandrin *m* une ouverture par laquelle on souffle pour détacher le mandrin du fond du plat.

Pl. LVI. Four à Faïence fine. — Four à Briques.

Fig. 1. Four à faïence fine anglaise, perfectionné par MM. Venable et Turncliff. (Tr. vol. II, pag. 127.)

A. Coupe du four en hauteur d'environ 5 mètres.

B. Plan de détail d'un alandier à la hauteur de V.

a. Foyer ; *c*, cendrier ; *b'*, bouche inférieure ; *b*, bouche supérieure ou régulateur pour introduire l'air dans le foyer ; *p*, porte du foyer ; *g*, grille pour la houille (il paraît qu'on peut s'en passer) ; *d*, mur du four ; *i*, siège ou banquette annulaire entre le mur *d* et la cheminée *f* où se place une rangée de cazettes : il a 40 centimètres de largeur et est à 1 mètre environ au-dessus du pavé du four ; *n*, canaux de circulation de la chaleur du foyer *a*, au-dessous du plancher du four, se réunissant au centre *o*. Les lignes ponctuées *t* indiquent la place qu'occuperait la paroi du four dans la construction ordinaire ; par conséquent la banquette *i* est un accroissement de capacité d'environ 80 cent. sur le diamètre du four, qui n'augmente pas sensiblement, dit-on, la consommation du combustible ; *v*, visière pour voir l'état du feu et régulariser le tirage des alandiers *a a* ; *kk*, carneaux ; H, *hovel* ou dôme d'enveloppe du four.

Le dessin d'après lequel ce four a été gravé m'a été envoyé par M. Eugène Boch de Mettlach, comme la représentation, non pas tout à fait conforme au four rectifié de Turncliff, mais comme celle du four qu'il a fait construire d'après ces innovations.

Fig. 2 Four à biscuit de Creil, en 1843. (Tr. vol. II, pag. 127.)

A. Coupe verticale du four suivant la ligne brisée *zz*, du plan Fig. 2 B, ne représentant qu'un quart du four.

B et C. Plans ou coupes horizontales du four, pris à des hauteurs différentes ; la figure B suivant les lignes YY, la fig. C suivant la ligne XX.

Dans ces trois figures les mêmes lettres indiquent les objets semblables.

aa. Alandiers, au nombre de 8, disposés symétriquement autour du four et destinés à le chauffer. Le chauffage se fait au moyen de la houille que l'on place sur une grille *g*, formée de barres de fer. L'alimentation du foyer a lieu par une porte *r*, que l'on referme aussitôt après que le combustible est introduit dans le foyer.

hh. 8 cheminées qui permettent à la flamme des foyers de s'introduire sur le pourtour intérieur du four ; en outre de ces embouchures, la flamme est répartie uniformément sur la sole du four au moyen de 8 canaux percés d'orifices très petits, *c*, *c*. Ces canaux communiquent avec le foyer, au moyen des petits canaux voûtés *t*.

cc. Cendriers des 8 alandiers, qui servent à recueillir les cendres et à fournir à la houille l'air nécessaire à sa combustion.

DD. Deux portes placées en face l'une de l'autre, et dont une seule sert au chargement et au déchargement du four. L'autre porte n'est là que pour établir un courant d'air et accélérer ainsi le refroidissement du four.

E. Cheminée centrale et carneaux *ee* percés à distances égales, dans l'épaisseur de la voûte pour le dégagement des produits de la combustion.

FF. Cône où se réunissent tous les gaz et toutes les vapeurs, et qui est surmonté d'une cheminée cylindrique H, de 4 à 5 mètres de hauteur, qui lance ces gaz dans l'atmosphère.

K, Alandier supplémentaire et qui est uniquement destiné à conduire de la flamme et de l'air chaud au centre du four, par un assez large canal *d* qui est terminé par un orifice *i*, ouvert au milieu de la sole du four. Ce canal, ainsi que les carneaux plus petits *bb*, fig. B, est recouvert par de larges briques carrées, de 5 centimètres d'épaisseur ; cet alandier est uniquement alimenté par un orifice supérieur *n*, tandis que les 8 autres le sont par des portes ; cet orifice *n*, ainsi que le cendrier *c'*, se ferment plus ou moins au moyen d'une brique, suivant qu'on veut augmenter ou diminuer la température de l'intérieur du four ; en laissant ouverts les deux orifices, on diminue considérablement cette température.

c'. Cendrier de l'alandier du centre.

oo. Voûtes faisant communiquer les foyers des alandiers, avec les cheminées *hh*.

bb. Cheminées distribuant la flamme et l'air chaud sur la surface de la sole.

cc. Orifices faisant communiquer les cheminées BB, fig. 2 C, avec l'intérieur du four.

gg. Grilles des 8 alandiers.

i. Orifice central par lequel débouchent les produits de la combustion de l'alandier unique K.

mm. Orifices percés dans la paroi supérieure des alandiers ; ils servent : 1° à commencer la mise en feu ; 2° à régler la température de l'intérieur du four ; ainsi, lorsqu'on veut diminuer la température de l'une des parties du four, on ouvre l'orifice *m*, de l'alandier qui correspond à cette partie. Cet orifice est donc presque toujours fermé.

n. fig. 2 C. Orifice percé à la paroi supérieure de l'alandier du milieu et qui sert à alimenter le foyer et à régulariser la température, comme nous l'avons dit.

oo. fig. 2 D. Voûtes faisant communiquer l'alandier avec les cheminées *h*.

D. Détails d'un 8 alandiers ; dans cette figure, les mêmes lettres indiquent les mêmes objets que dans la figure 2 A.

Fig. 3. Four pour cuire les briques à la tourbe, en Hollande, d'après Eversmann [1]. (Tr. vol 1, pag. 353. Ce sont les figures de la planche d'Eversmann qui y sont citées.)

A. Vue géométrale de l'extérieur du four.

B. Coupe d'un quart de l'intérieur sur la ligne *x y*.

C. Plan d'un quart.

D. Coupe d'une moitié, les deux côtés se ressemblant sur la ligne faisant voir les bouches *bb* des foyers *ff* en forme de canaux.

M. Murs d'enceinte du laboratoire, qui sont inclinés vers l'axe M', percé de deux portes E et C, regardées comme le devant du four.

bb. Bouche des foyers *ff*, qui sont construits en chargeant le four avec des briques disposée en ogive. (Fig. IV d'Eversmann, citée dans le texte, vol. I, p. 353.)

Pl. LVII. Poteries diverses.

Fig. 1. Moitié d'une petite marmite de Chandernagor faisant voir dans l'intérieur, par les coulures noires, que le vernis noir dont elle était enduite extérieurement était liquide. (Tr. vol. I, p. 496.)

Fig. 2 à 6. Poteries mattes modernes du pied du Caucase. Voyage de M. Dubois de Montperreux. (Tr. vol. I, p. 404.)

[1] *Reise durch Holland*, in-12. Freyberg, 1792, p. 225, Pl. IV.

Fig. 7. Sanglier vernissé en brun verdâtre de fabrication romaine. (B. R.) (Tr. vol. II. p. 97.)

Fig. 8. Lion vernissé en jaune de fabrication romaine ? (B. R.) (Tr. vol. II, p. 97.)

Fig. 9. B. Disposition ornementale et remarquable des engobes sur une jatte dont on voit la moitié en A ; de Ravel, Puy-de-Dôme. (Tr. vol. II, p. 16 et 831.)

Fig. 10. Un des petits flacons de porcelaine chinoise qu'on assure avoir trouvé dans les catacombes de Thèbes. Celui qui est représenté ici est l'un des trois qui appartient au Musée Royal.

10. A. Une face ; B, l'autre face ; C, vu de profil. (Voir à ce sujet la dissertation insérée dans le Traité, vol. II, p. 480.)

Fig. 11. Urne antique, noirâtre, ornement remarquable en relief de la troisième sorte, attribuée à la fabrication anglo-romaine ; de Castor, près Norwich. — Haut. 25 cent., diam. 27 cent. (Tr. vol. I, p. 449, les dimensions indiquées sont beaucoup au-dessous de celles-ci.)

Fig. 12. Urne antique, fabrication romaine de la troisième sorte, de Cirencester, comté de Glocester, par M. Lysons. (Tr. vol. I, p. 448, la cit. de pl. LV est une faute d'impression.)

Fig. 13. Plat de 43 cent. de diamètre, vernissé en vert, portant la date de 1411. (Coll. de la Bibl. roy.) (Tr. vol. II, p. 14.)

Fig. 14. Urne antique attribuée à la fabrication romaine, troisième sorte ; de Colney (Norfolk), par M. Gibson. — Hauteur, 38 centim. (Tr. vol. I, p. 449.)

Fig. 15. Jatte ronde, matte, attribuée à la fabrication matte romaine de la troisième sorte, ou gréco-romaine (Tr. vol. I, p. 460) d'un tombeau de l'île de Milo.

A, la coupe ou jatte à lait ; B, détail de la frise d'ornements.

Pl. LVIII. Façonnage par incrustation. — Fours à porcelaine, moufles, pyromètres, etc.

Fig. 1. Four n° 2 de la manufacture de M. Alluand, de Limoges. (Tr. vol. II, p. 365.)

A. Coupe verticale suivant XX du plan B.

C. Coupe longitudinale d'un alandier.

D. Coupe transversale d'un alandier.

a. Alandiers du four au nombre de 4 ; F, foyer ; *b, b'*, ouvreaux placés sur la face antérieure de l'alandier ; *b''*, ouvreaux placés sur les faces latérales ; *c*, cendrier ; V, voûte sans piliers, qui donne entrée à la flamme du foyer F dans le laboratoire L ; *c*, espace où on met le bois pendant le petit feu ; on le ferme par deux plaques de terre *gg* percées d'un trou circulaire qu'on bouche par un tampon de terre cuite garni d'une tôle *t* et munie d'un manche *m*; *ee*, portée sur laquelle on place le bois pendant le grand feu.

P'. Porte du laboratoire ; O, carneau du milieu surmonté d'une cheminée ; *oo*, carneaux qui traversent l'épaisseur de la voûte et qui donnent passage à la flamme dans le laboratoire L³ où se place la porcelaine à dégourdir.

H. Chambre voûtée surmontée d'un tuyau H' qui augmente le tirage.

P². Porte du dégourdi L².

nn. Armatures en fer qui consolident le four.

D. Détails des plaques de terre *gg*, et de la manière dont elles sont fermées par le tampon ou l'obturateur en terre cuite *t* muni de son manche *m*.

Fig. 2. Four à porcelaine de Dihl et Guerard , à Paris en 1789.

A. Coupe verticale du four, du côté K , suivant un plan passant par *o*X.

a. Alandier ; F, foyer ; *c*, cendrier ; *e*, espace où se met le bois pendant le grand feu ; *d*, voûte par laquelle la flamme pénètre dans le four ; *b*, *b'b''b''*, ouvreaux placés sur la face antérieure de l'alandier.

C. Détails de l'alandier où l'on voit la manière dont sont placés les ouvreaux *bb'* et *b''*.

L¹. Laboratoire où se cuit la porcelaine ; P¹, sa porte ; *oo*, carneaux qui livrent un passage à la flamme dans le dégourdi L²; O, carneau du milieu surmonté d'une cheminée percée à sa base de plusieurs ouvreaux *nn*; *pp*, plancher au niveau du sol du dégourdi.

Chambre en cône terminée par la cheminée H.

H. Cheminée qu'on ferme et qu'on ouvre à volonté au moyen d'une trappe à bascule *r*.

D. Détails de cette trappe ; H', partie cylindrique de la cheminée.

Nota. J'ai donné la figure de ce four que je tiens de M. Alluaud , comme exemple de la forme des fours de Paris dans une des meilleures fabriques de cette époque.

Fig 3. Moulage du vase arabe de l'Alhambra. (Tr. vol. 2, p. 288, avec explications suffisantes.)

A. Vue extérieure ; B, coupe par un plan passant par l'axe.

C. Forme d'une des pièces composant la zone n° 7 du moule.

Fig. 4. Encastage des formes à sucre dans le four, Pl. xxxiv, *fig*. 8 , de M. Tourasse, à Paris ; *ppp*, piliers ou quilles qui les portent : B, plan d'une forme et de sa quille de support *p* ; *o*, accot pour empêcher le déversement. (Tr. vol. I, p. 544, ou l'enfournement et l'encastage ne sont pas mentionnés.)

Fig. 5. A. Moufle dite n° 3 de la manufacture royale de Sèvres. (Tr. vol. 2, p. 650.)

A. Coupe transversale de la moufle.

B. Coupe longitudinale passant par son milieu.

M. Moufle proprement dite ou laboratoire.

F. Foyer de la moufle ; *b*, sa bouche ; *b'*, ouverture pour donner de l'air ; *c*, cendrier ; *c'*, grille mobile pour retirer les cendres ; *g*, grille de fer sur laquelle se met le bois ; *pp,p'p'*, rainures à différente hauteur dans lesquelles on engage à volonté les barreaux de la grille , pour les éloigner ou les rapprocher du fond de la moufle.

a,a,a. Arceaux en briques qui soutiennent la moufle M.

ee. Espace libre entre la moufle et les murs *mm* pour la circulation de la flamme.

i. Ouverture pratiquée au dôme de la moufle, surmontée d'une douille en terre cuite *d* par laquelle s'échappent les vapeurs de l'essence et s'établit une circulation d'air dans l'intérieur de la moufle.

ff. Feuillure dans laquelle on loge la porte P' avant de la luter.

VV. Voûte en terre cuite percée de carneaux *oo* qui sépare la moufle de la cheminée H.

C. Devant de la moufle, montrant sa porte en trois parties *p*, *p'*, *p''* non encore lutée, soutenue provisoirement par les barres ou traverses en fer *t* et faisant voir la douille ou visière du haut et du bas *v* et *v'*.

Fig. 6. Idée d'un emmouflement qui renferme une grande plaque de porcelaine d'environ un mètre de côté , portant une peinture précieuse.

T est cette plaque inclinée , dont la peinture est sur la partie intérieure pour que la poussière ne puisse y tomber ; *t* est une plaque au moins de même grandeur en dégourdi ou en couverte , mais choisie parmi les défectueuses , sur laquelle appuie la plaque T, non pas immédiatement , mais au moyen d'un petit tasseau en dégourdi taillé en coupant placé en *n*. On ne peut pas le voir.

b,b. Bâti de cazettes qui élève ces deux plaques dont le bord inférieur est en *b'*.

p.p.p. Sont d'autres piles de cazettes destinées à appuyer les plaques et à soutenir des planches en biscuit qui portent différentes pièces à cuire, tant pour profiter du feu que pour garnir les grands vides de la moufle. On les porte ordinairement jusqu'à la hauteur de la plaque , mais on ne les a pas figurées ici, parce qu'elles auraient caché la pièce principale.

tt. Autres plaques en dégourdi, garnissant les parois de la moufle, pour garantir les pièces à cuire de la cendre ou de l'action directe de la fumée qui pourrait s'introduire par de petites fissures s'ouvrant au milieu de la cuisson.

m. Montre de carmin suspendue au milieu de la plaque pour juger, le plus exactement possible, le feu qu'elle a reçu.

Fig. 7. Détails de la porte P de la moufle, du mur *m* de devant, construit en grandes briques lorsque la porte est posée, et des douilles ou visières V en profil; V', en coupe, où l'on voit la petite cloison *h* qui la divise en deux coulisses; l'une, la supérieure, reçoit le pyromètre *a s*, l'autre, l'inférieure, la montre *m'* au bout de son fil de fer *f*.

Fig. 8. Détails de la tête du pyromètre à barreau d'argent employé à la manufacture royale de porcelaine de Sèvres depuis 1804, et représenté dans son entier, Pl. LIX, *fig.* 5.

a, b. Barreau d'argent fin de 2 décimètres de long.

o. Barre en dégourdi de porcelaine avec une rainure pour recevoir le barreau d'argent et la baguette de dégourdi de porcelaine *bc*, qui communique aux leviers *l* et à l'aiguille *g* le mouvement de la dilatation du barreau d'argent.

k. Tige en cuivre faisant partie de l'appareil des leviers et munie d'un bouton à vis destiné à régler l'instrument au moyen de l'allongement ou du raccourcissement de la tige *b* de ce bouton.

l, P. Levier coudé mû par la pression du bouton *b*, et faisant mouvoir un autre levier *p* ou aiguille. Ces leviers sont destinés à multiplier l'étendue des dilatations par 100, en sorte que lorsque l'aiguille marque sur l'arc de cercle *i, h*, 200 degrés, elle indique que le barreau d'argent s'est dilaté d'environ 2 millimètres. On dit *environ*, parce qu'on n'obtient jamais la dilatation absolue du barreau, mais seulement la différence entre la dilatation du barreau d'argent et celle de la partie *a, b* du support du dégourdi *o* qui lui correspond, Pl. LIX.

BBB. Rayons de l'arc de cercle se réunissant en une queue attachée solidement avec des vis sur la tête plane C du barreau de dégourdi *o*.

L'arc du cercle *i, h* est divisé en 350 degrés et représente par conséquent une dilatation de 7 millimètres.

La cuisson ordinaire des peintures et dorures sur porcelaine a lieu dans une étendue de 220 à 275 degrés.

x. Est une lame d'acier qui fait ressort, et dont le but est d'empêcher le *temps perdu* en tenant toujours les dents des rateaux P*p*, qui sont à l'extrémité des leviers, en contact

immédiat entre eux et avec le bouton *a, b*. L'instrument a environ un mètre de longueur, afin que le barreau d'argent pénètre dans le centre des plus grandes moufles.

Fig. 9. Détails d'une montre de porcelaine pour juger le feu. (Tr. vol. II, p. 671.)

m. Montre; *t*, trou à l'aide duquel on l'attache solidement à un fil de fer, comme on le voit en *f m'*, fig. 7.

c. Touche de carmin dont la nuance indique la température de la moufle; *o*, touche d'or métallique.

Pl. LIX. **Différents fourneaux de moufles à cuire des peintures vitrifiables.**

Fig. 1. A et B. Moufle à alandier latéral de Berlin, en 1812, communiqué par M. Frick (Tr. vol. II, p. 399 et 661.)

A. Coupe transversale de la moufle et de l'alandier.

B. Coupe longitudinale de la moufle et de son fourneau.

M. Moufle n'ayant qu'une douille de visière en V, mais point de douille d'évaporation.

a. Alandier; *g*, banquettes ou portéespour le bois; *c*, cendrier; *u, u'*, ouverture pour donner de l'air lorsqu'on veut brûler la braise accumulée.

F. Continuation du foyer et de la chaleur dessous et à l'entour de la moufle dans l'espace très-large *oo*.

P. Porte de la moufle; P', mur antérieur du fourneau que l'on construit après l'emmouflement; *b, b*, ouvertures fermées par des briques, que l'on ouvre après la cuisson pour hâter et égaliser le refroidissement.

C, C', Cheminée.

m, m. Massif du fourneau.

Fig. 2. Moufles telles qu'elles sont établies à Paris en 1843. (Celle-ci a été prise chez M. André, décorateur de porcelaine.) (Tr. vol. II, p. 661.)

A. Coupe transversale.

B. Coupe longitudinale.

M. Moufle ; V, visière pour la montre.

d. Douille d'évaporation ; P, porte; *m'*, mur antérieur construit après l'emmouflement.

ee. Espace qui règne entre la moufle et les parois du fourneau, on remarquera combien il est étroit.

H. Cintre arqué percé d'un grand nombre de carneaux ronds *o o*.

F. Foyer; *aaa*, arceaux du foyer portant la moufle; *g*, grille
pour le bois; *b*, bouche des foyers; *pp*, parties de la grille.

C. Cendrier.

m, m. Murs du fourneau.

Fig. 3. Fourneau à moufles mobiles.

Plan et coupe du four employé à cuire la porcelaine peinte
tant dure que tendre, à la Manufacture royale de porcelaine
de Sèvres, de 1756 jusque vers 1802. (Voir son histoire, tr. vol.
II, p. 663.)

A. Coupe par l'axe du plan X, Y.

B. Plan au niveau du sol des chambres R, S.

C. Plan au niveau des cendriers V, Z.

A. Première chambre dans laquelle on place la caisse pleine
de porcelaine peinte pour recevoir le premier degré d'é-
chauffement. Elle reçoit la chaleur par un canal dévoyé *n*
du petit alandier *f*.

B. B. Seconde chambre, échauffée directement par le foyer ou
alandier *f*, où se poussent les caisses quand elles ont séjour-
né assez longtemps dans la chambre A.

C. Troisième chambre d'échauffement où se poussent alternativement les caisses qui étaient en B, ce qui se nomme *mettre en rive*.

D. Quatrième chambre où on fait avancer alternativement
les caisses B et C.

E. Chambre séparée des précédentes par la trappe T² et nommée le n° 4 où se pousse la caisse qui était en D; elle est
chauffée particulièrement par le foyer F.

G. Chambre du milieu dite du grand feu ou enfer. La caisse et
les porcelaines qu'elle renferme, y restent le temps nécessaire pour y recevoir le feu qui leur convient.

On juge du degré du feu nécessaire tant à la caisse du n° 4
qu'à la caisse mise dans la chambre G ou l'enfer, par la couleur rubescente ou incandescente des pièces : on voit cette
couleur en regardant par les visières *v* et *v¹* qui correspon-
dent à un trou carré percé sur le côté gauche de la caisse.
C'est par ces visières que j'ai retiré, en 1801, les montres que
j'avais placées dans l'ouverture correspondante des caisses.

L'enfer est chauffé par l'alandier ou foyer principal F¹ et
séparé des chambres E et H par les trappes T² et T¹.

Lorsqu'on juge le feu suffisant, on tire la caisse dans la chambre H qu'on nomme le n° 7, chauffé faiblement par l'alandier

F″, plus petit que les précédents; elle commence à s'y refroi-
dir, elle passe successivement dans les places I, K, L qui font
partie de la grande chambre chauffée par le petit foyer *f′*, et
enfin dans la dernière M, où elle se refroidit assez pour qu'on
puisse la sortir du four sans risque.

T¹T², etc. Trappes en terre cuite, armées en fer, qu'on élève et
qu'on abaisse au moyen de leviers ou bascules de fer attachés au plafond de la halle du four.

f et *f′*. Petits foyers pour maintenir une basse température
dans les chambres antérieures B, C, D et postérieures I, K, L.

Les caisses sont parallélipipédiques en terre cuite, elles sont
portées sur des traîneaux en fer dont les brancards sont
terminés par une espèce de bec relevé pour rendre plus facile le poussage avec des ringards et le tirage avec des
crochets.

On les pousse dans le sens du brancard du traîneau avec un
ringard ou longue barre de fer de A en B par l'ouverture T¹,
ensuite de B en C et en D, mais latéralement avec de plus
petits ringards qu'on introduit par les conduits *u u*, puis de D
en E, et en G par l'ouverture P, fermée également par une
trappe, au moyen de ringards plus ou moins longs. Lorsque le
coup de feu est donné, on retire la caisse qui est en G, avec
des crochets, et on la fait passer successivement et par la
même manœuvre, mais en la tirant au lieu de la pousser, par
les chambres H, I, K, L, M. On s'arrange pour qu'il n'y ait pas
de caisse en D, lorsqu'il s'agit de pousser les caisses E et G,
et pour qu'il n'y en ait plus en H ni en I, lorsqu'il s'agit de
tirer la caisse de G en H.

F, F′, F″. Produisent la chaleur qui, au moyen des conduits *o*
s'ouvrant d'abord dans les chambres et ensuite sur les
plafonds du four dans la halle, est répartie dans la propor-
tion qu'on a jugée convenable.

t¹ t² t³ t⁴. Sont les rainures dans lesquelles glissent les trappes
qui forment les chambres E, G et H.

Fig. 4. A et B. Espèces de tire-points en fer destinés à supporter de
champ, par un trou fait dans le pied de la pièce, les assiettes,
soucoupes, compotiers et autres pièces analogues de forme,
que l'on place dans la caisse afin qu'elles ne touchent à rien;
car le vernis de la porcelaine tendre se ramollit à cette température.

Fig. 5. Pyromètre à barreau d'argent. (Décrit à l'explication de la
Pl. LVIII.)

Pl. LX. Moufles fixes et mobiles diverses.

Fig. 1, A, B, C. Moufle de la manufacture impériale de porcelaine de Vienne, d'après un dessin très-précis envoyé, en 1840, par M. Baumgartner, alors directeur de cette manufacture. (Tr. vol. II, pag. 660 et 661.)

A. Coupe longitudinale par l'axe *v x* du plan B.

B. Plan sur les lignes *v x* et *y z*.

C. Plan sur la ligne *t u*.

Cette moufle est très-compliquée, et malgré l'explication donnée par M. Baumgartner, je crains qu'on ne puisse se rendre compte exactement de quelques parties.

M. Est la coupe longitudinale d'une des deux moufles (car il y en a ordinairement deux accolées pour une seule cheminée) avec l'espace, *ee* qui est entre la moufle et les murs *m* et *m'*.

a. Est l'alandier en avant, dans lequel on jette d'abord le bois; puis, suivant l'époque du feu, on le place sur les portées *p*. Ce bois est très-long, ayant huit décimètres.

cc. Est le cendrier auquel on arrive par les passages P, P. La flamme divisée par les petits piliers *ff* coupés en devant en arête, se rend par dessous la voûte à travers les espaces *hh* réservés entre les piliers *kk* dans la cheminée H, commune à deux fourneaux à moufle.

Le mur *m'* que l'on construit lorsque la moufle est chargée, est percé d'une ouverture correspondante à la douille de la porte de la moufle pour qu'on puisse juger l'état de la température par la seule couleur du feu. On n'emploie ni montre, ni pyroscopes; il n'y a point de douille d'évaporation.

On sait que les couleurs de Vienne, très-belles et très-brillantes, se cuisent à une température bien plus élevée que les nôtres.

Quelque incomplète et peut-être un peu obscure et même incertaine que soit cette description, il m'a paru intéressant de donner une idée des moufles de Vienne et de Berlin si compliquées en comparaison des nôtres, figurées pl. LVIII et LIX.

Fig. 2. A, B, C, D. Fourneau à moufle mobile, construit à Paris en 1809, par M. Legros d'Anisy. (Tr. vol. II, p. 665, où se trouve une description presque complète de ce fourneau)

D. Coupe transversale prise au milieu du fourneau.

C. Plan sur la ligne *y z*.

B. Plan au sol des traineaux sur la ligne *v x*.

A. Plan à travers la voûte et les carneaux sur la ligne *t u*.

M. Plateau de dépôt des caisses, porté sur une voûte, à chaque extrémité du four; celui de sortie, qu'on ne voit pas, avait moins d'étendue que celui d'entrée.

C¹. Chambre d'entrée, et C⁴ (qu'on ne voit pas), chambre de sortie.

C² C³. Chambres de cuisson.

A¹ (et A⁴ qu'on n'a pas mis). Alandiers qui chauffent les chambres d'entrée et de sortie; *b*, bouche supérieure; *b'*, bouche inférieure.

A² et A³. Alandiers qui sont plus grands que les précédents et qui chauffent les chambres de cuisson.

F. Foyer qui se prolonge sous les arceaux *a a*.

aa. Arceaux dont les sommets forment deux lignes ou voies continues où passent les brancards des traineaux qui portent les moufles mobiles ou caisses renfermant les pièces à cuire.

cccc. Carneaux de côté pour l'entrée de la flamme et de la chaleur dans les quatre chambres.

c' c' c', etc. Carneaux du milieu propres aux deux seules chambres de cuisson C² et C³.

t t t t. Trappes mues par des bascules pour fermer les chambres; *f' f',* coulisses dans lesquelles les trappes se meuvent.

c'' c' c''. Carneaux de sortie des produits de la combustion se rendant dans la cheminée H.

Pour juger la température des chambres de cuisson 2 et 3, on a employé mon pyromètre d'argent, qu'on introduisait dans les caisses par des visières ménagées; il restait toujours assez longtemps dans les chambres de cuisson pour y prendre leur température.

EXPLICATION DES VIGNETTES DES TITRES.

TOME Ier. Un potier grec ajuste les anses d'un vase diota pour le placer dans le four qui est devant lui.
Tiré d'une entaille de cornaline du cabinet du duc de Devonshire.
(DUBOIS-MAISONNEUVE. Peintures de vases antiques. In-folio , Paris , 1808.
Tome Ier. Frontispice , expliqué page 124.)

TOME II. Un potier grec vient de retirer un vase peint , cuit dans la moufle sur laquelle il le dépose. On voit à l'espèce de pincette avec laquelle
il le prend que ce vase est encore chaud.

Cette entaille a été publiée par Caylus, comme l'indique la copie qu'en a faite D'HANCARVILLE (tom. III , Avant-propos , pag. 2.)
Elle a été reproduite dans le frontispice du tome II des vases antiques de DUBOIS-MAISONNEUVE.

ATLAS. Les portraits accolés des trois célèbres potiers : BERNARD PALISSY , français ; BOETTGER , allemand; WEDGWOOD , anglais.
Ils sont faits d'après des portraits authentiques que possède le Musée céramique de Sèvres.

TABLEAU

des signes, chiffres, signatures, etc., placés comme marques sur diverses Poteries;

rangés d'abord par ordre de Poterie, puis par ordre géographique.

PORCELAINES DURES ET TENDRES.

	Russie. SAINT-PÉTERSBOURG, manufacture impériale.	Porcelaine dure.		**Pays de Brunswick.** FURSTEMBERG.	Porcelaine dure.
	Danemark. COPENHAGUE, manufacture royale.	Porcelaine dure.		**Hesse.** FULDA.	Porcelaine dure.
	Prusse. BERLIN, manufacture royale.	Porcelaine dure.		**Wurtemberg.** LOUISBOURG.	Porcelaine dure.
	Saxe. MEISSEN, manufacture royale.	Porcelaine dure.		**Pays-Bas.** TOURNAY.	Porcelaine tendre.
	Cté de Schwartzbourg. RUDOLSTADT.	Porcelaine dure.		**Angleterre.** CHELSEA, près Londres.	Porcelaine tendre.
	Bohême. ELBOGEN,	Porcelaine dure. Fab. de MM. Haidinger, 1836.		**Angleterre.** DERBY.	Porcelaine tendre.
F & R	**Bohême.** LE HAMMER, près Carlsbad.	Porcelaine dure. Fab. de MM. Fischer et Reichenbach.	**A R**	**France.** ARRAS.	Porcelaine tendre sous la protection de M. de Calonne.
	Autriche. VIENNE. manufacture impériale.	Porcelaine dure.		**France.** CHANTILLY.	Porcelaine tendre. sous la protection du prince de Condé.
	Bavière. NYMPHENBOURG, manufacture royale.	Porcelaine dure.			

Mark	Lieu	Nature
ᔕC / T (croix)	**France.** SAINT-CLOUD.	Porcelaine tendre.
DV	**France.** MENECY.	Porcelaine tendre. Sous la protection du duc de Villeroi.
BR	**France.** BOURG-LA-REINE.	Porcelaine tendre.
SX	**France.** SCEAUX.	Porcelaine tendre.
(moulin) **C**	**France.** CLIGNANCOURT, près Paris.	Porcelaine tendre. Sous la protection des ducs d'Orléans. 1750–1760.
(monogramme) **M** (couronne)	**France.** CLIGNANCOURT.	Porcelaine dure. Fab. de M. Deruelle, sous la protection de Monsieur. 1785.
H	**France.** PARIS, Faubourg St.-Lazare.	Porcelaine dure. Fab. d'Hannong. 1773.
M A P	**France.** PARIS, Faubourg St.-Antoine.	Porcelaine dure. Fab. de M. Morelle. 1773.
S.	**France.** PARIS, Faubourg St.-Antoine.	Porcelaine dure. Fab. de M. Souroux. 1773.
(flèches croisées)	**France.** PARIS, rue Fontaine-au-Roi, dite de la Courtille.	Porcelaine dure. Fab. de M. Locré. 1773.
(couronne, **A**)	**France.** PARIS, rue de Thiroux.	Porcelaine dure. Fab. de M. Le Bœuf. Sous la protection de la reine. 1780–1793.
(monogramme couronné)	**France.** PARIS, rue de Bondy.	Porcelaine dure. Fab. Dihl et Guerhard, sous la protection du duc d'Angoulême. 1780–1793.
♪P	**France.** BELLEVILLE, près Paris.	Porcelaine dure. Fab. de M. Jacob Petit. 1834.
DĞ	**Piémont.** VINEUF, près Turin.	Porcelaine dure.
(fleurs de lis) / (X, monogrammes)	**Espagne.** MADRID, manufacture royale.	Porcelaine tendre. Détruite en 1812.
N / **Ñ** (couronne)	**Naples.** manufacture royale.	Porcelaine tendre. Abandonnée en 1799.
(ancre)	**Venise.**	Porcelaine tendre. 1820.
✳	**Lombardie.** LENOVE, près Bassano.	Porcelaine tendre. 1820.

TABLEAU

Des **MARQUES** *des* **PIÈCES DÉCORÉES** *de la Manufacture de Porcelaine de Sèvres, fondée à Vincennes en 1740, à partir de l'année 1753, époque où elle commença à marquer ses produits, en exécution de l'arrêt du roi du 19 août de ladite année, portant privilége de cette fabrication en faveur d'Éloi Brichard,* **avec titre de manufacture royale jusqu'en 1844.**

	1re ÉPOQUE ROYALE. Du 19 août 1753 au 21 septembre 1792. Les lettres indiquent les années depuis 1753 jusqu'en 1777 qu'on a été obligé de doubler les lettres jusqu'à la cessation de la marque royale en 1793.		2e ÉPOQUE ROYALE. Règne de Louis XVIII. Mai 1814 à septembre 1824.
	ÉPOQUE RÉPUBLICAINE. Du 21 septembre 1792 jusque vers la fin de 1800.		Règne de Charles X. 1824-1827.
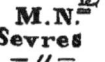	ÉPOQUE CONSULAIRE. De 1800 à 1804.		*Ibid.* 1827-1830.
	ÉPOQUE IMPÉRIALE. De 1810 à 1814. De 1804 à 1810, la marque était en toutes lettres comme celle de l'époque consulaire.		Règne de Louis-Philippe. 1830-1834.
			Ibid. 1834 à l'époque actuelle.

MONOGRAMMES et MARQUES

des principaux peintres et doreurs de la Manufacture royale de Porceluine de Sèvres.

Marque	Nom	Spécialité		Marque	Nom	Spécialité
B. r	Béranger.	Figures.		*h. D.*	Huard.	Ornements divers.
y.	Bouillat.	Fleurs, guirlandes, bouquets, etc.		*L. G.*	Le Guay.	Figures.
AB	Boullemier (Antoine).	Dorure.		*L Gte*	Langlacé.	Paysage.
C.	Castel.	Paysage. chasses et oiseaux.		*X*	Micaud.	Fleurs.
△	Capelle.	Arabesques, frises diverses.		*St*	Pithou, ainé.	Figures.
K	Dodin.	Figures.		*S. j*	Pithou, jeune.	Figures, fleurs.
AD	Ducluzeau Mme (Adélaïde).	Figures.		*P L*	Philippine.	Fleurs et ornements.
C D	Develly.	Genre.		*S. W.*	Swebach.	Paysage et genre.
G. G	Georget.	Figures.				

GRÈS-CÉRAMES.

(mark)	**France..** VOISINLIEU, faubourg de Beauvais. Fab. de MM. J. Ziegler.	Vases d'usage et d'ornements à reliefs, de divers styles.	*(mark)*	**France.** Fab. DUMONTET, (Saône-et-Loire), prop. expl. M. Laurjorois.	Jarres, tines, cruchons et bouteilles pour les eaux minérales gazeuses, etc.

FAÏENCES ÉMAILLÉES.

(mark A)	**Allemagne.** Fab. inconnue.	Patène, faïence grossière à décoration polychrome, du 15 au 16e siècle.	*(mark)*	**Hollande.** Fab. de DELFT.	Assiette à bord festonné, paysage et figure d'après Berghem, fleurs détachées.
(mark M.)	**Allemagne.** Fab. inconnue.	Cruche sphéroïdale, paysage en camaïeu bleu, du 17 au 18 siècle.	*(mark)*	**Hollande.** Fab. de DELFT.	Compotier rond cannelé, à bord festonné, décoration polychrome, style chinois.
(mark W)	**Allemagne.** Fab. inconnue.	Canette cylindrique, décoration polychrome, dont l'aigle impérial avec la date de 1736.	*(mark AR)*	**Hollande.** Fab. de DELFT.	Pot à l'eau burso-cylindrique, paysage en camaïeu bleu, costumes du règne de Louis XIV.
(mark)	**Allemagne.** HÖCHST, sur le Mayn.	Plat à égoutter, riche décoration polychrome, style du 16e siècle.	*(mark AR)*	**Hollande.** Fab. de DELFT.	Porte-huilier, décoré dans le style chinois en bleu et rouge.
(mark) Strobel A° 1730 *(illegible)*	**Allemagne.** Fab. inconnue.	Plat rond, riche décoration chino-allemande, en camaïeu bleu.	*(mark)*	**France.** Fab. de BERNARD-PALISSY.	Figurine dite la nourrice de François Ier.

Mark	Origin	Description
	France. École italienne.	Carreau de revêtement du château d'Anet. 16ᵉ s.
	France. Fab. privilégiée de ROUEN.	Seau à rafraîchir, de forme octogonale, ornements polychromes, style du 17ᵉ siècle.
	France. Fab. de ROUEN.	Plateau octogone, en camaïeu bleu, style du 17ᵉ siècle.
	France. Fab. de NEVERS.	Grand plat rond, de 48 centimètres de diamètre, figures style chinois. Du 17 au 18ᵉ siècle.
	France. Fab. de NEVERS, attribué à *Jacques Seniis.*	Bidon en forme de couronne, frise vigne peinte en bleu, 18ᵉ siècle.
	France. SCEAUX-PENTHIÈVRE.	Assiettes à reliefs, marines, paysage, fleurs, vers 1775.
BIaR	**France.** BOURG-LA-REINE, près Paris.	Pièces de service diverses, fabrication actuelle.
	France. TOULOUSE, fab. de MM. Fouque, Arnoux et Cie.	Service de Pharmacie, etc.
	Italie. Fab. de GUBBIO.	Monogramme de Georges Andreoli (Maestro Giorgio), 1584-1552.
	Italie. Fab. de PESARO?	Assiette plate, arabesque en camaïeu bleu avec armoirie, 16ᵉ siècle.
H.F. HF	**Italie.** Fab. de NAPLES.	Assiettes et soucoupes avec paysages et animaux, peintures polychromes, 17ᵉ siècle.
	Italie. Fab. de NAPLES.	Vases de cheminée, à quatre lobes, décorés dans le style chinois, en camaïeu violâtre, 18ᵉ siècle.
	Italie. Fab. de NAPLES.	Plateau rond, figure de l'abondance, peinture polychrome, 18ᵉ siècle.

Pl. I.

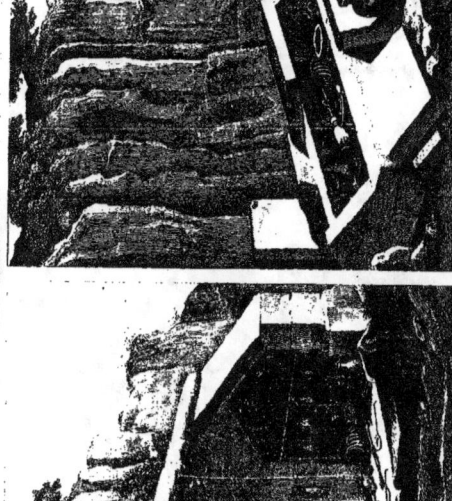

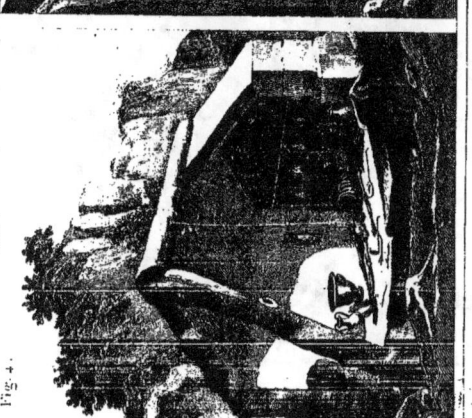

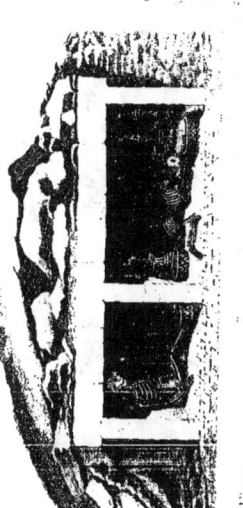

Fig. 2.

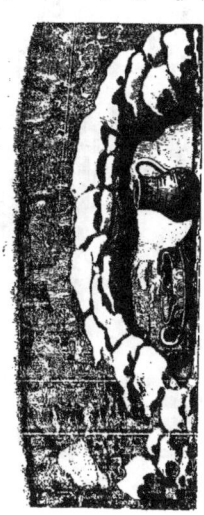

Fig. 4.

Fig. 3.

Position des vases dans les tombeaux.

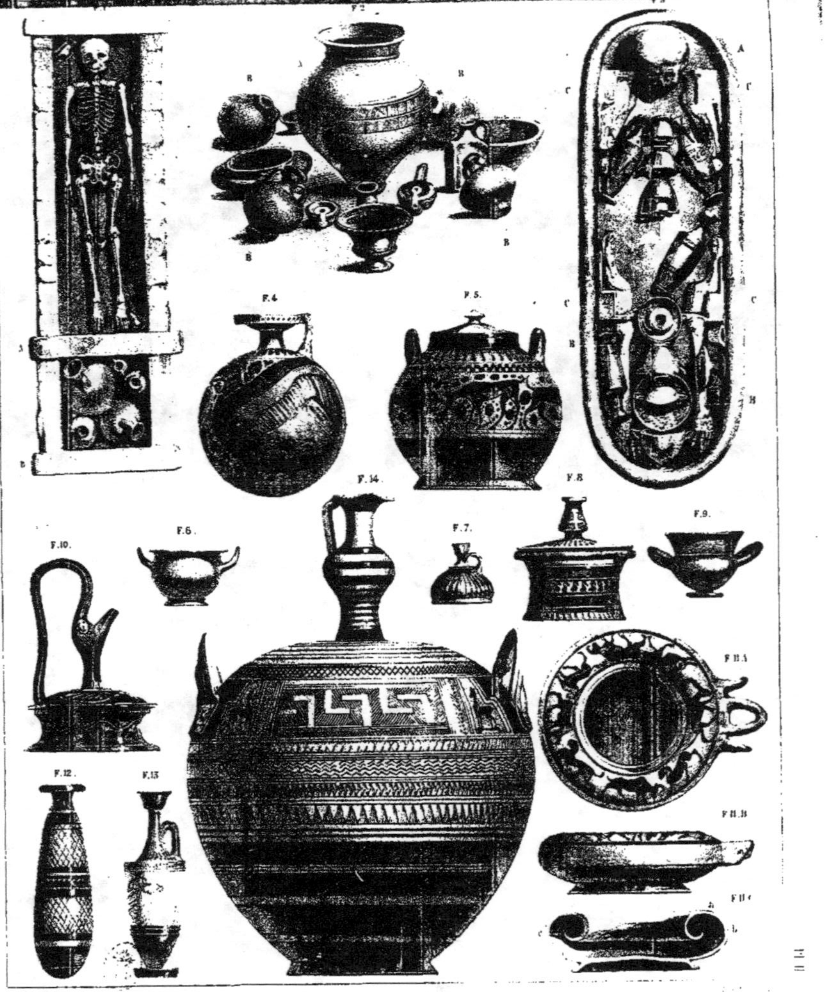

PL.II

Fig.1 et 3.position des vases dans les tombeaux. Fig. 4 a 14 vases grecs dits Tirrheniens.

B.Regnaud.

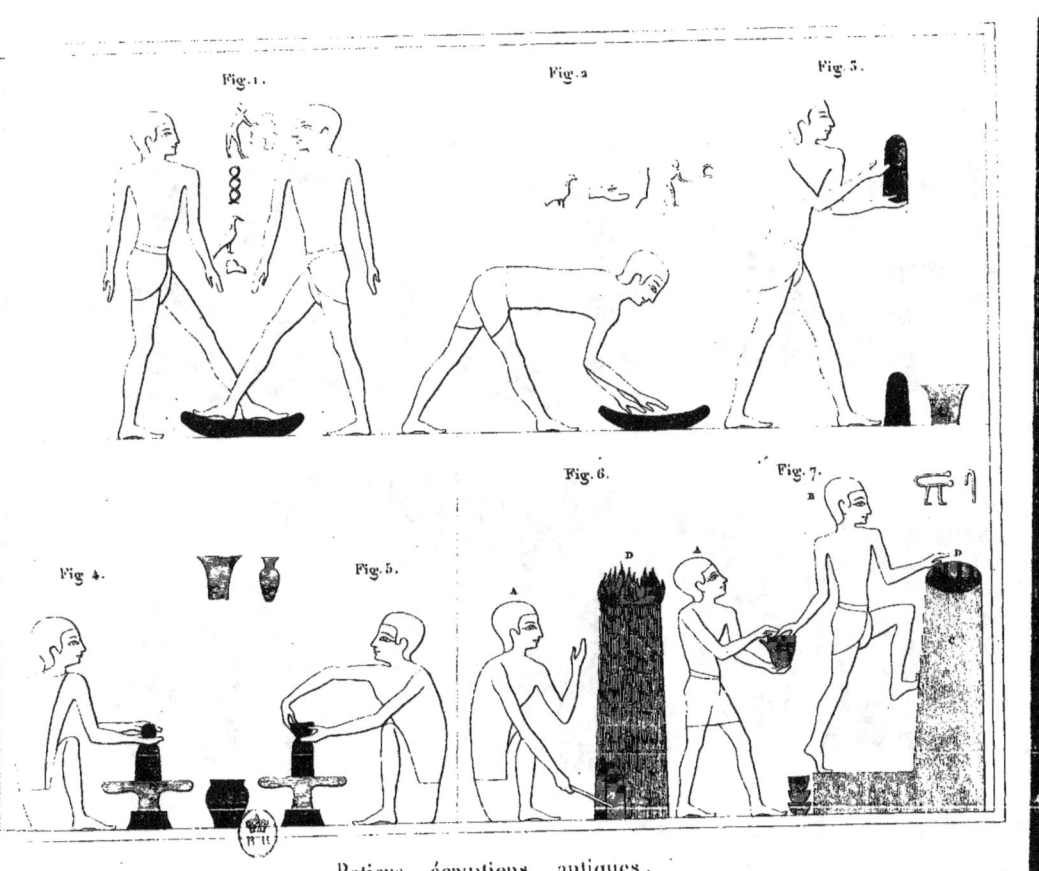

Fig. 1. Fig. 2 Fig. 3.

Fig. 4. Fig. 5. Fig. 6. Fig. 7.

Potiers égyptiens antiques.

Fig. 1.
Coupe sur la ligne G H.

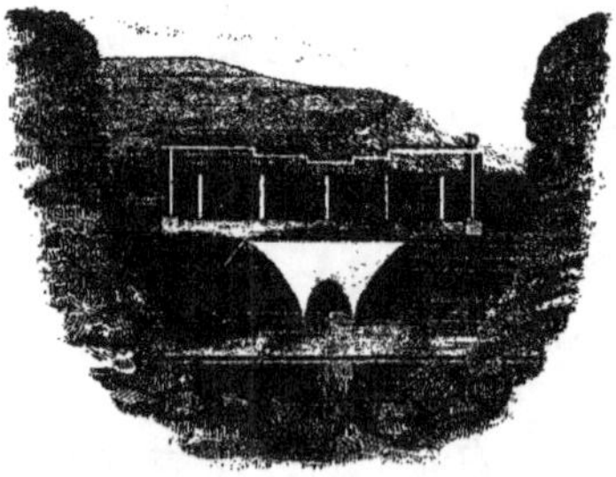

Fig. 3.
Plan.

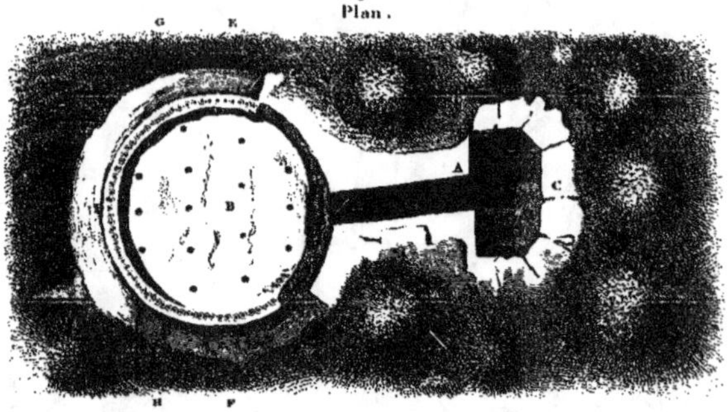

Fig. 2.
Coupe sur la ligne E F.

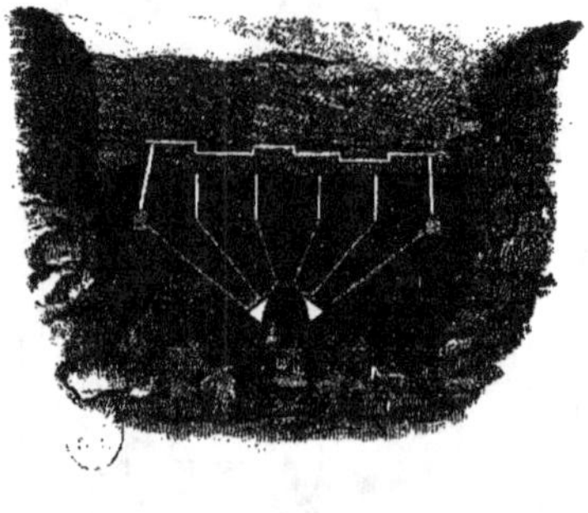

Fig. 4.

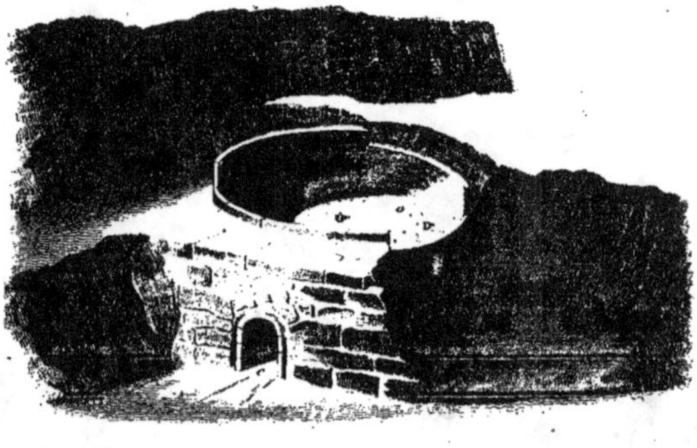

Fours à poterie des Romains.

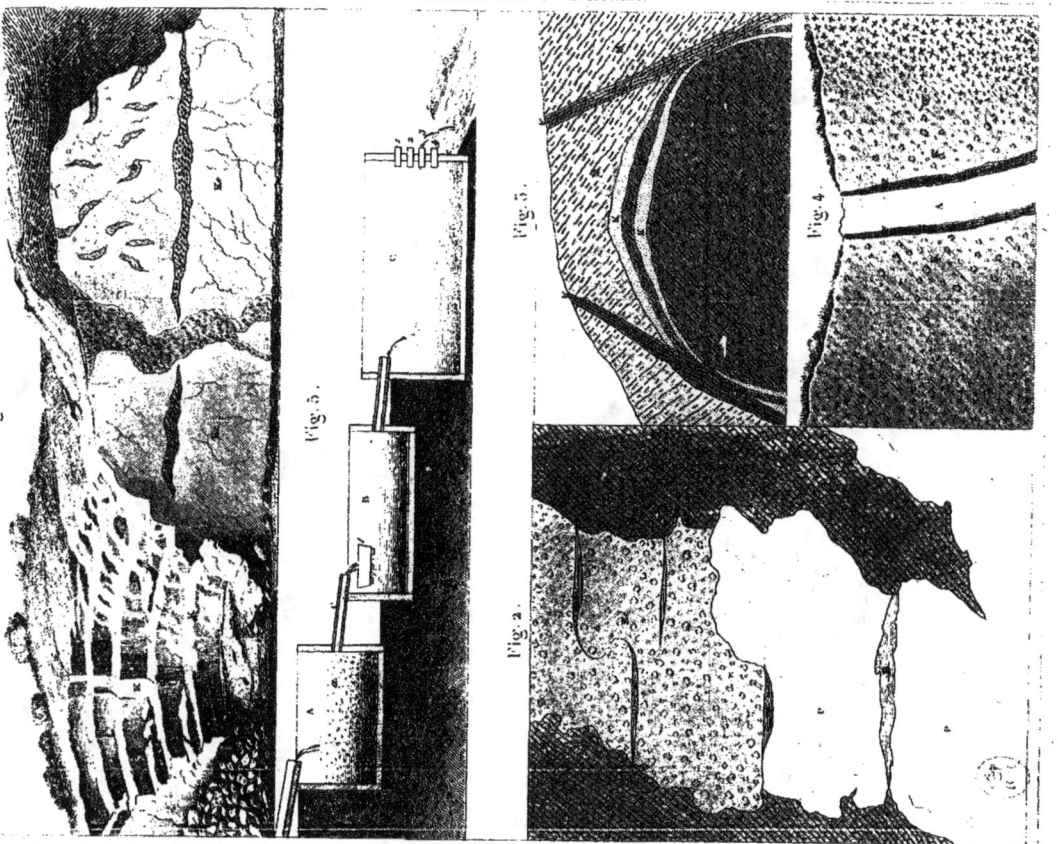

Pl. V.

Gîtes, exploitation et lavage du Kaolin.

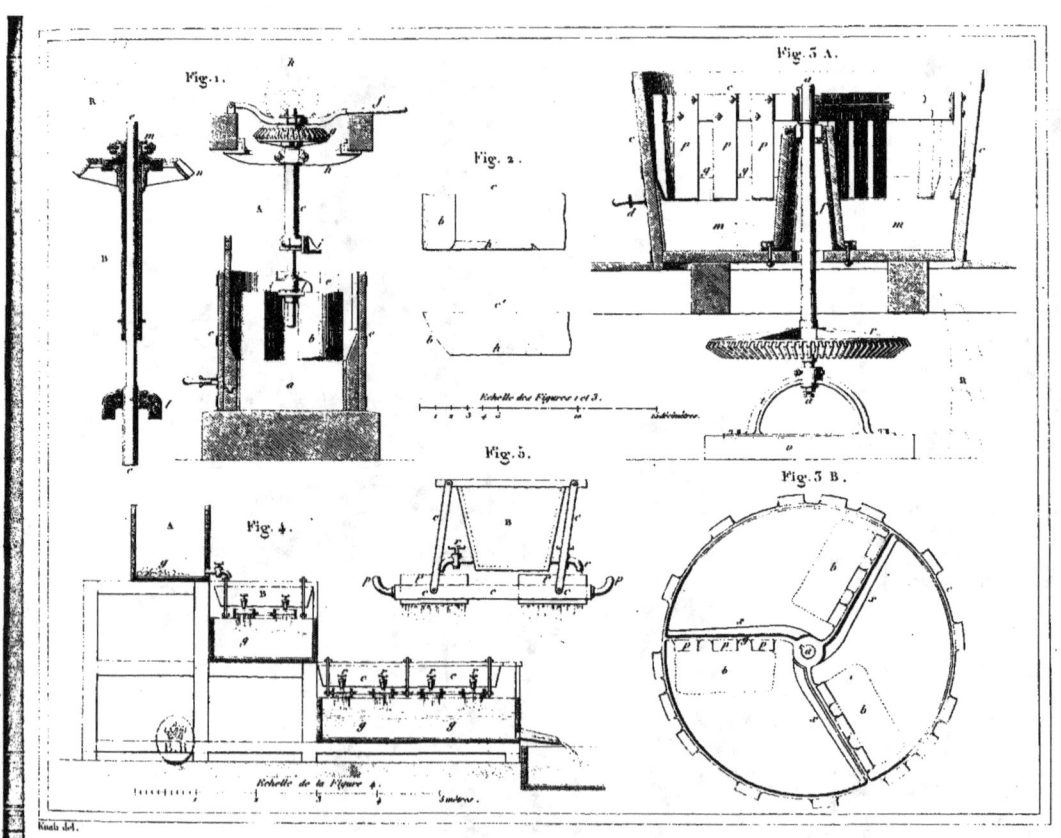

Machines à broyer et à laver les éléments des pâtes céramiques.

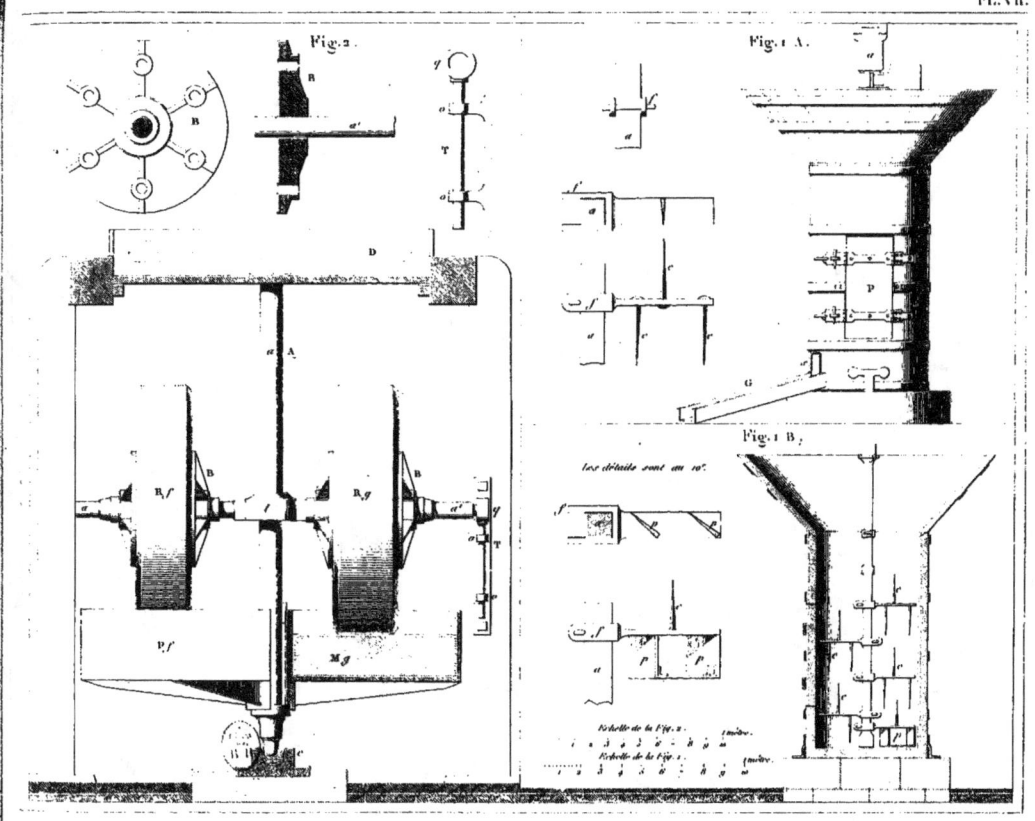

Tours à Faïence et à Porcelaine.

Fig. 1 A.

Fig. 2 B.

Fig. 2 A.

Fig. 1 B.

Fig. 3 B.

Fig. 3 A.

Fig. 4.

Fig. 1. Presse à faire des tuyaux. ——— Fig. 2 et 4. Tours de Potiers de Grès cérame.
Fig. 3. Appareil de M. Alluaud à raffermir les pâtes par pression atmosphérique.

Fig. 2. A.

Fig. 1.

Fig. 3. A.

Fig. 3. B.

Echelle de o⁵⁵ pour 1ᵐ pour les Fig. 1, 2. A et 2 B.

Fig. 2. B.

Fig. 2. C.

Fig. 2. D.

Echelle de o⁵⁵ pour 1ᵐ pour les Fig. 2 C et 2 D.

B. fi.

Fig. 1 et 2. Presses à mouler les pâtes céramiques.___Fig. 3. Frein pour régler le mouvement de plusieurs tours mus par un moteur commun.

Pl. XI.

Fig. 1. Fig. 2. Fig. 3. Fig. 5. Fig. 6. Fig. 4. Fig. 7.

Suite du façonnage par coulage. Colonnes, tubes, cornues, anses &c.

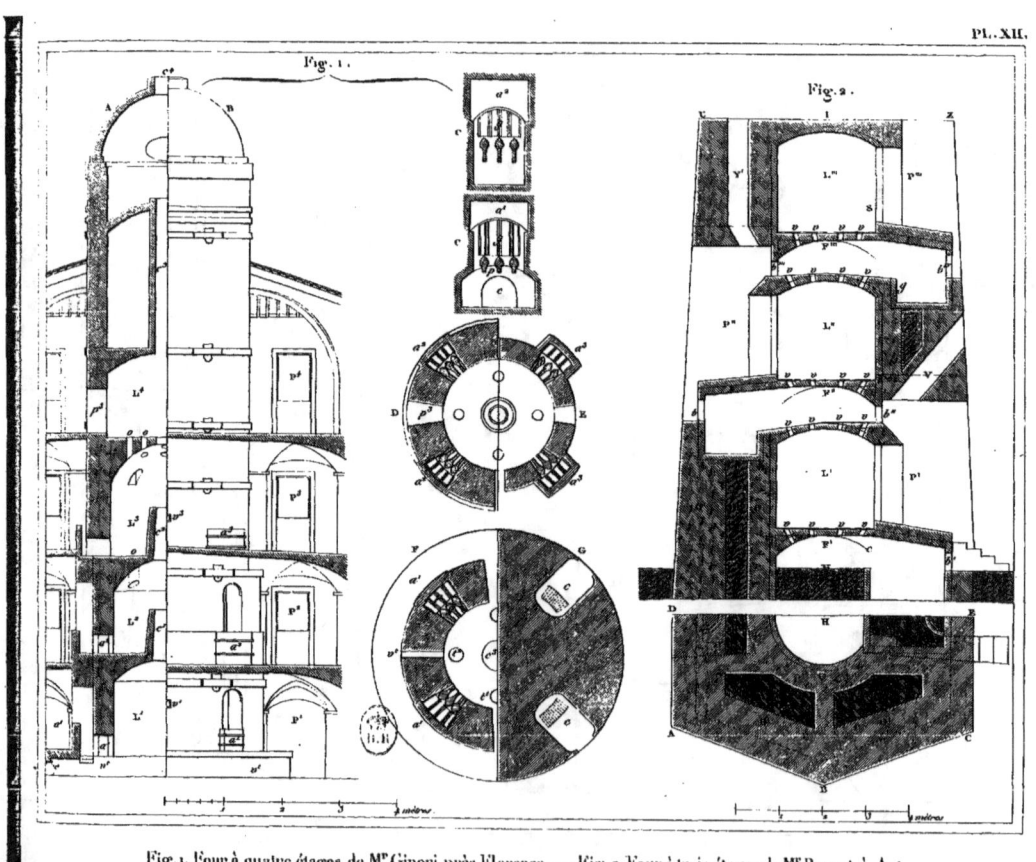

Fig. 1.

Fig. 2.

Fig. 1. Four à quatre étages de M.ᵣ Ginori près Florence. —— Fig. 2. Four à trois étages de M.ᵣ Bonnet à Apt.

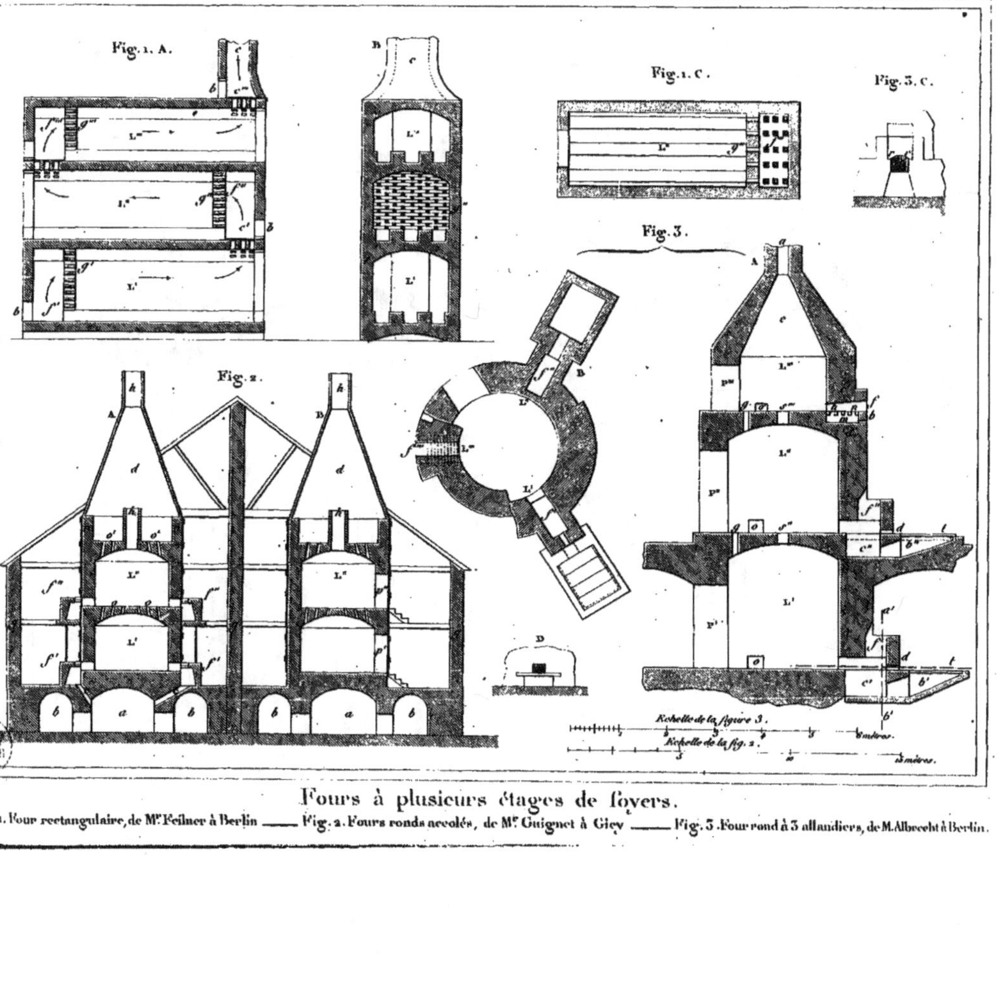

Fours à plusieurs étages de foyers.

Fig. 1. Four rectangulaire, de Mr Feilner à Berlin. —— Fig. 2. Fours ronds accolés, de Mr Guignet à Gicy —— Fig. 3. Four rond à 3 allandiers, de M. Albrecht à Berlin.

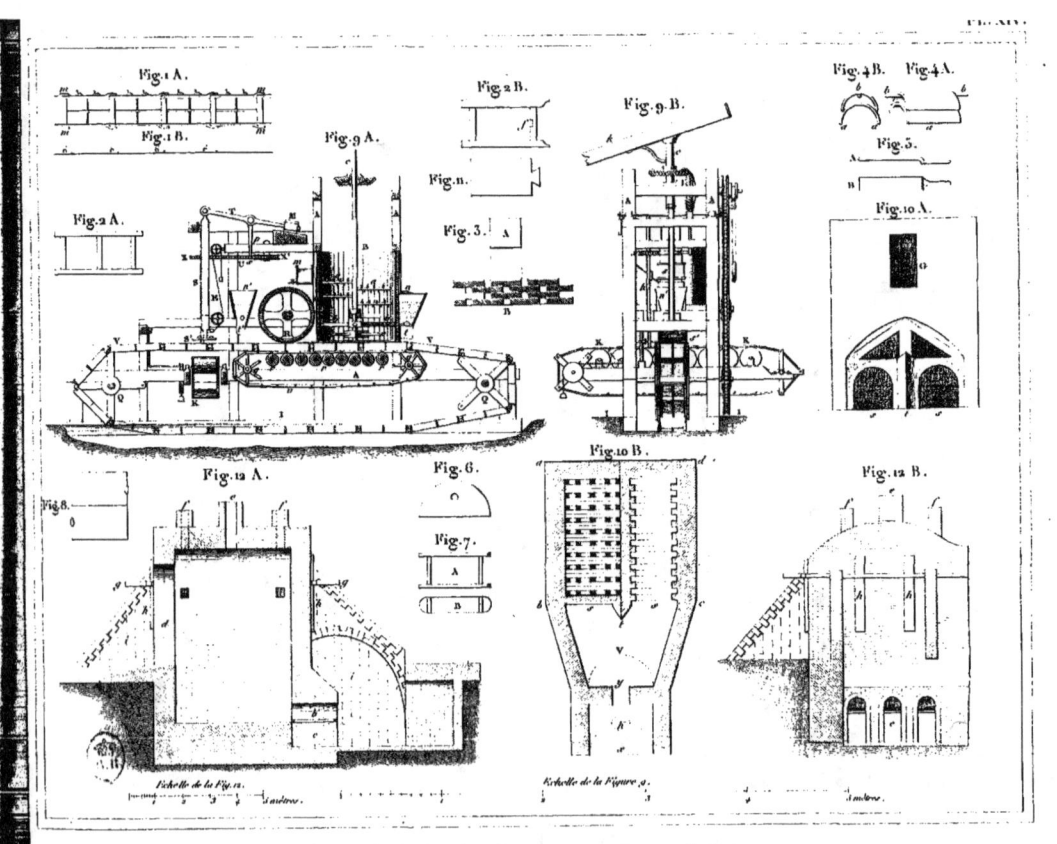

Machine à faire des briques et fours à briques.

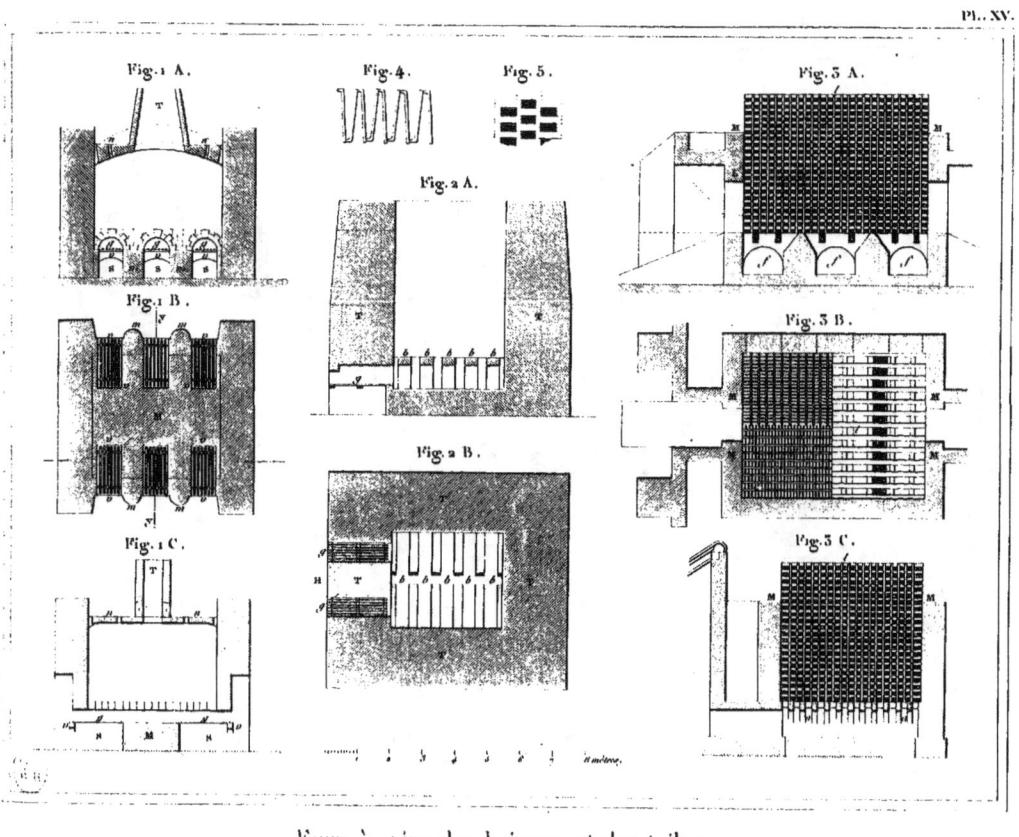

Fig. 1 A.   Fig. 4.   Fig. 5.   Fig. 3 A.

Fig. 2 A.

Fig. 1 B.

Fig. 2 B.

Fig. 3 B.

Fig. 1 C.

Fig. 3 C.

Fours à cuire des briques et des tuiles.

Cuisson des briques à la houille en Flandre, et dans le Staffordshire.

PL. XVI.

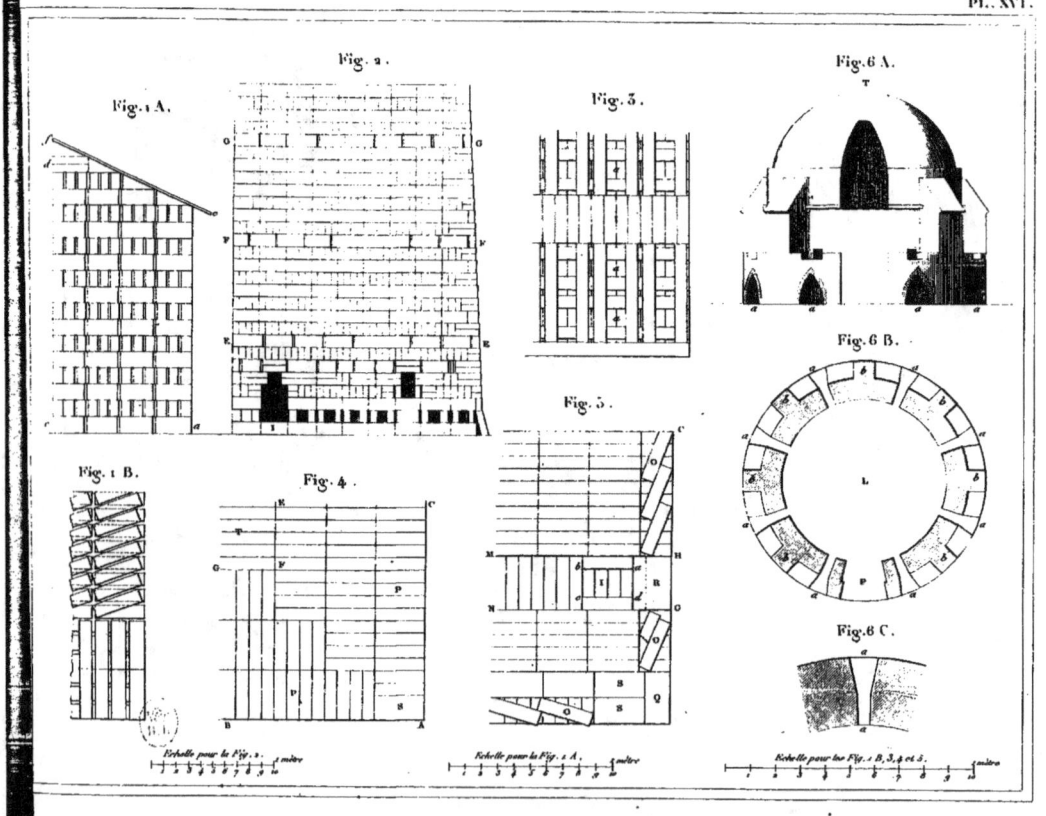

Fig. 1 A.

Fig. 2.

Fig. 3.

Fig. 6 A.

Fig. 1 B.

Fig. 4.

Fig. 5.

Fig. 6 B.

Fig. 6 C.

Échelle pour la Fig. 2.   1 mètre

Échelle pour la Fig. 1 A.   1 mètre

Échelle pour les Fig. 1 B, 3, 4 et 5.   1 mètre

Pl. XVII.

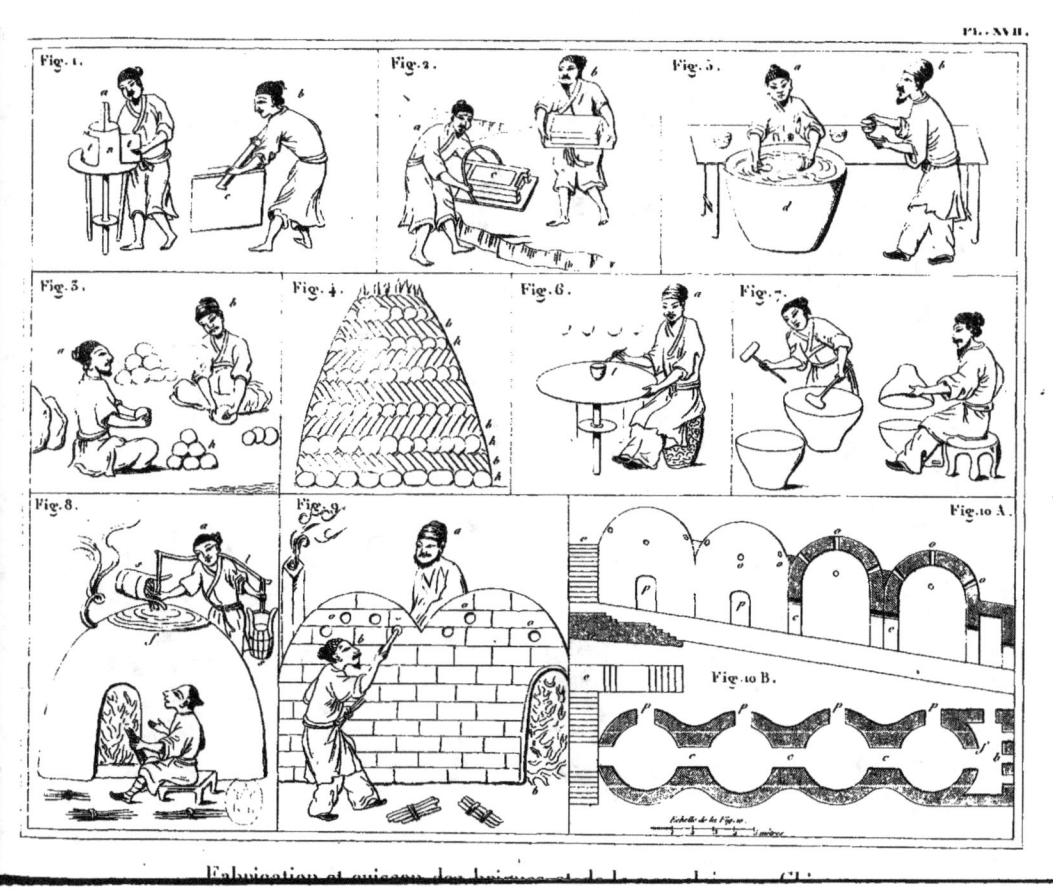

Fabrication et cuisson des briques et de la porcelaine en Chine.

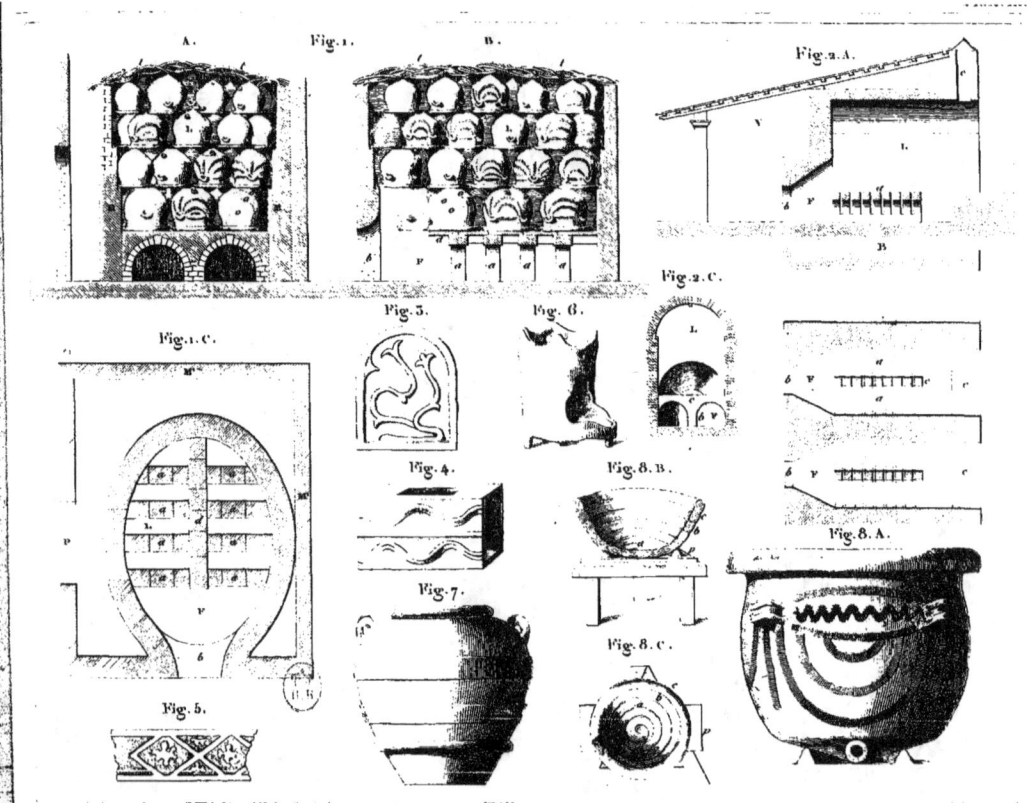

Jarres et cuviers de grande dimension _ Fours pour les cuire.

Pl XIX

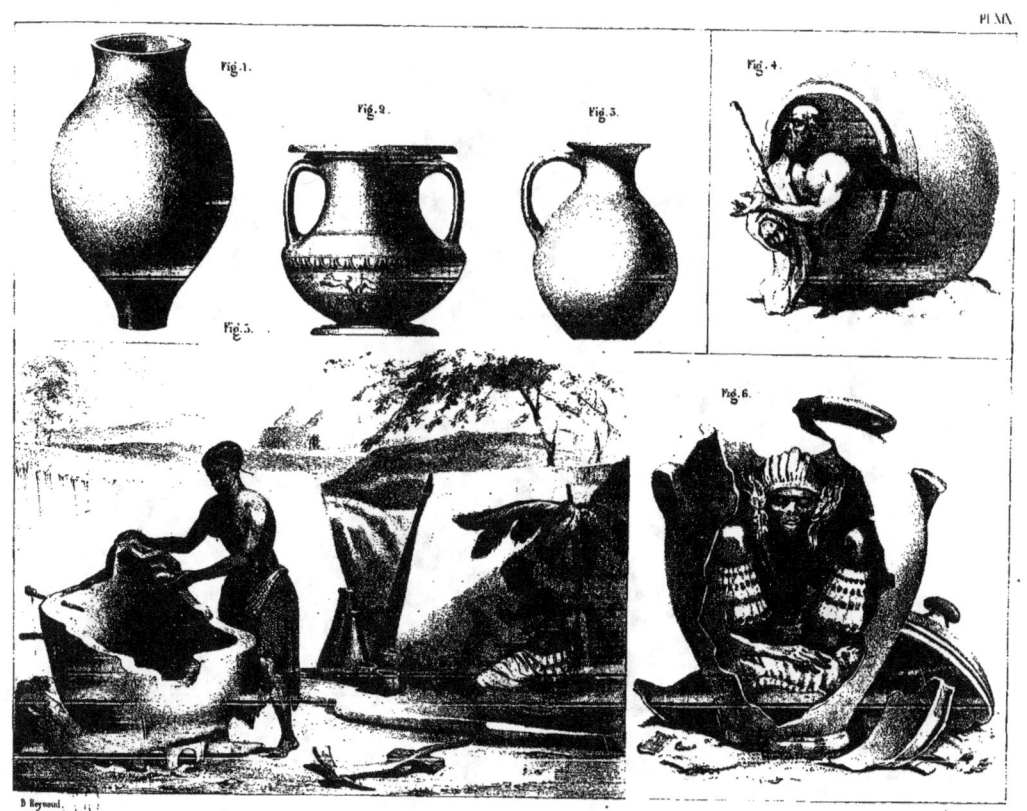

Fig.1.

Fig.2.

Fig.3.

Fig.4.

Fig.5.

Fig.6.

B Reynaud.

Imp Lemercier.

Grandes Jarres du Caucase, des Cafres _Tonneau de Diogène _Jarre funéraire du Brésil.

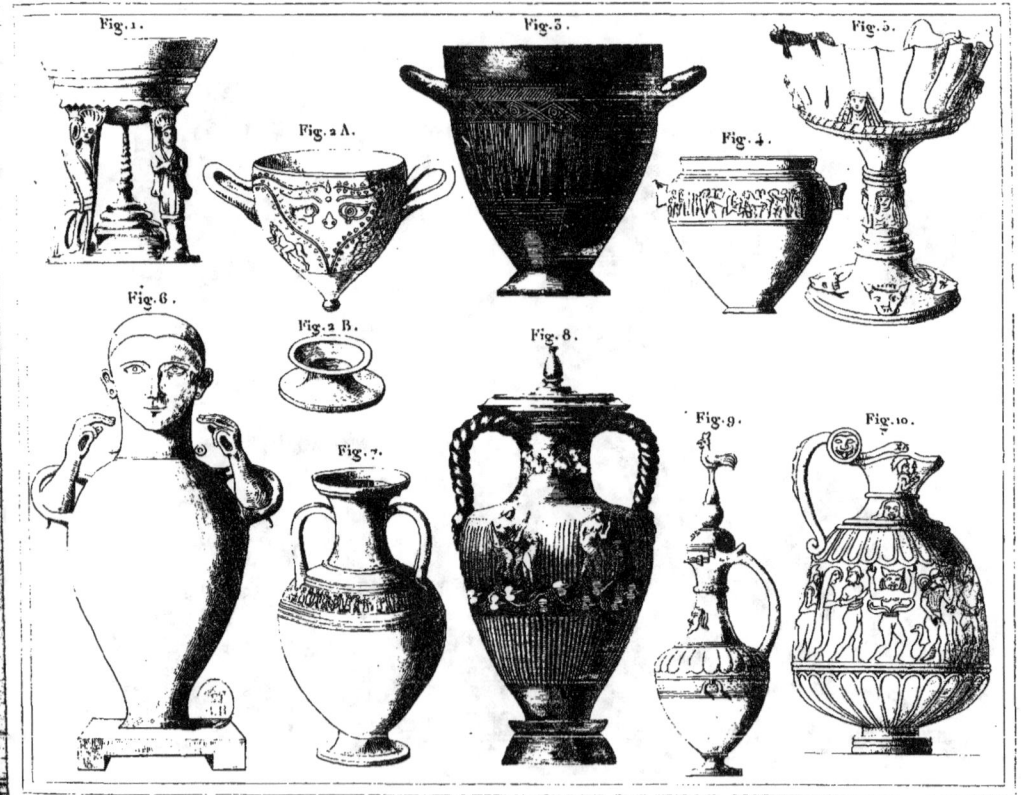

Fig. 1. Fig. 3. Fig. 5. Fig. 2 A. Fig. 4. Fig. 6. Fig. 2 B. Fig. 8. Fig. 7. Fig. 9. Fig. 10.

Fig. 1.
Fig. 2.
Fig. 3.
Fig. 4.
Fig. 3.
Fig. 6.

Fig. 7.
Fig. 8.
Fig. 9.
Fig. 11 B.
Fig. 10.

Fig. 11 A.

Fig. 12.

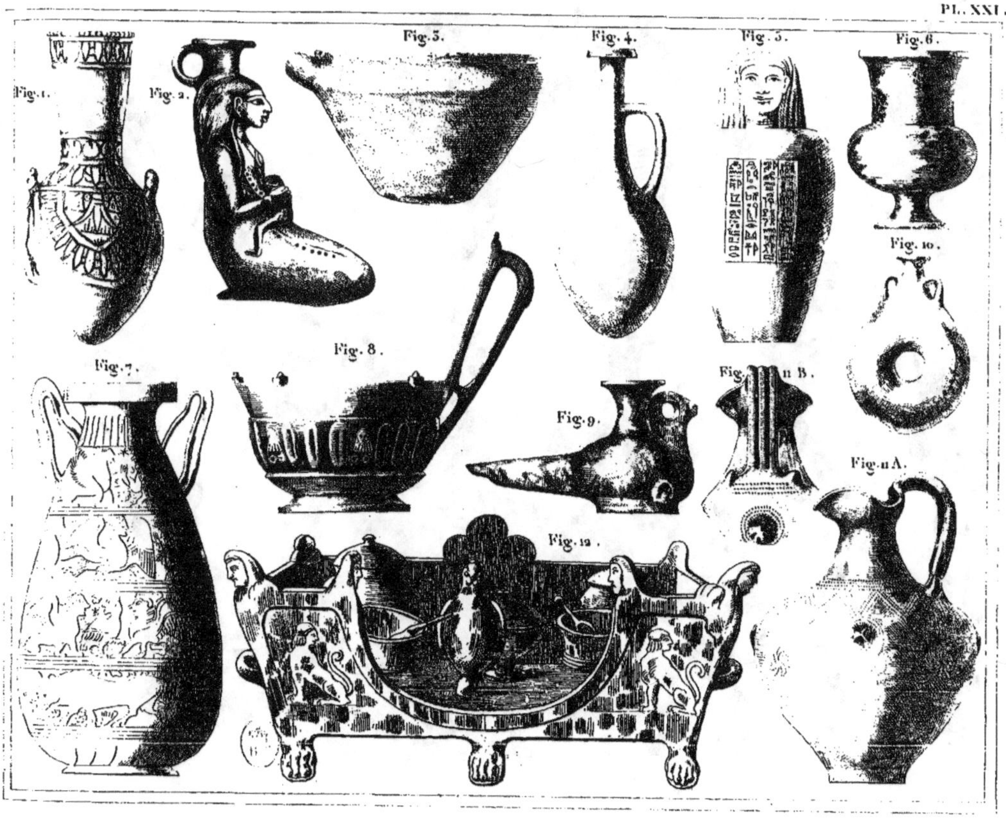

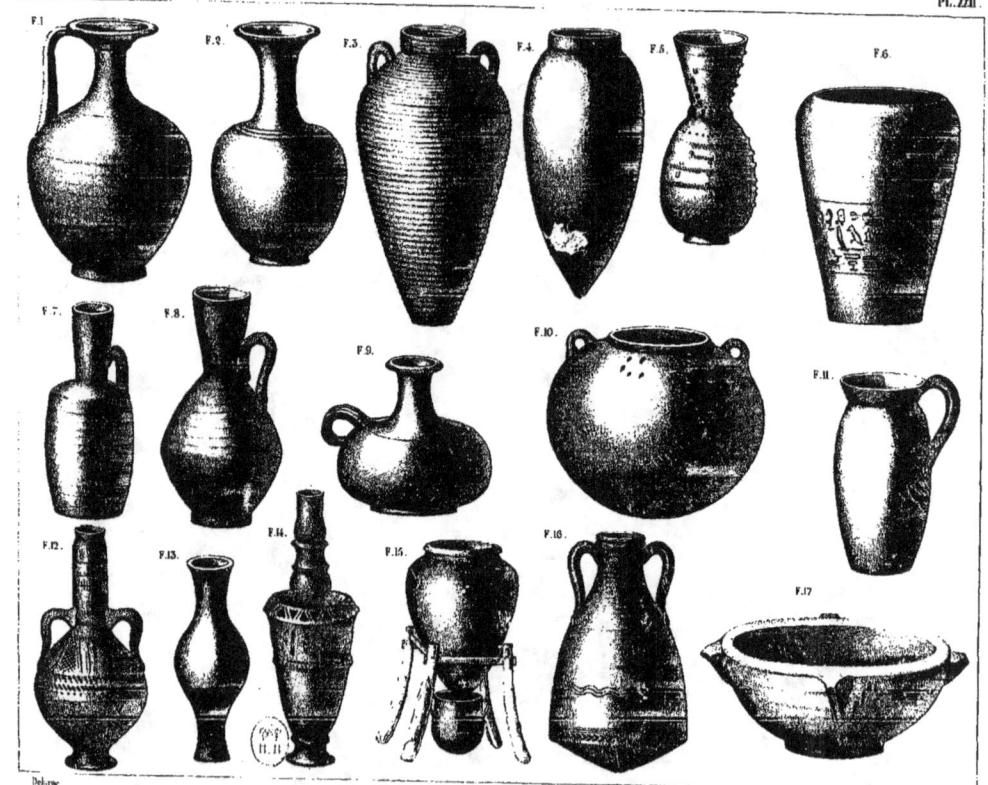

F.1 F.2 F.3 F.4 F.5 F.6 F.7 F.8 F.9 F.10 F.11 F.12 F.13 F.14 F.15 F.16 F.17

Delorme

Imp par Lemercier

POTERIES MATTES ÉGYPTIENNES.

Antiques Fig.1.2.3.4.6.7.9.11.13. —— Modernes Fig.5.8.10.12.14.15.16.17.

Pl. XXIII.

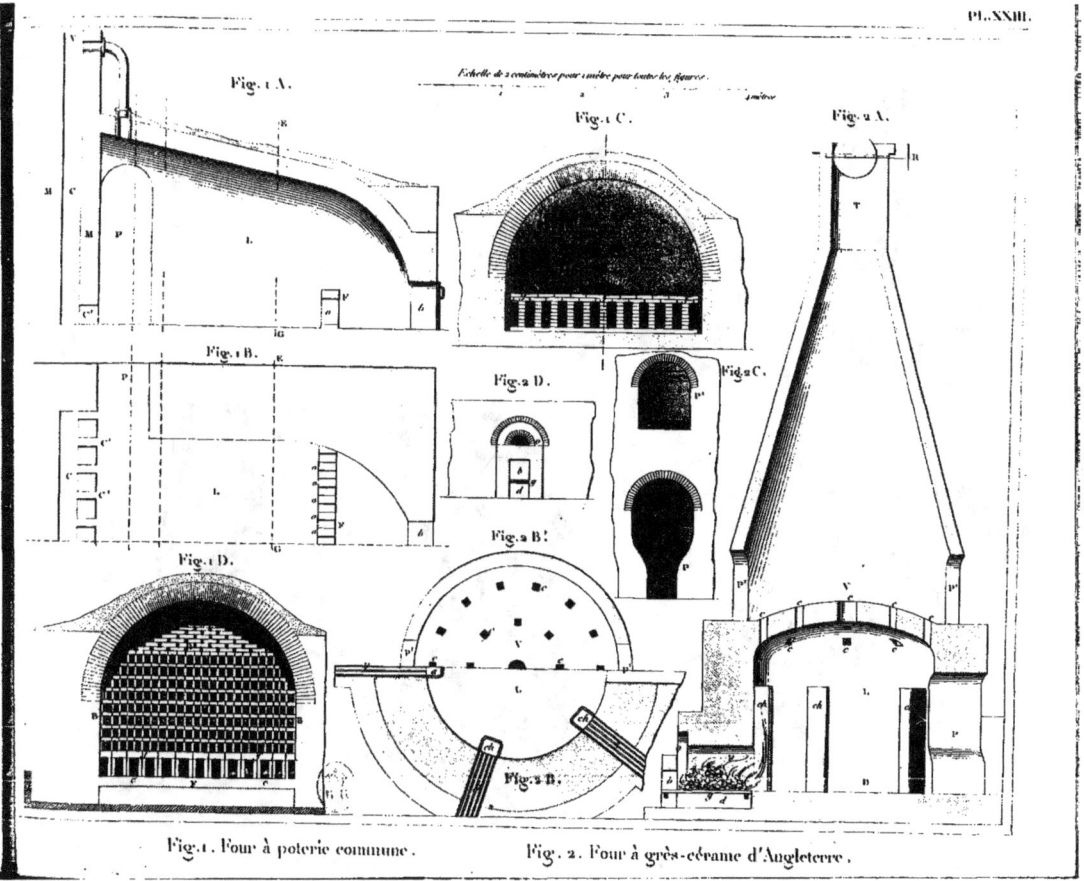

Fig. 1 A.

Echelle de 2 centimètres pour 1 mètre pour toutes les figures.

Fig. 1 C.

Fig. 2 A.

Fig. 1 B.

Fig. 2 D.

Fig. 2 C.

Fig. 1 D.

Fig. 2 B.

Fig. 2 B.

Fig. 1. Four à poterie commune.

Fig. 2. Four à grès-cérame d'Angleterre.

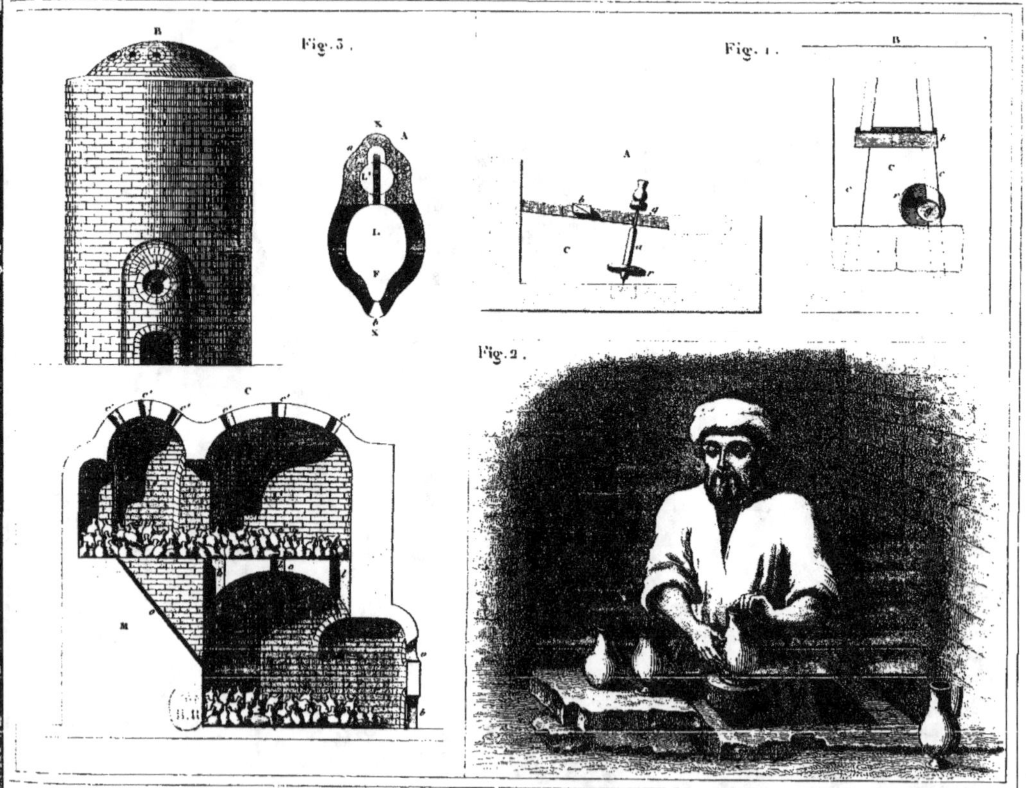

Fig. 3.

Fig. 1.

B

A

Fig. 2.

l'our de potier égyptien moderne.

Tour et tourneur égyptien moderne.

FIG.XXI.

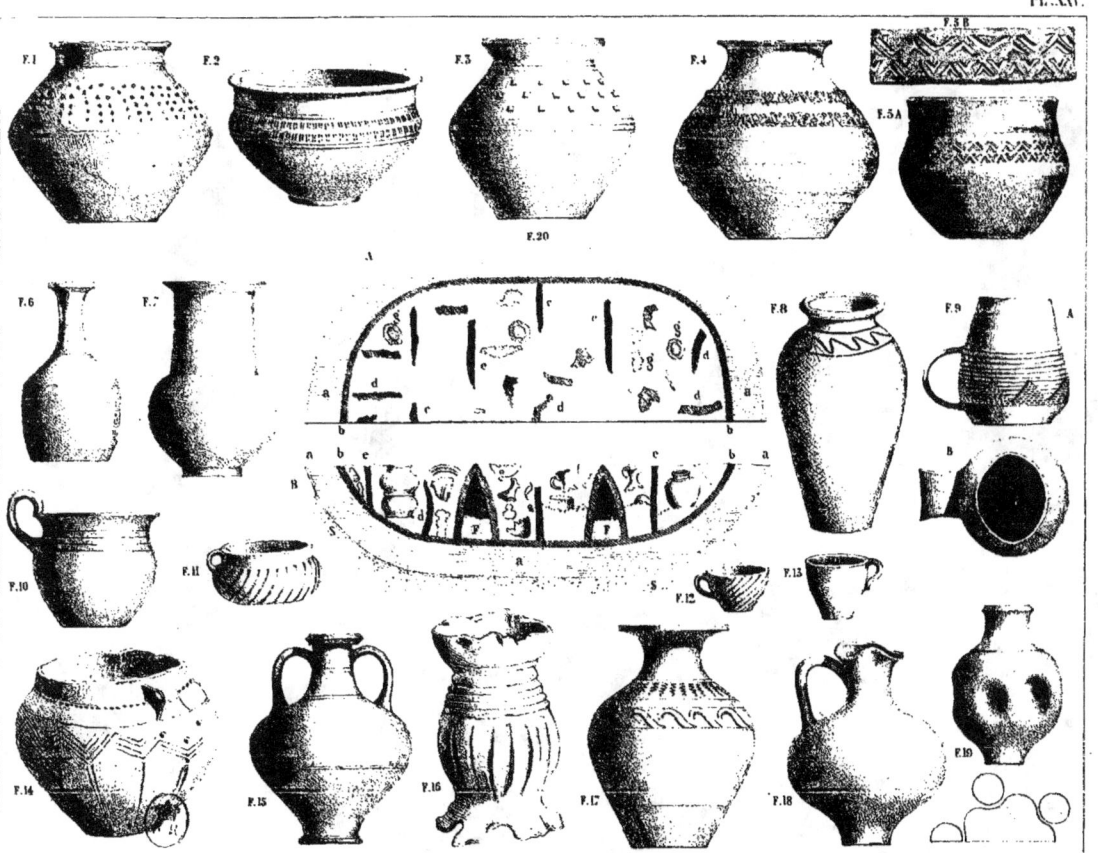

Vases et urnes gauloises, germaines et romaines_Fig.20. Four romain.

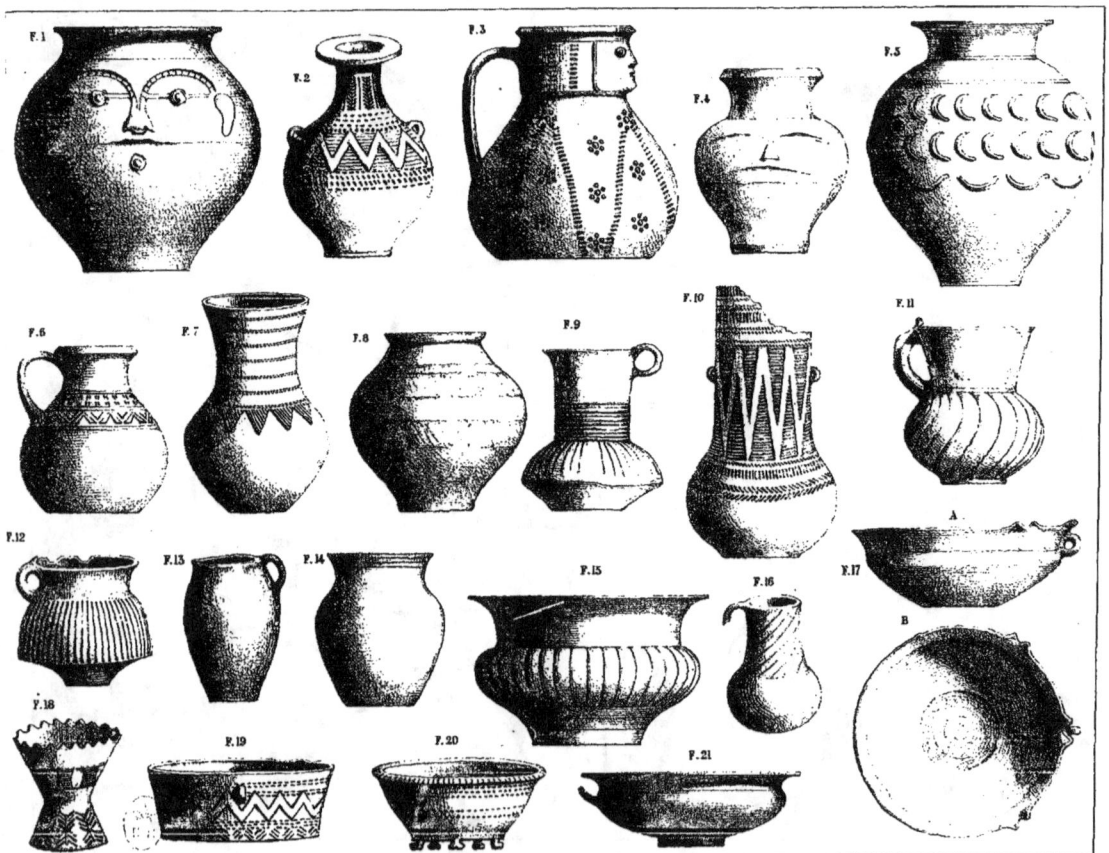

POTERIES GERMAINES ET GAULOISES

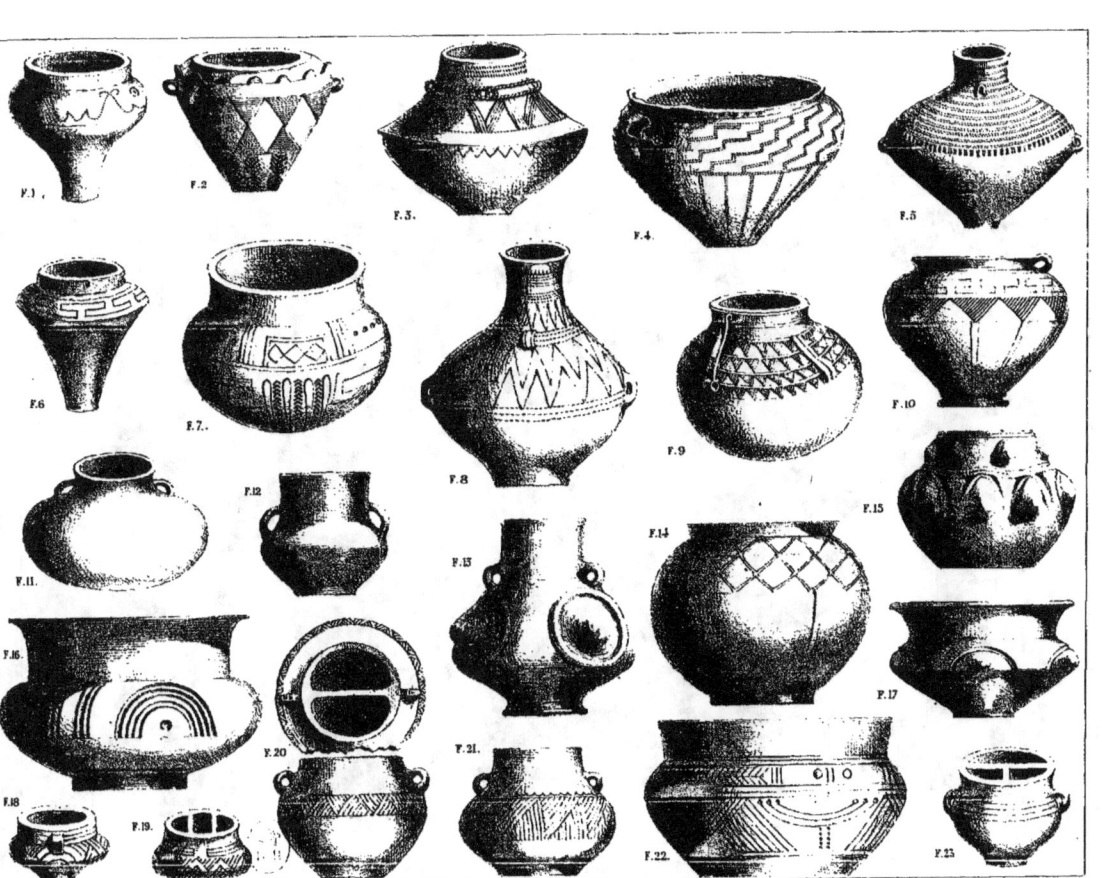

Urnes et Vases Germains et Gaulois de différents lieux.

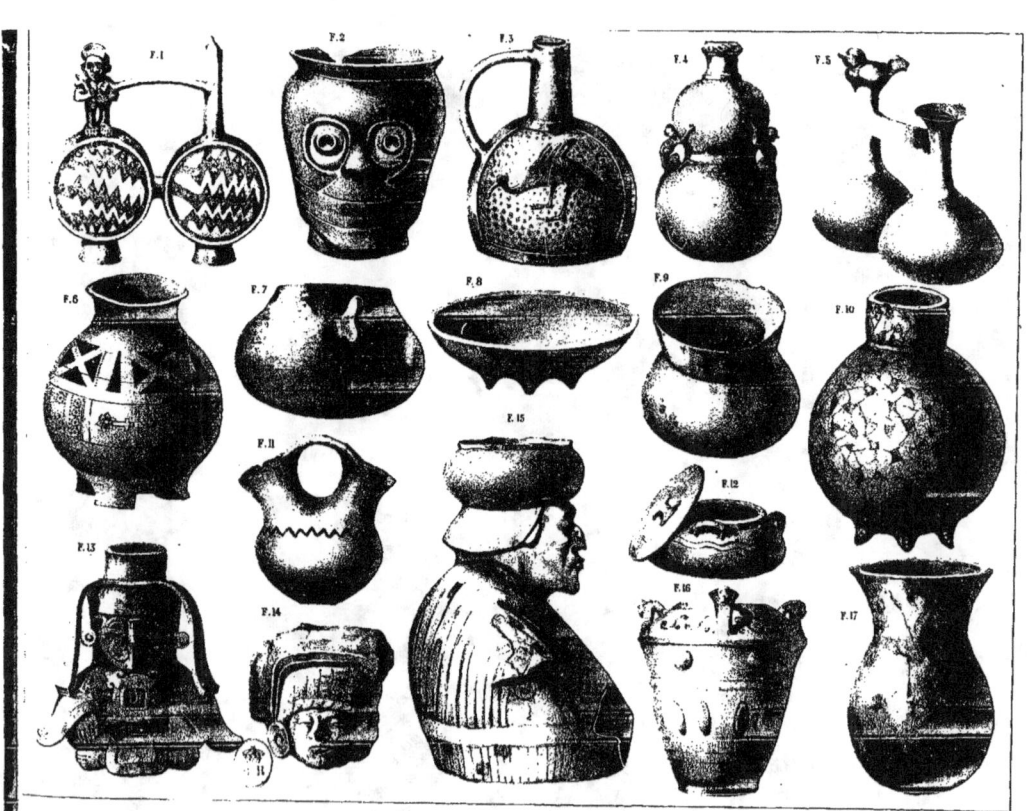

POTERIES PÉRUVIENNES, MEXICAINES, BRÉSILIENNES

antiques et modernes.

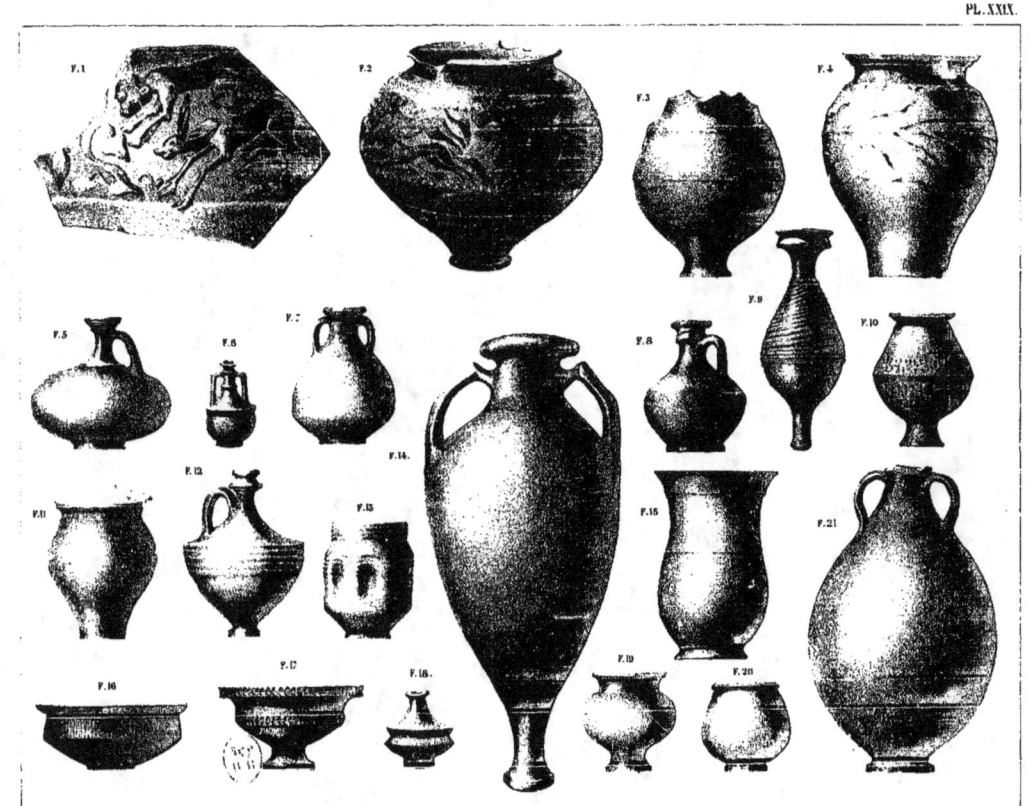

F.1 F.2 F.3 F.4 F.9 F.5 F.6 F.7 F.8 F.10 F.14 F.13 F.11 F.12 F.15 F.15 F.21 F.16 F.17 F.18 F.19 F.20

POTERIES ROMAINES MATTES ET LUSTRÉES EN NOIR.

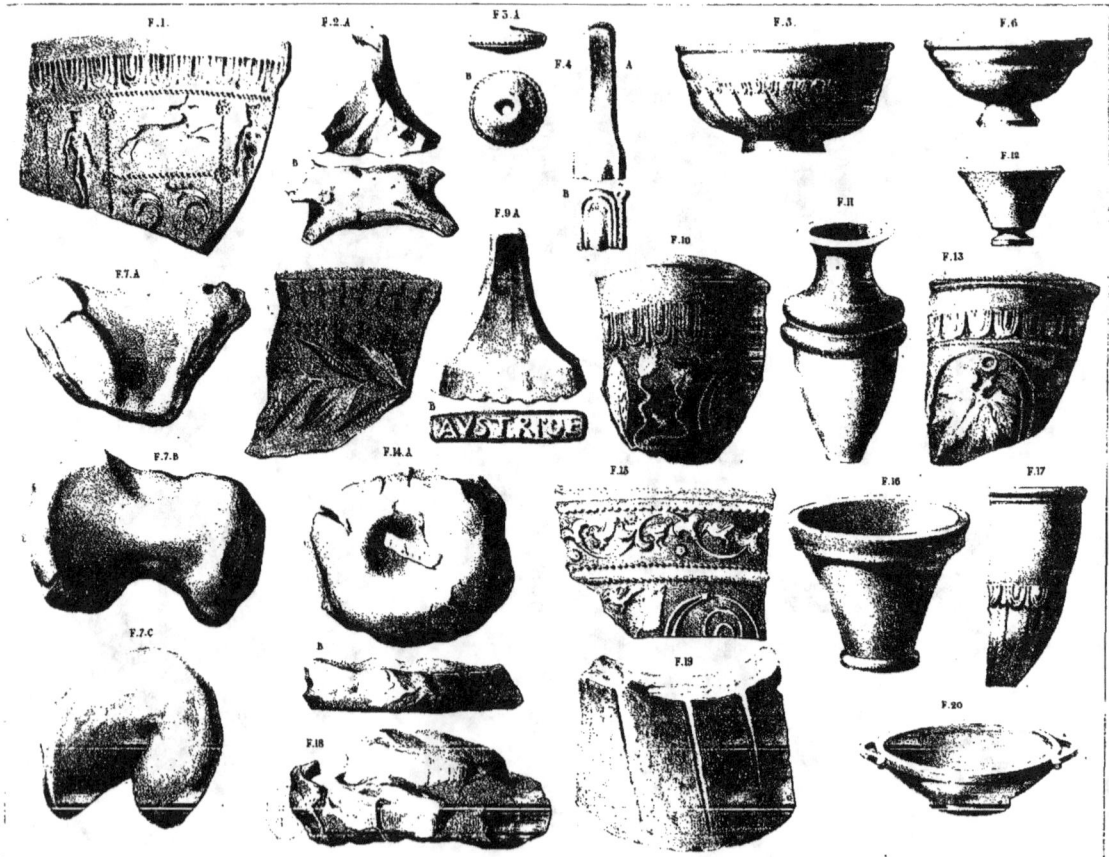

POTERIE ROMAINE ROUGE, LUSTRÉE & USTENSILES.

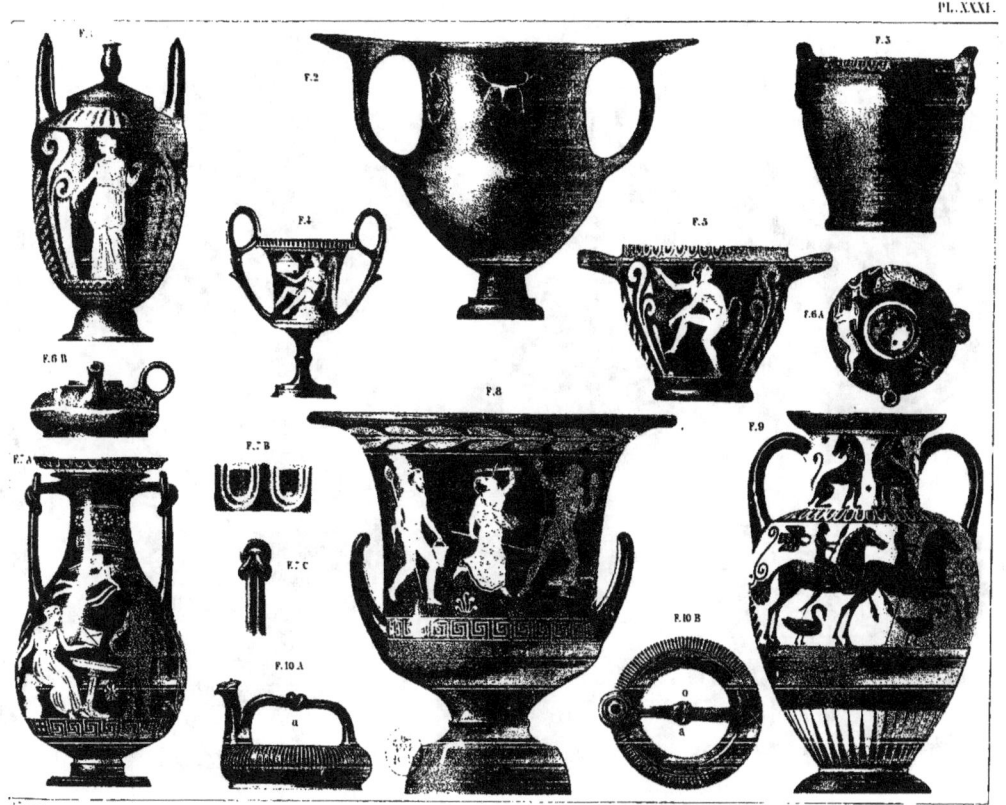

POTERIES GRECQUES CAMPANIENNES.

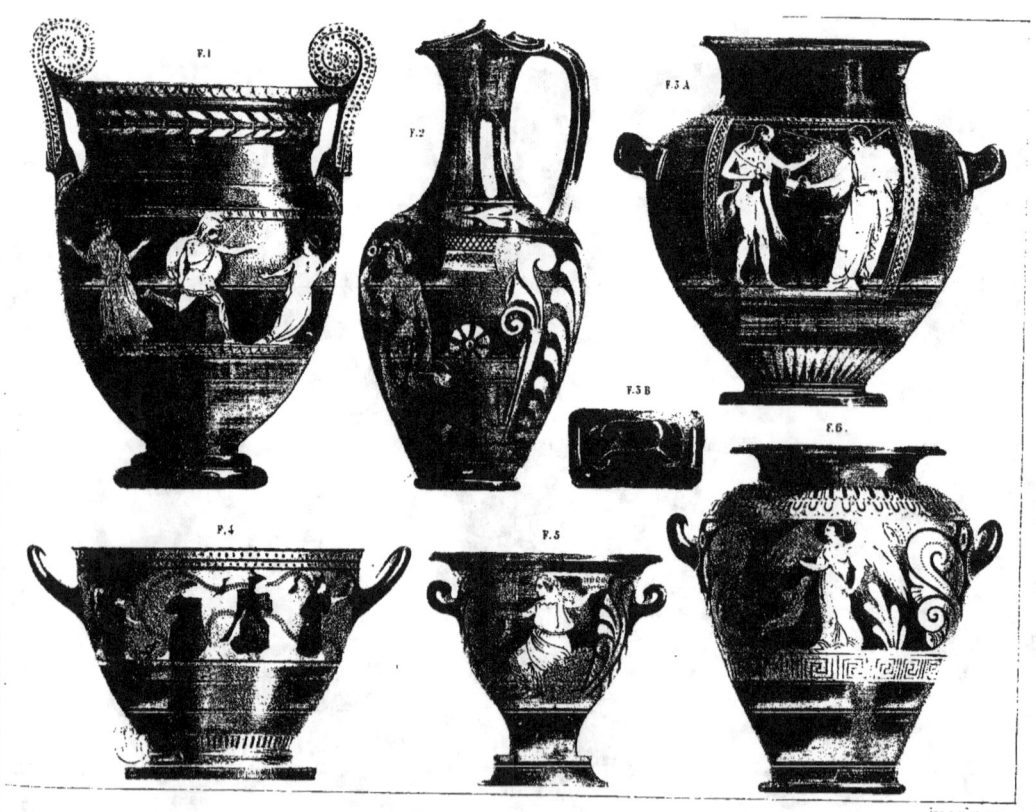

POTERIES GRECQUES CAMPANIENNES.

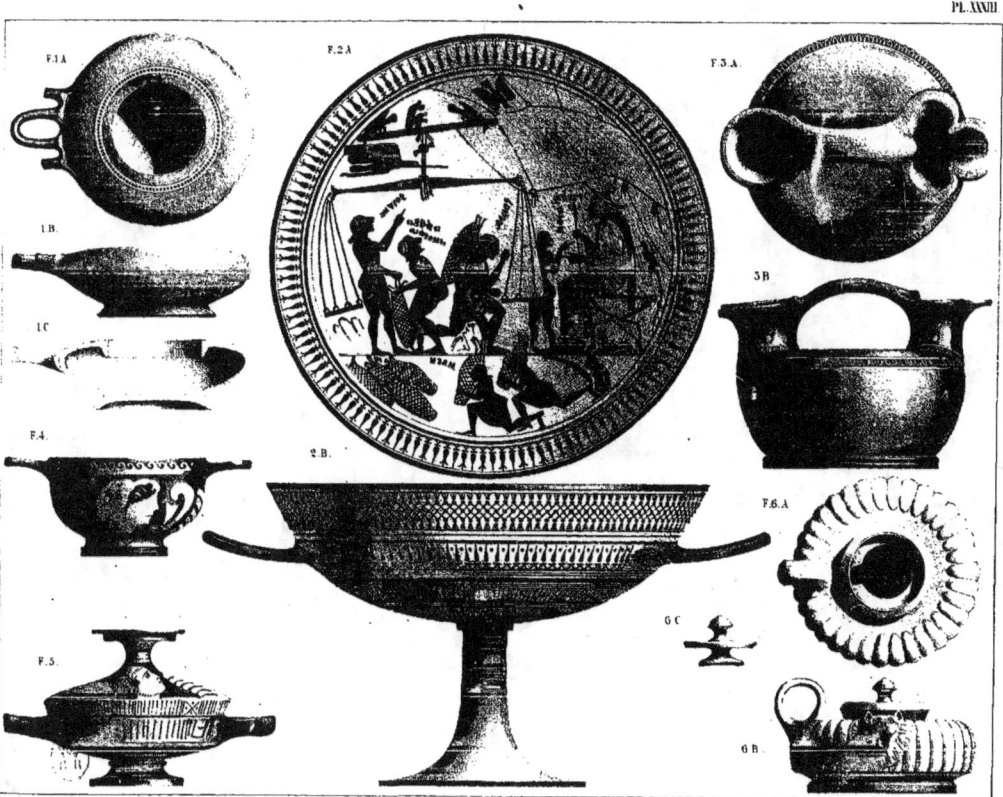

F.1.A

F.2.A

F.3.A

1 B.

3 B.

1 C.

F.4.

2.B.

F.6.A

F.5.

G C

6 B

B Saymard.

Imp por Lemercier

POTERIES GRECQUES, CAMPANIENNES

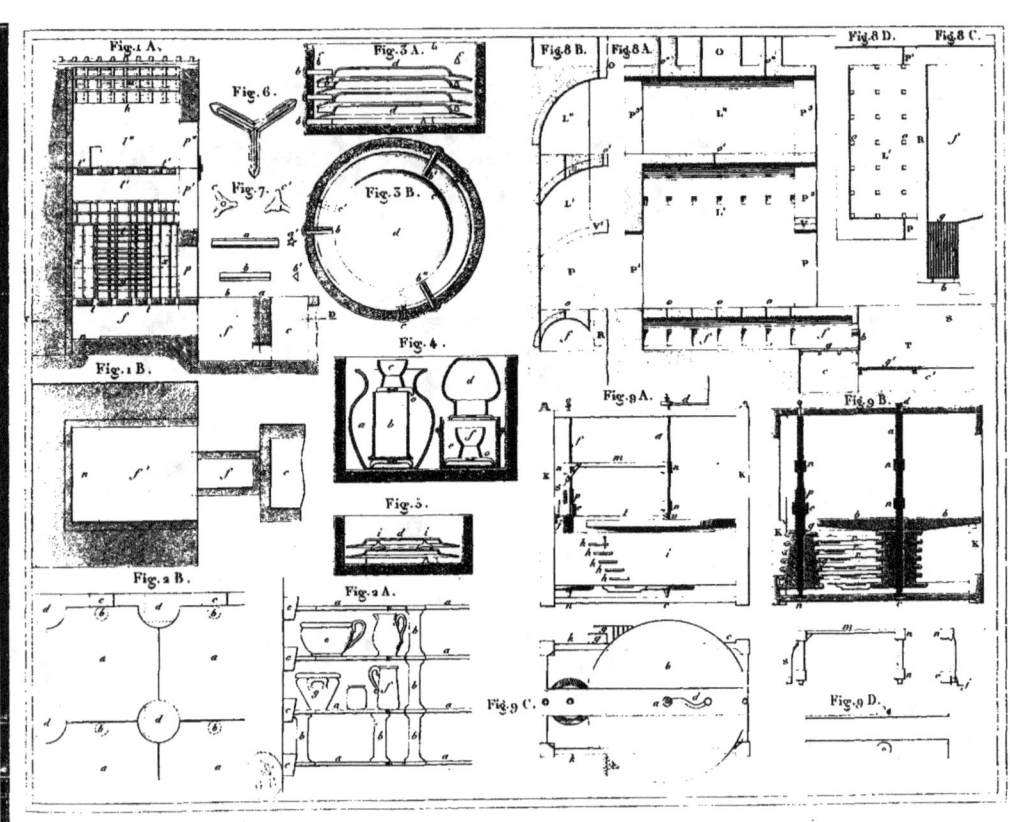

Fig. 1 A.   Fig. 3 A.   Fig. 8 B.   Fig. 8 A.   Fig. 8 D.   Fig. 8 C.

Fig. 6.   Fig. 7.   Fig. 3 B.   Fig. 4.   Fig. 9 A.   Fig. 9 B.

Fig. 1 B.   Fig. 5.   Fig. 2 B.   Fig. 2 A.   Fig. 9 C.   Fig. 9 D.

Fours à Faïence. _____ Encastages divers. _____ Machine à faire des croutes.

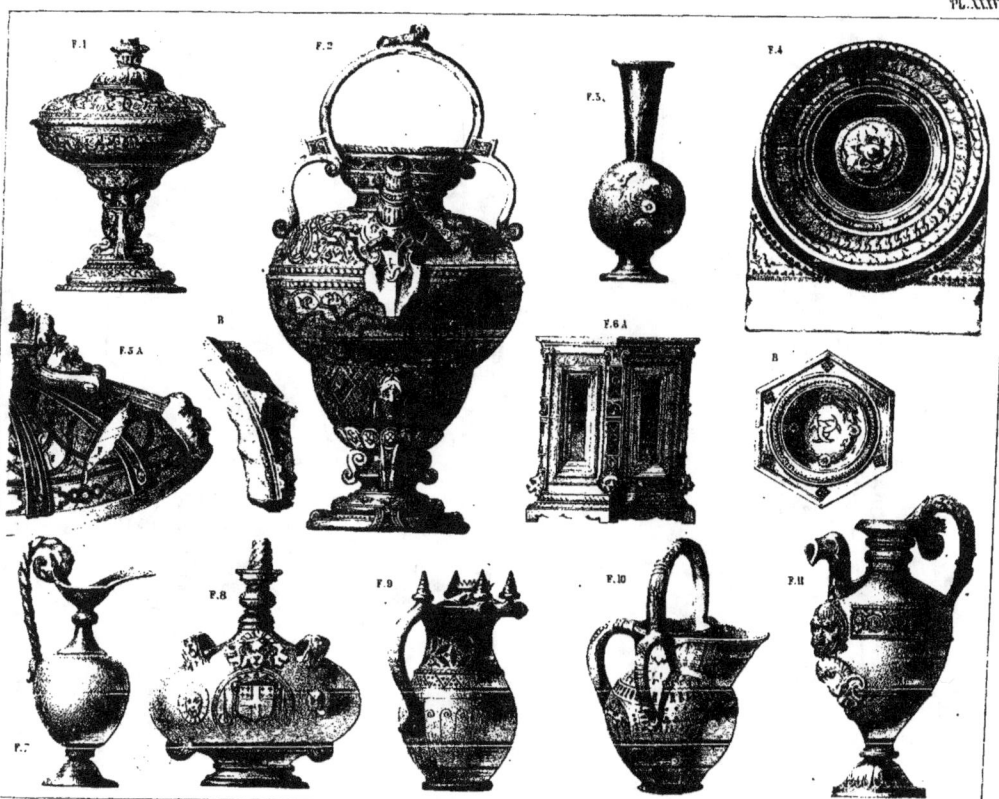

Fig. 1.2.5.6. Faïences fines dites de Henri II. Fig 5.4.- &. Faïences émaillées diverses.

Imp Lemercier

Fig. 1.

Fig. 2 A.

Fig. 1 C.

Fig. 2 C.

Fig. 2 B.

Fig. 2 D.

Fig. 3 B.

Fig. 3 A.

Fig. 3 C.

Echelle de ce qui pour les planches Fig. 1, 2 C. et 2 D.

Echelle des Figures 2 A, 2 B, et 3 C.

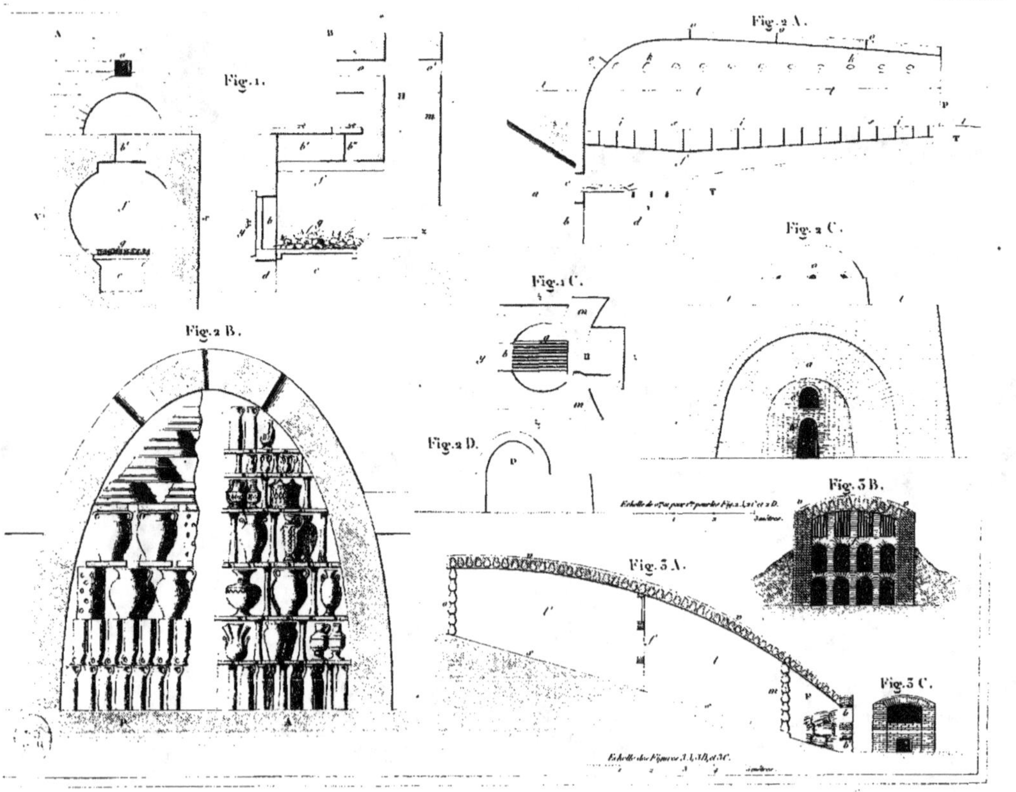

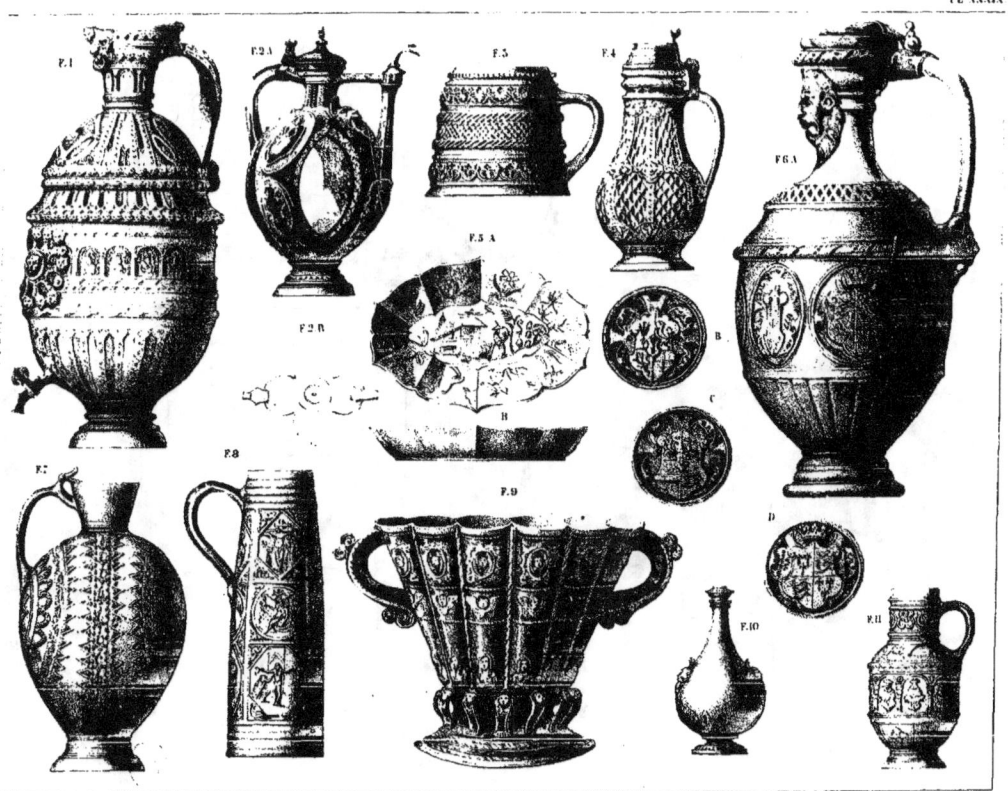

Pl. XI.

Fig. 1 A.

Fig. 2 A.

Fig. 3 A.

Fig. 2 B.

Fig. 2 D.

Fig. 2 C.

Fig. 3 B.

Fig. 1 B.

Pl. XLI.

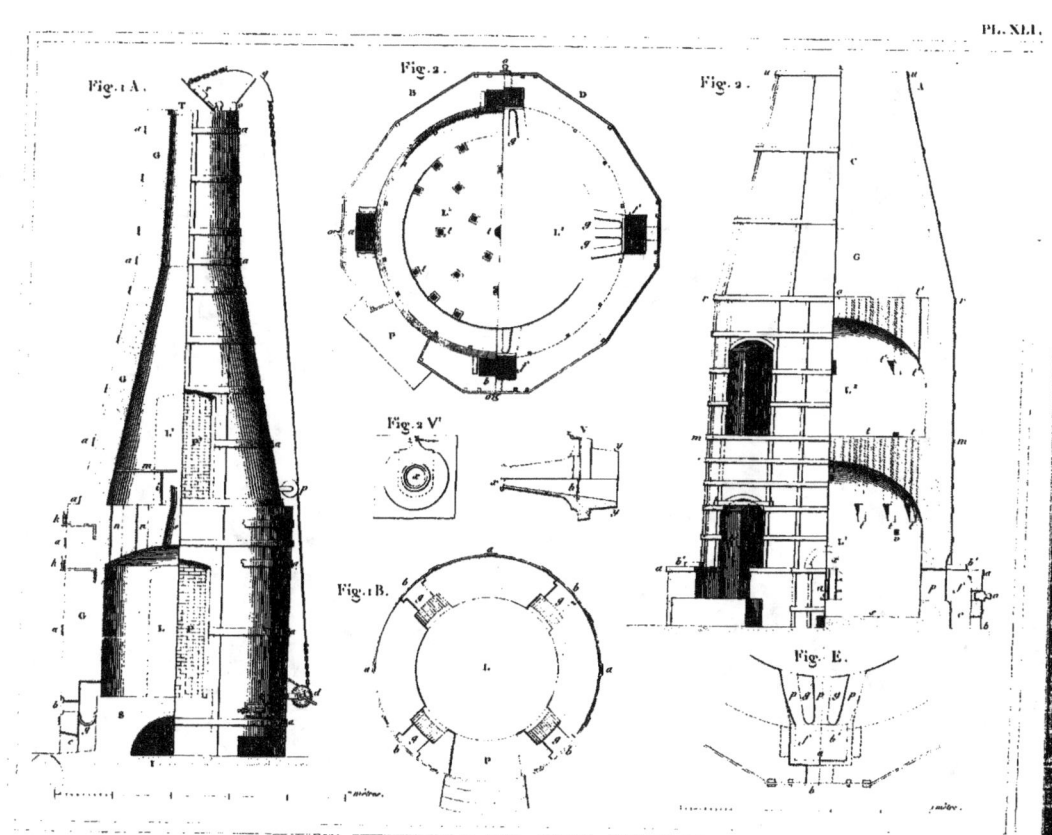

Fig. 1 A.

Fig. 2.

Fig. 2.

Fig. 2 V.

Fig. 1 B.

Fig. E.

Fig. 1. Four à porcelaine dure à la houille, de Lille en 1785. ___ Fig. 2. Four à porcelaine dure au bois, de Sèvres en 1852.

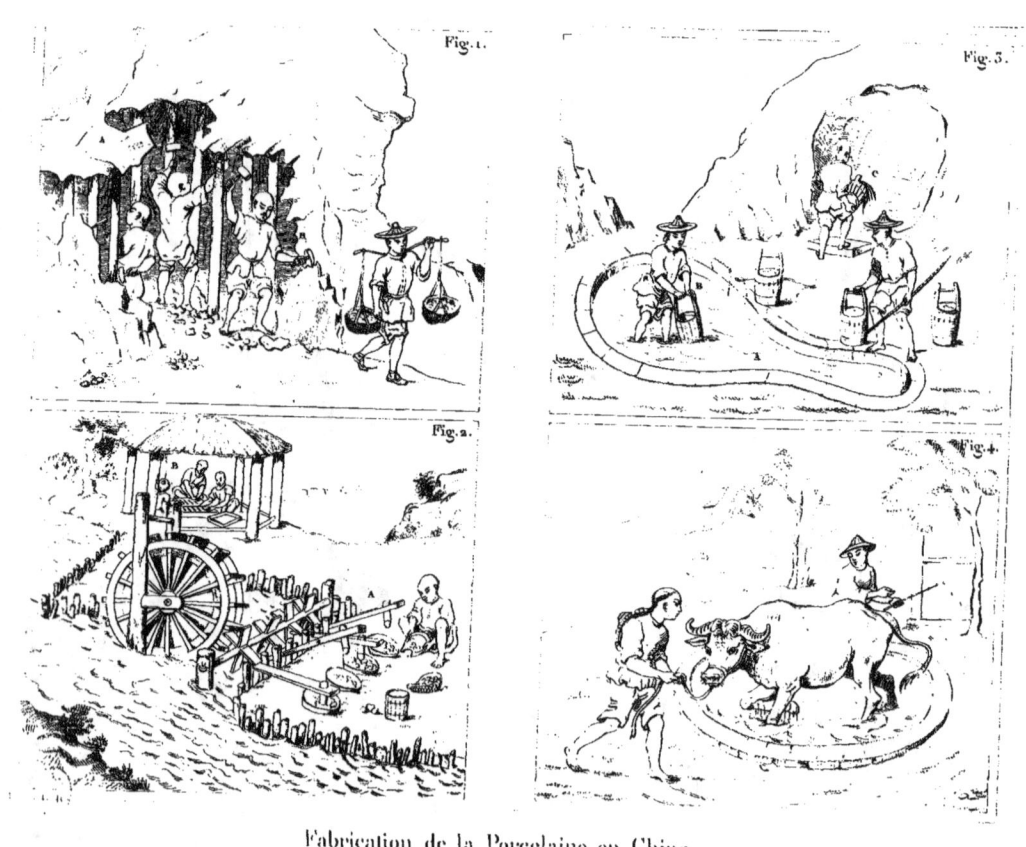

Fig. 1.

Fig. 3.

Fig. 2.

Fig. 4.

Fabrication de la Porcelaine en Chine.
Les Pâtes.

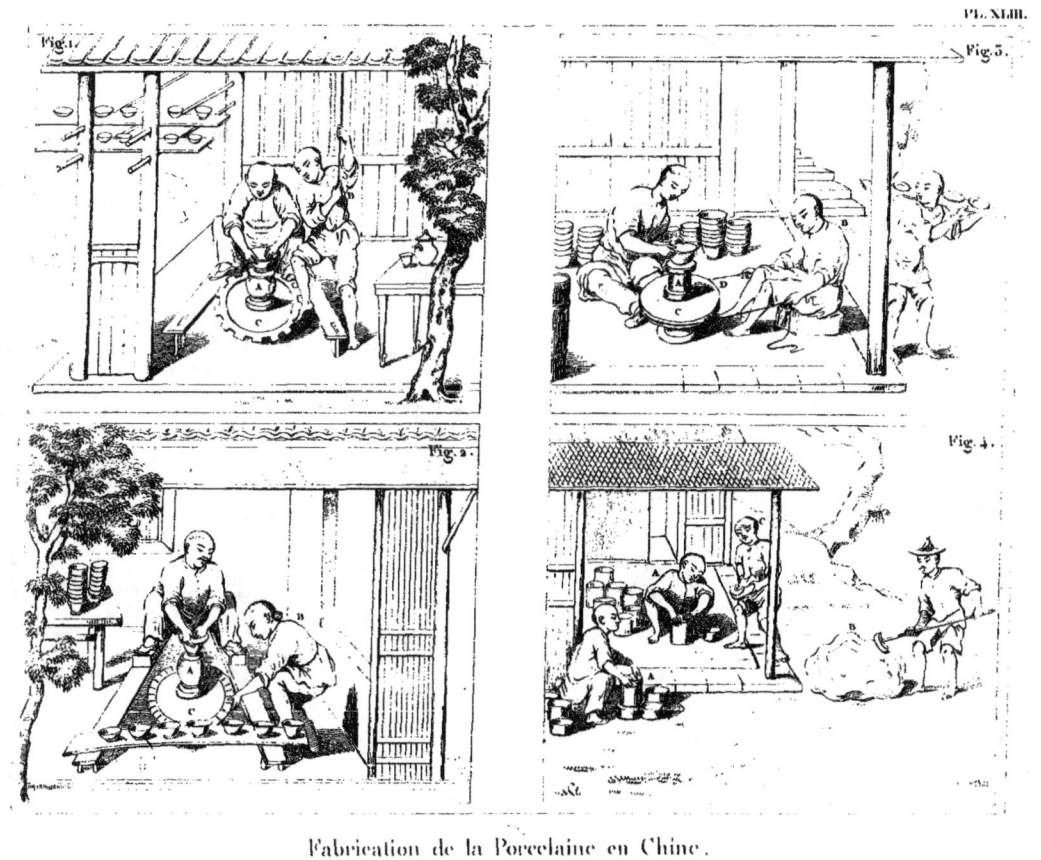

Fabrication de la Porcelaine en Chine.
Le Façonnage.

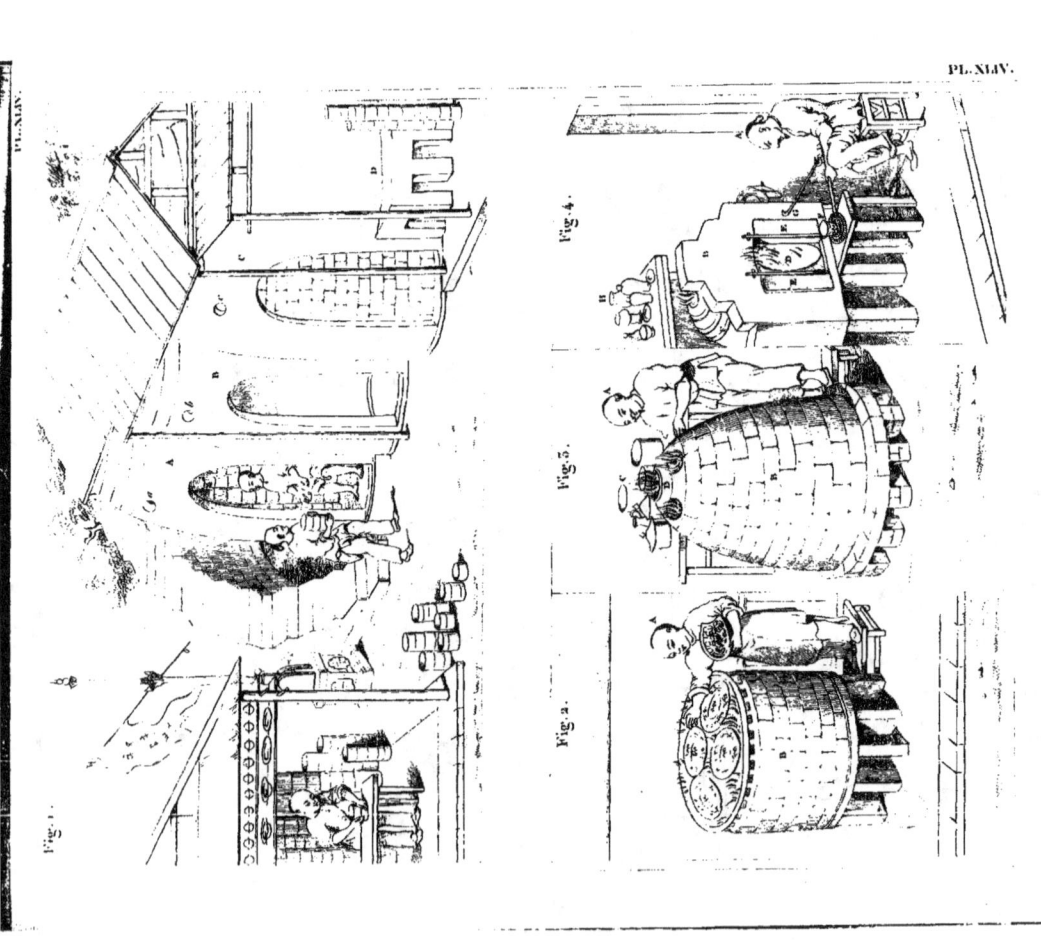

Fig. 4.

Fig. 3.

Fig. 2.

Fig. 1.

Fabrication de la Porcelaine en Chine.

PL. XLV.

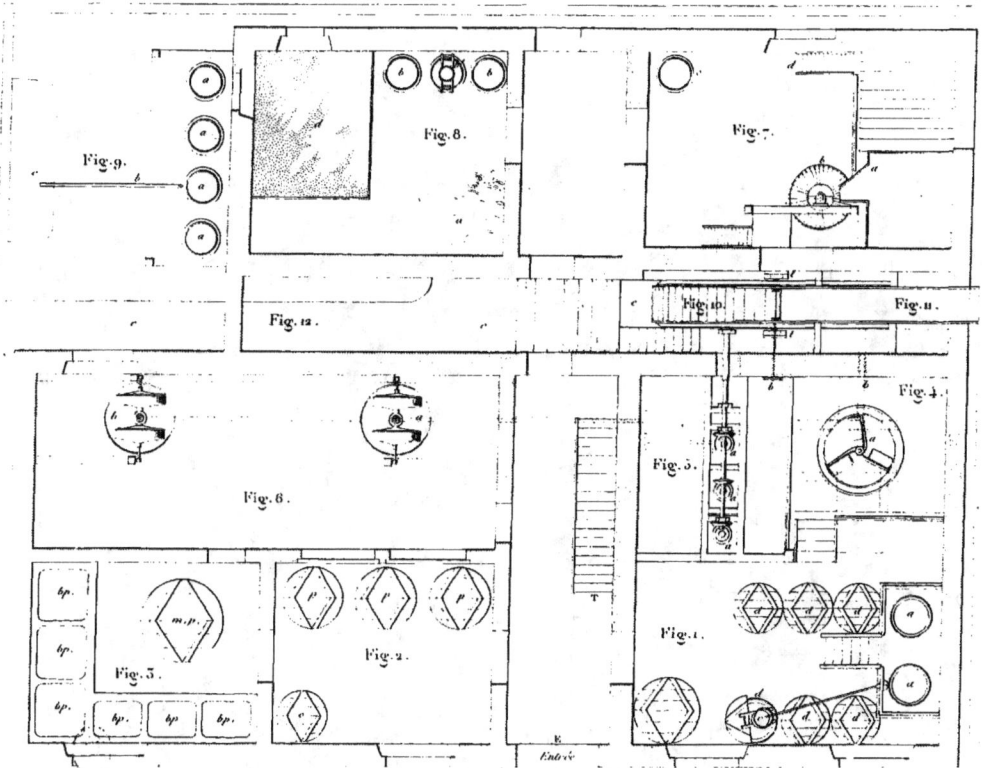

Salles et appareils de lavage et de broyage, à la manufacture royale de porcelaines de Sèvres.

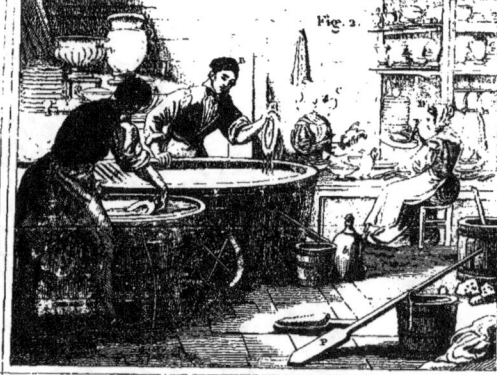

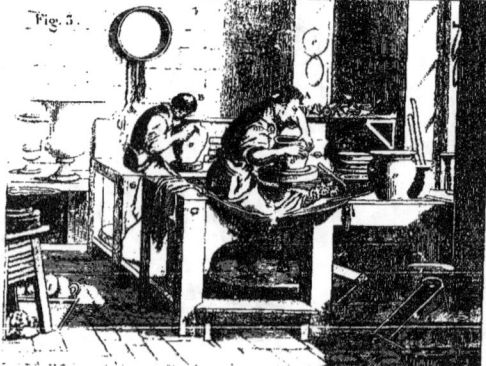

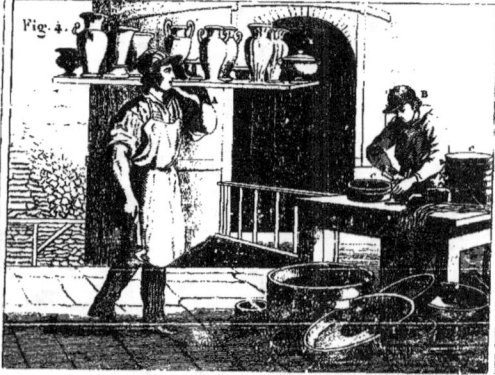

Les actions dans les principales opérations des arts céramiques.

1. Moulage et garnissage. — 2. Trempage en couverte. — 3. Ébauchage et tournasage. — 4. Transport au four.

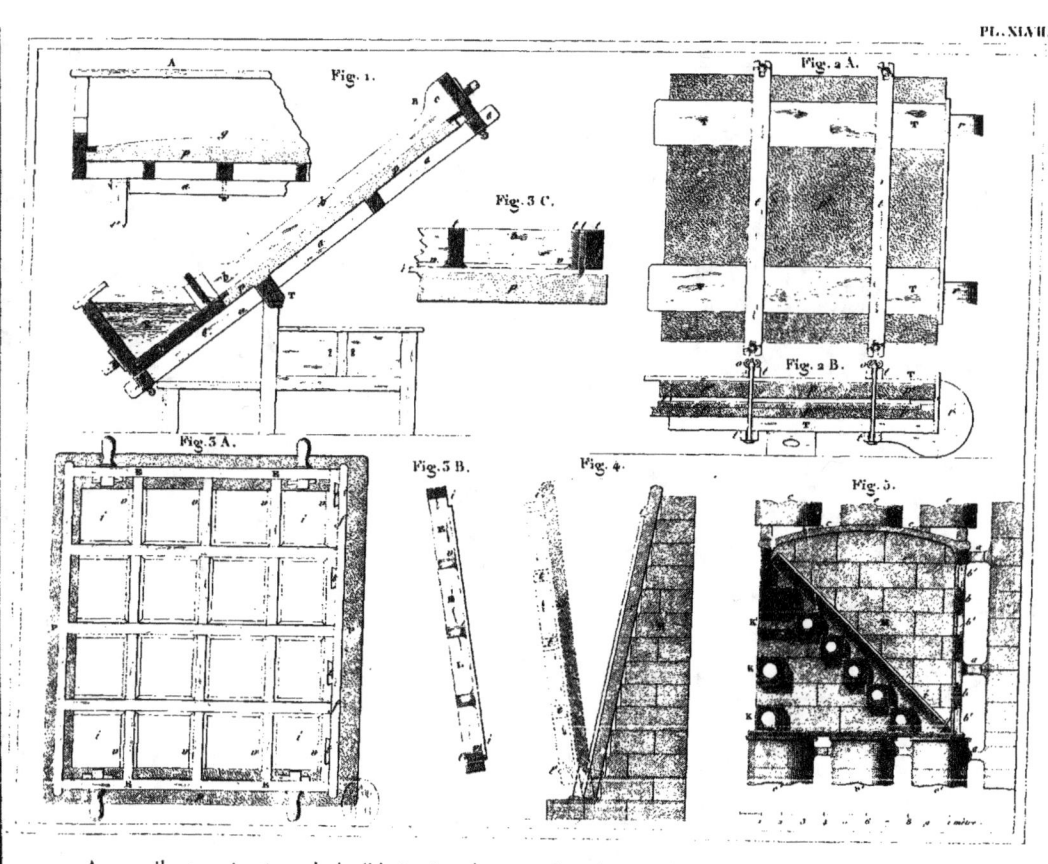

Appareil et opérations de la fabrication des grandes plaques de porcelaine par coulage.

Fig. 1 A.

Fig. 2.

Fig. 3.

Fig. 1 B.

Fig. 4.

Echelle des Figures 1, 1 B, 2, 3 et 4.

Echelle des Figures 5, 6 et 7.

Fig. 5.

Fig. 6.

Fig. 7.

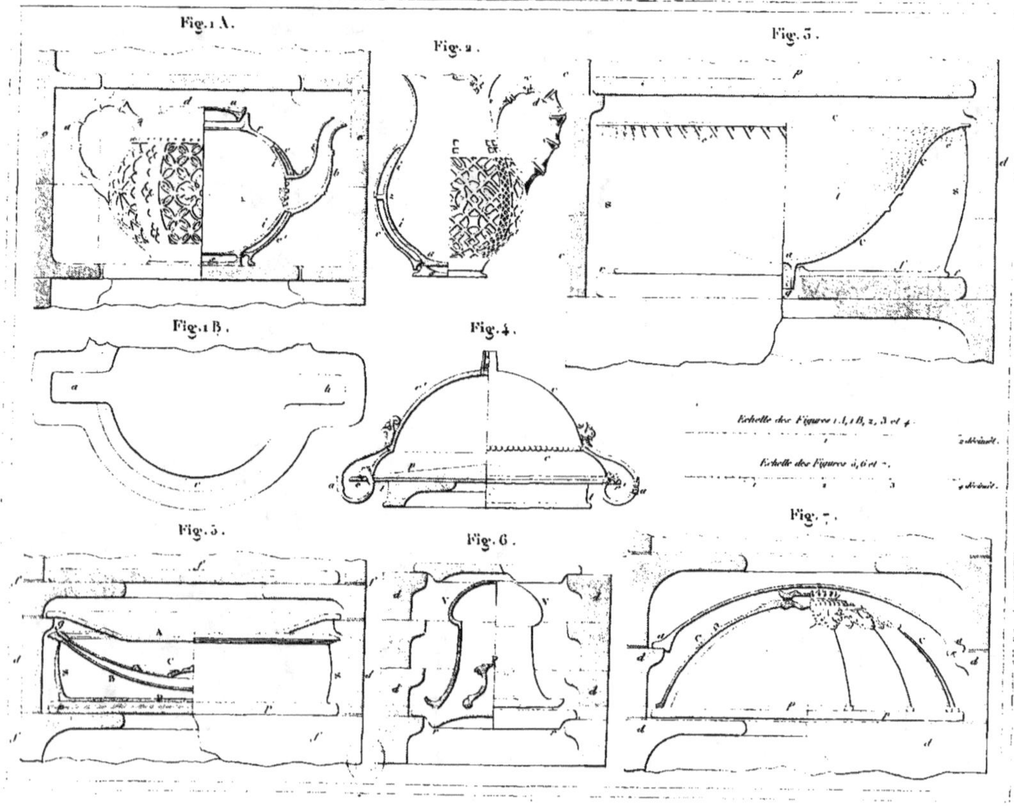

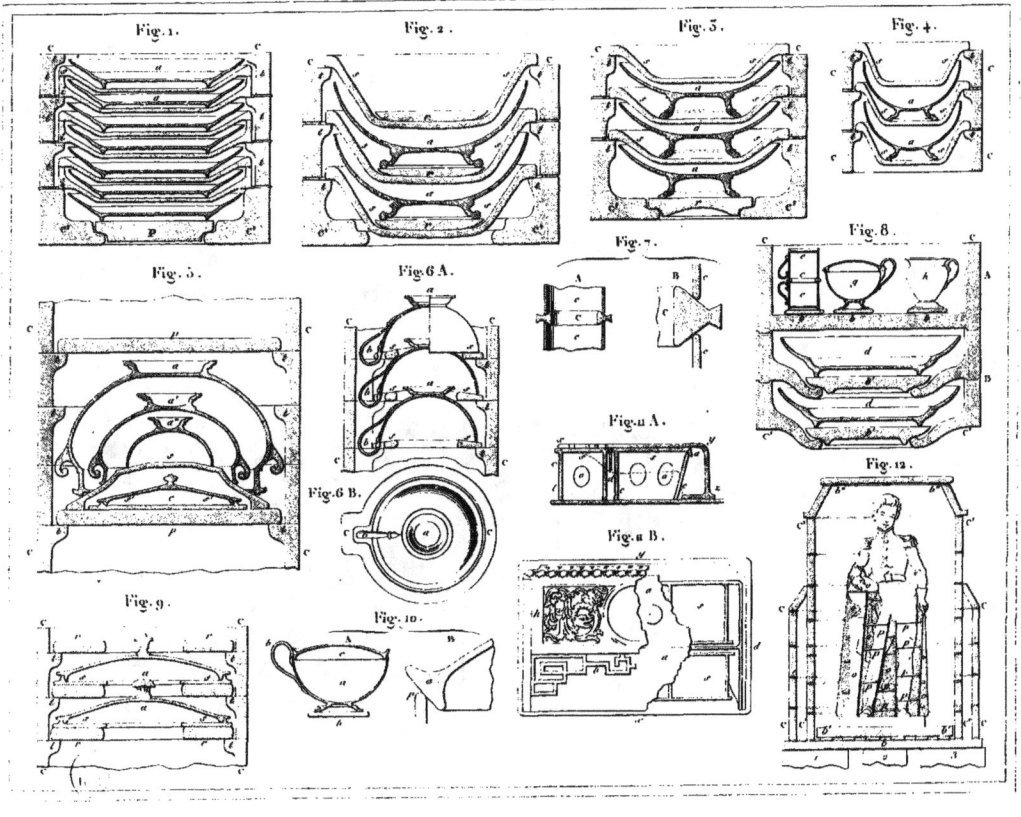

Fig. 1.
Fig. 2.
Fig. 3.
Fig. 4.
Fig. 5.
Fig. 6 A.
Fig. 7.
Fig. 8.
Fig. 6 B.
Fig. 11 A.
Fig. 12.
Fig. 11 B.
Fig. 9.
Fig. 10.

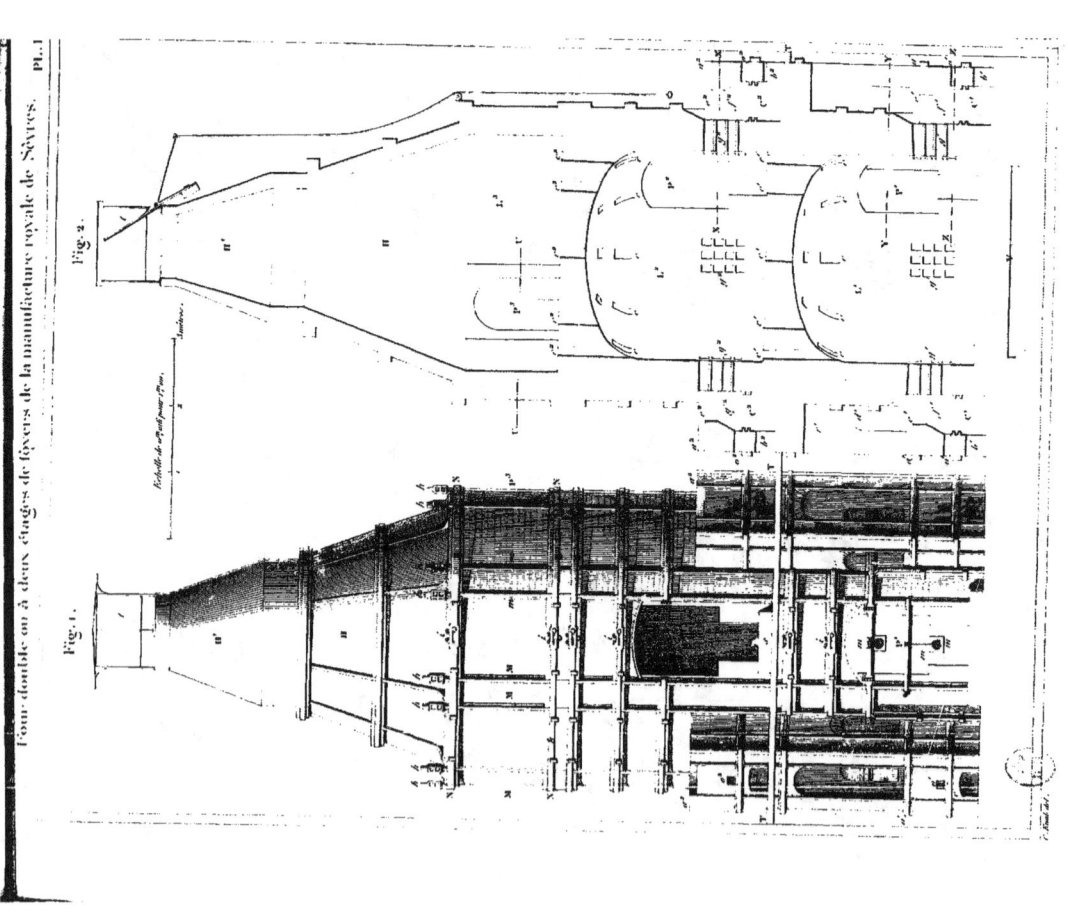

Four double ou à deux étages de foyers de la manufacture royale de Sèvres.   Pl. I

Fig. 2.

Fig. 1.

Échelle de 2 cent. pour 1 m.

Détails de diverses parties du tour double représenté pl. I.

PL. LI.

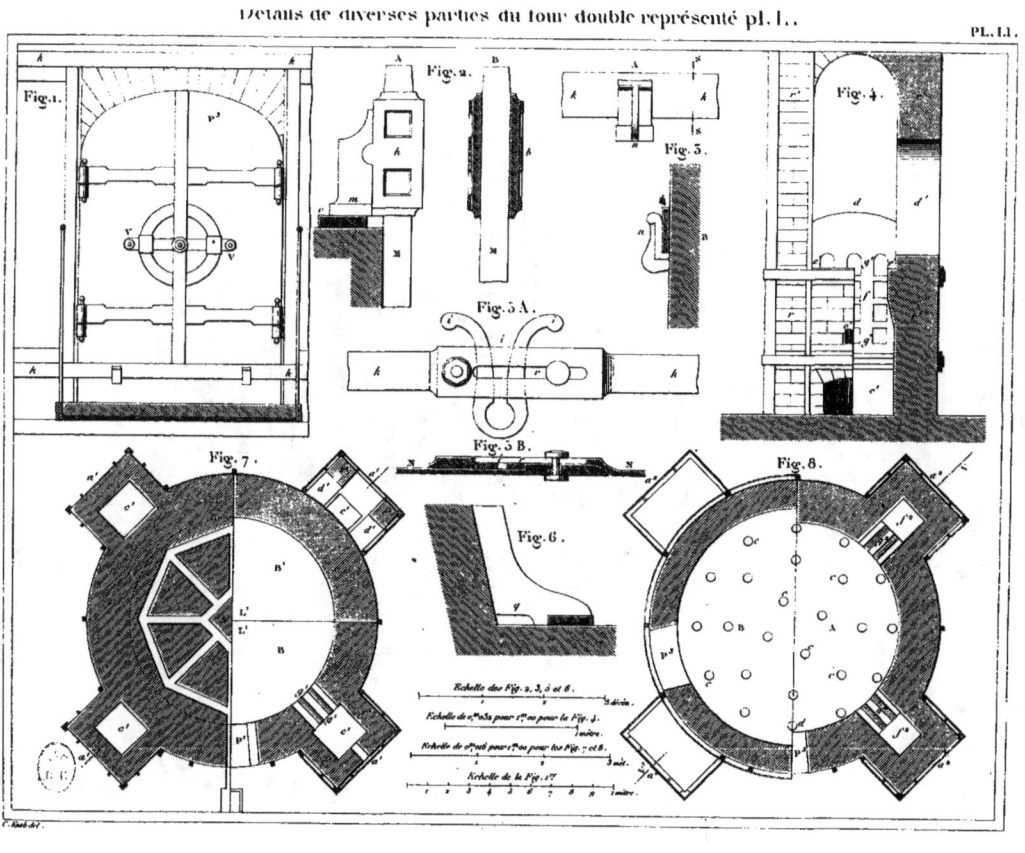

Échelle des Fig. 2, 3, 5 et 6.

Échelle de 0.ᵐ⁰³ᵃ pour 1.ᵐ⁰⁰ pour la Fig. 4.

Échelle de 0.ᵐ⁰¹ᵃ pour 1.ᵐ⁰⁰ pour les Fig. 7 et 8.

Échelle de la Fig. 1.ᵉʳ

C. Roob del.

Fig. 2.

Fig. 1 A.

Fig. 3.

Fig. 4.

Fig. 6.

Fig. 1 B.

Fig. 5 A.

Fig. 5 B.

Echelle des Figures 1 A et 1 B.

Tours à polir la porcelaine matte.

Fig. 1. Elévation générale de la table et des tours à polir qu'elle supporte, suivant la face Z Z pl. LIV. _____ Fig. 2. Elévation générale vue par derrière de la table et des tours à polir.

Pl. LIII.

Fig. 1.

Echelle de 0^mo5 pour 1 mètre.

Fig. 2.

Fig. 5.

tours à polir la porcelaine matte.

Fig. 3. Plan général de la table qui supporte les tours ——— Fig. 4. Détail d'un tour vertical.

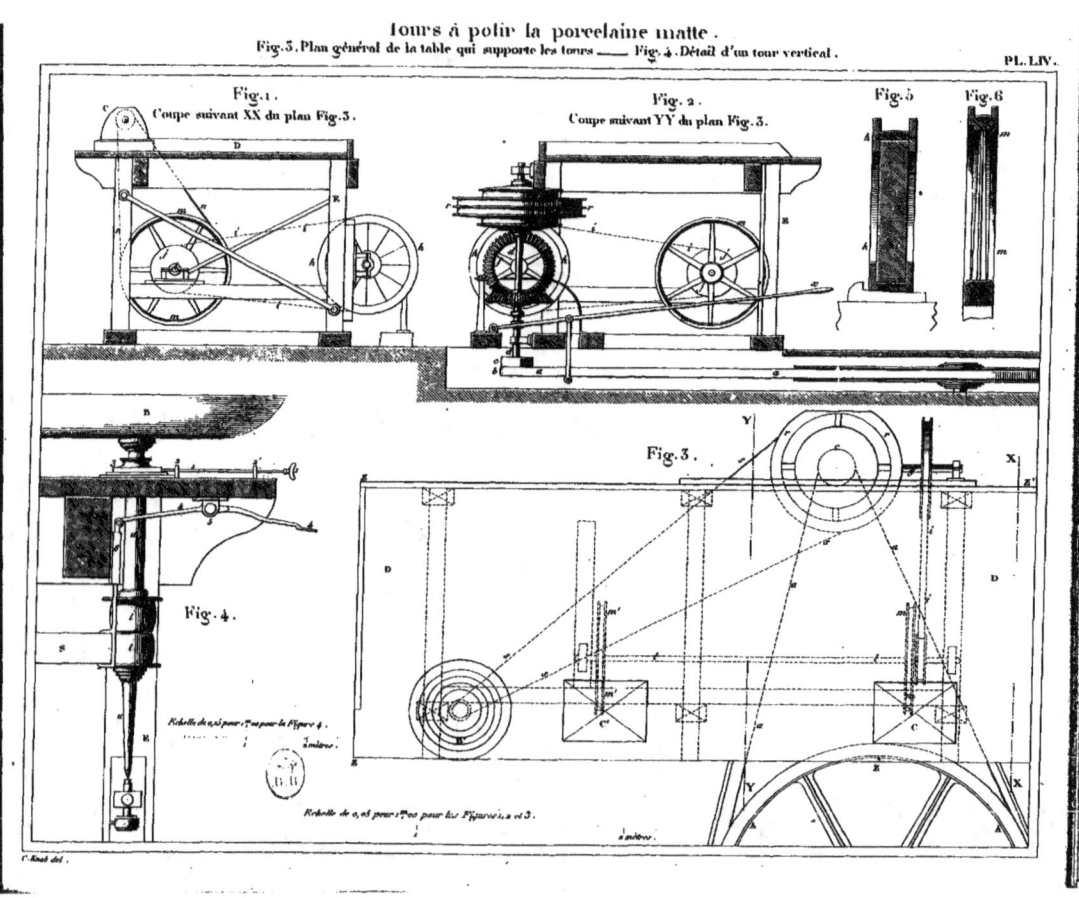

Fig. 1.
Coupe suivant XX du plan Fig. 3.

Fig. 2.
Coupe suivant YY du plan Fig. 3.

Fig. 5

Fig. 6

Fig. 3.

Fig. 4.

Échelle de 0,05 pour 1 mètre pour la figure 4.

Échelle de 0,05 pour 1 mètre pour les figures 1, 2 et 3.

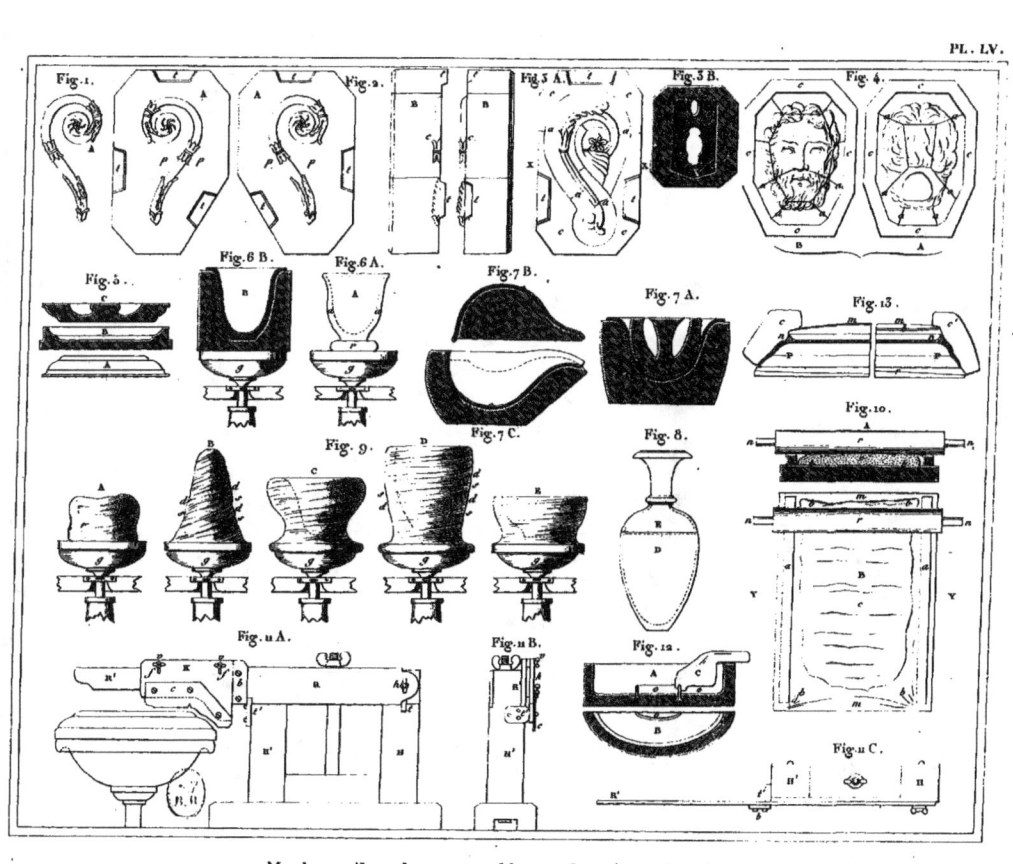

Moulage, ébauchage et calibrage des pâtes céramiques.

Fig. 1. Four à faïence fine anglaise.___ Fig. 2. Four à faïence fine de Creil.___ Fig. 3. Four à brique à la tourbe.

PL. LVI.

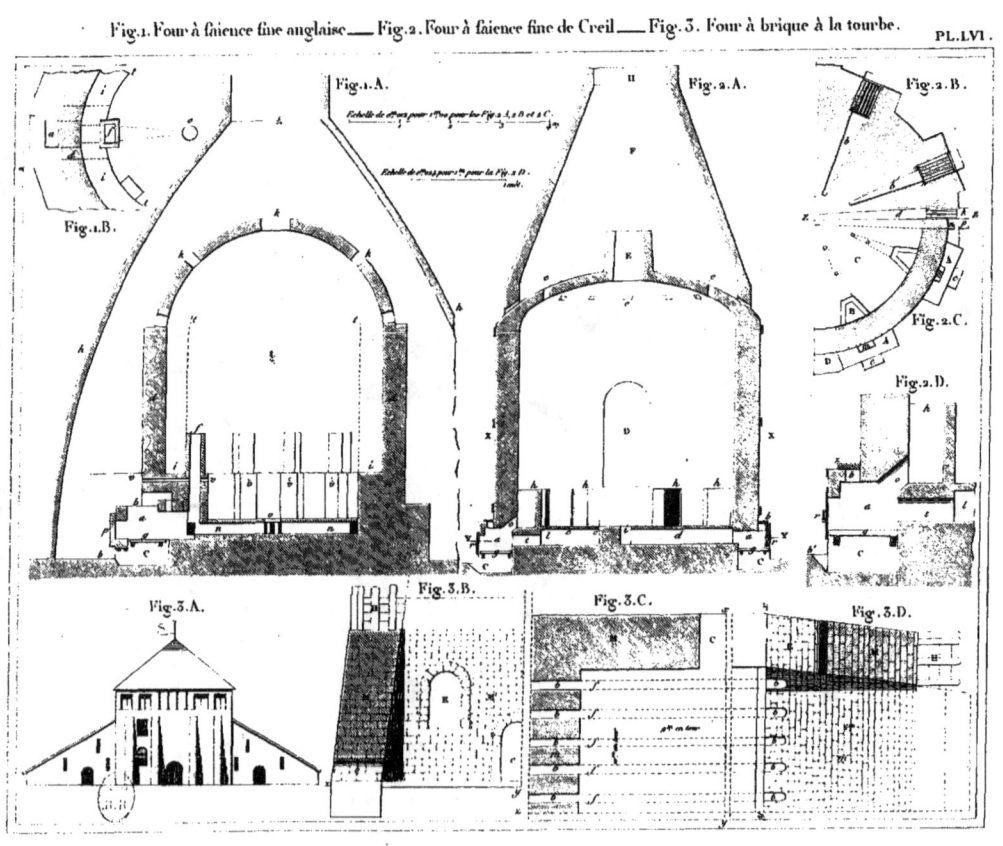

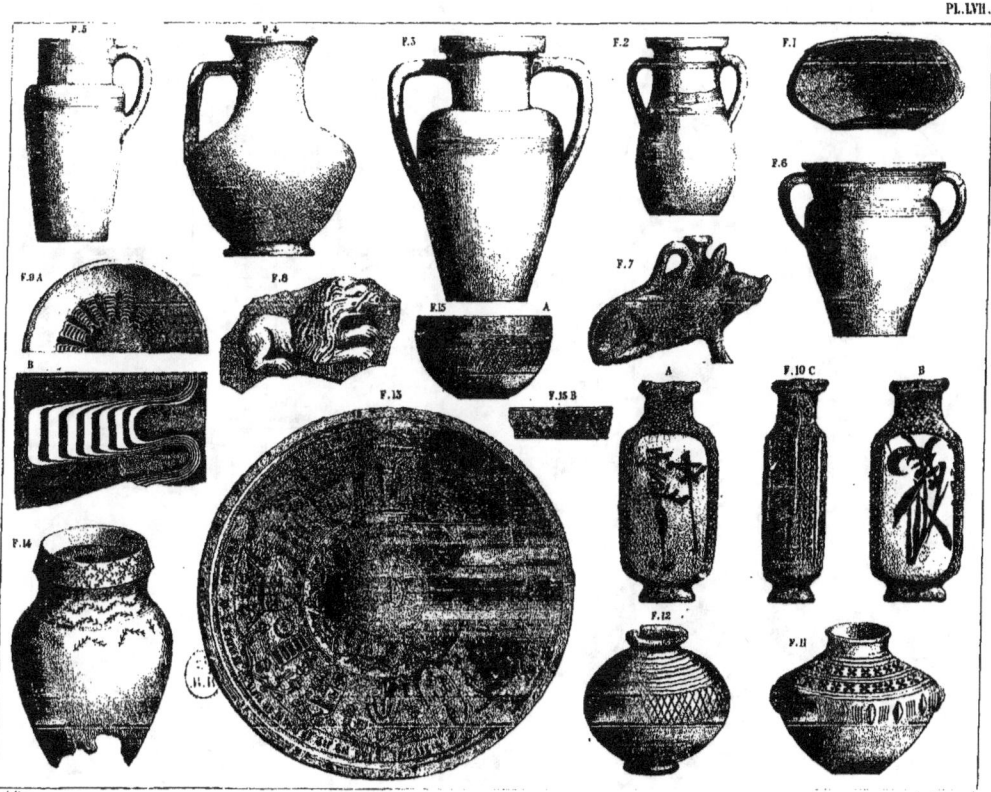

POTERIES DIVERSES.

Fig. 1 et 2. Fours à porcelaine.____Fig. 3. Façonnage par incrustation.____Fig. 5 à 9. Moufles et Pyromètres.

Pl. LVIII.

Fig. 1 A.

Fig. 2 A.

Fig. 2 D.

Fig. 3.

Fig. 2 C.

Fig. 1 B.

Fig. 2 B.

Fig. 4 A.

Fig. 1 C.

Fig. 1 D.

Fig. 5.

Fig. 7.

Fig. 9.

Fig. 6.

Fig. 5 C.

Fig. 1 D.

Fig. 8.

C. Koch del.

Différents fourneaux de moufles à cuire les couleurs vitrifiables.

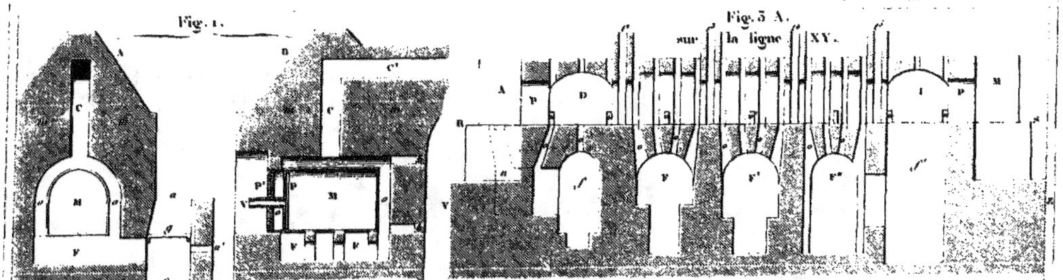

Fig. 1.

Fig. 3 A.
sur la ligne XY.

Fig. 5.

Fig. 4.

Echelle de la Figure 2.

Fig. 2.

Fig. 3 B.
sur la ligne R.S.

Fig. 3 C.
sur la ligne V Z.

Echelle des Figures 3 A, 3 B et 3 C.

Fig.1. Fourneau à moufle de Vienne ___ Fig.2. Four à moufle mobile de Paris.

PL. LX.

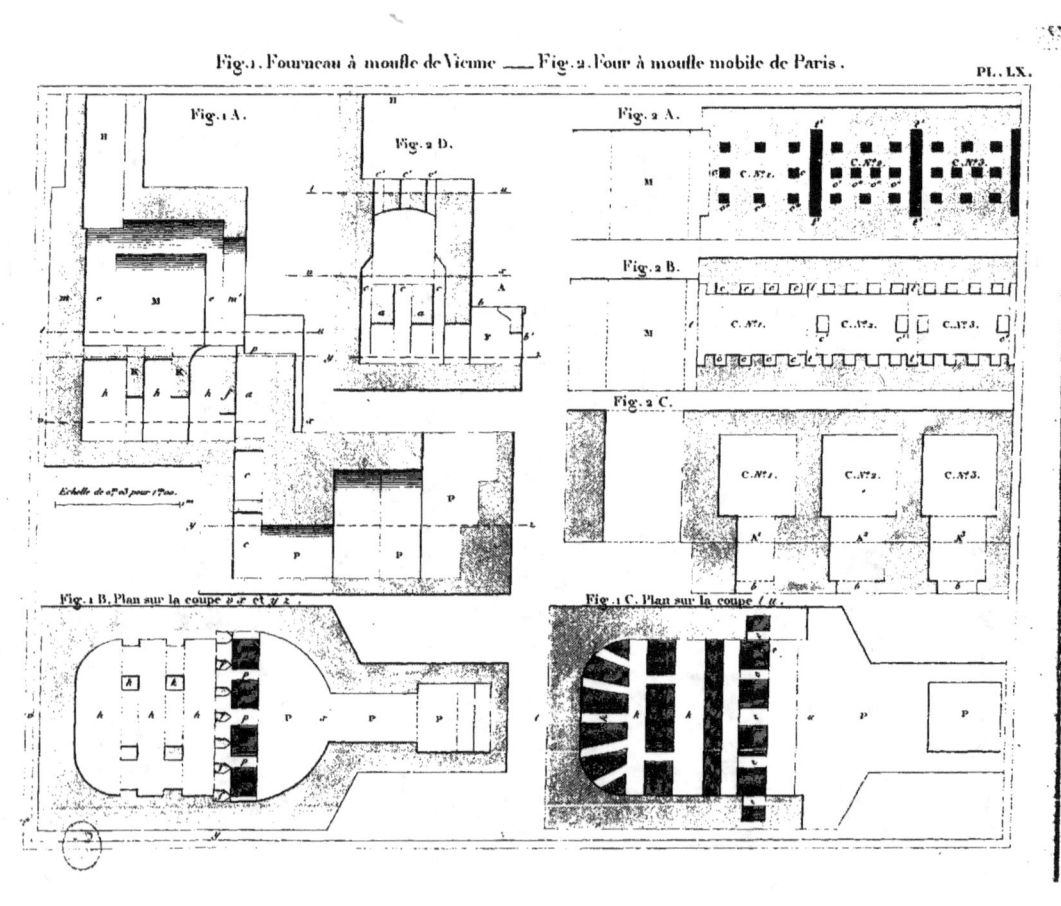

Fig.1 A.

Fig.2 D.

Fig.2 A.

Fig.2 B.

Fig.2 C.

Fig.1 B. Plan sur la coupe v x et y z.

Fig.1 C. Plan sur la coupe t u.

Echelle de 0,05 pour 1 me.

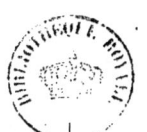